AF288826

100%
RECYCLINGPAPIER

Die Originalausgabe
erscheint 2013 bei Uitgeverij Ten Have, Baarn/NL unter dem Titel:
Leven met hooggevoelige kinderen

Susan Marletta-Hart:	Lektorat: Andreas Klatt
Leben mit hochsensiblen Kindern	Coverfoto: © Fotoline – photocase.de
Übersetzung: Frank Ziesing	Umschlaggestaltung,
© Aurum Verlag in Kamphausen Media	Typografie/Satz: Wilfried Klei
GmbH, Bielefeld 2013	Druck & Verarbeitung:
info@kamphausen.media	Westermann Druck Zwickau

www.kamphausen.media

Bibliografische Information der Deutschen Nationalbibliothek

Die Deutsche Nationalbibliothek verzeichnet diese
Publikation in der Deutschen Nationalbibliografie;
detaillierte bibliografische Daten sind im Internet
über **http://dnb.de** abrufbar.

4. Auflage 2021

ISBN Printausgabe: 978-3-89901-586-7
ISBN E-Book: 978-3-89901-610-9

Susan Marletta-Hart

Leben mit hochsensiblen Kindern

Bewusst unterstützen – einfühlsam erziehen

aus dem Niederländischen
übersetzt von Frank Ziesing

AURUM

Vorwort

Als Therapeutin treffe ich auf hochsensible Menschen aller Altersklassen. Sie alle verbindet, dass sie sich bereits von Kindheit an irgendwie seltsam oder anders gefühlt haben und auch von ihrer Umgebung so gesehen wurden.

Bei Erwachsenen liegt der Schwerpunkt meiner Tätigkeit – neben der Aufarbeitung teilweise schwerer traumatischer Jugenderfahrungen – darin, den Glauben an die innere Stimme wieder aufzurichten, an die eigene Meinung, die eigenen Gefühle, die eigenen Überzeugungen und die eigene Intuition. Sensible Menschen, die ohne Kenntnis ihrer besonderen Charaktereigenschaft heranwachsen, verlieren nämlich fast immer einen großen Teil ihrer authentischen Persönlichkeit, sie haben ein niedriges Selbstwertgefühl und arbeiten sich oft endlos an ganz alltäglichen Situationen ab.

Diese Erwachsenen berichten fast alle, dass sie sich an unzählige unangenehme und einsame Situationen erinnern, in der Schulklasse, zu Hause, bei Verwandtschaftsbesuchen, im Schwimm- oder Sportunterricht, bei Geburtstagsfeiern oder auf Klassenreisen. Es waren bedrängende Situationen: Sie fühlten sich verlegen, ängstlich oder unsicher, hatten aber gelernt, ihre wahren Gefühle nicht zu zeigen. In der damaligen Zeit sagte man einfach, dass ein Kind eben verlegen oder empfindlich sei, und damit hatte sich die Sache. Außerdem hatten die Menschen andere Sorgen, als sich Gedanken über die Innenwelt eines Kindes zu machen.

Heutzutage ist das anders, das geistige Wohl und die Entwicklung von Kindern wird von Eltern, Lehrkräften und Psychologen stärker beachtet. Moderne Eltern und Kinder pflegen im Vergleich zu früheren Generationen einen offeneren und demokratischeren Umgang miteinander. Es gibt mehr Respekt für gegenteilige Meinungen und Gefühle, und man braucht sich nicht mehr innerlich zu verbiegen, weil „es sich so gehört". Glücklicherweise gibt es auch mehr Raum und Aufmerksamkeit für seelische Regungen von Kindern – und viel mehr Toleranz. Kinder dürfen heutzutage sie selbst sein und haben deutlich weniger unter autoritärer Erziehung zu leiden.

In meiner Praxis erlebe ich, dass hochsensible Kinder, die heute heranwachsen, einen großen Vorsprung gegenüber erwachsenen Hochsensiblen haben. Das merke ich auch an meinen Töchtern, denen ich von klein auf sagen konnte, dass sie Rücksicht auf bestimmte Eigenschaften ihres Charakters nehmen müssen. So entstand der Wunsch, dieses Buch zu schreiben. Außerdem sah ich in meiner therapeutischen Praxis, dass bei hochsensiblen Kindern trotzdem noch Probleme entstehen, was meist auf fehlende Kenntnis und Akzeptanz ihrer Sensibilität zurückzuführen ist.

Leben mit hochsensiblen Kindern ist für Eltern, Familienmitglieder, Betreuer und Lehrer bestimmt. Weil Hochsensibilität nicht immer erkannt wird. Weil schon kleine Anpassungen zu Hause oder in der Schule das Leben von HSPs (highly sensitive persons) viel angenehmer machen können. Weil es gut ist, hochsensible Kinder auf die Herausforderungen vorzubereiten, denen sie im Leben ausgesetzt sein werden. Doch wer sind nun diese Kinder mit hochsensiblem Charakter? Wie erkennt man sie, und wie verhält man sich ihnen gegenüber? Wie soll man sie aufziehen, damit sie sich gesund entwickeln? Diese Fragen versuche ich in diesem Buch zu beantworten. Genauso wie in meinen Büchern *Leben mit Hochsensibilität, Leben aus dem Vollen mit Hochsensibilität* und *Achtsam leben mit Hochsensibilität* nutze ich wieder viele Erfahrungsberichte, weil ich glaube, dass Praxis mehr sagt als bloße Theorie.

Sensible und mit Intuition begabte Kinder stehen in unserer lärmenden und schnelllebigen Gesellschaft in Schule, Familie und im sozialen Leben vor großen Herausforderungen. Sie brauchen Werkzeuge, um sich besser in ihrer Haut fühlen zu können. Außerdem können sie lernen, positiv mit ihren Wahrnehmungen umzugehen, und diese für sich selbst und für andere zu nutzen. Hochsensibilität hat von Natur aus nämlich eine nützliche Funktion.

Es ist nicht meine Absicht, nur auf den Problemen herumzureiten und die Qualitäten, die diese Kinder mitbringen, außer Acht zu lassen. Mein erstes Buch, *Leben mit Hochsensibilität*, hatte den Untertitel *Herausforderung und Gabe*. Ich glaube noch immer an diesen Satz, obwohl ich weiß, wie schwierig Hochsensibilität sein kann und wie viel dazu gehört, mit hochsensiblem Charakter stolz und glücklich zu sein. Das Kind, das in seiner Sensibilität keine Anerkennung und Betreuung bekommt, schwankt oft hilflos und einsam in einem großen Meer von Sinnesreizen. Gerade deshalb ist Verständnis und Hilfe für diese Kinder so essenziell.

Hochsensibilität braucht kein Problem zu sein, wenn Kind, Eltern und Lehrer wissen, wie mit dieser Eigenschaft umzugehen ist. Ich hoffe, dass *Leben mit hochsensiblen Kindern* dazu einen Beitrag leisten kann.

SUSAN MARLETTA-HART
St. Gallenkappel
Februar 2013

Teil 1:

Den richtigen Nährboden für hochsensible Kinder schaffen

1 Hochsensibilität – auf den Spuren eines Phänomens

Modellierton

Im großen Atelier
liege ich: eine Handvoll Ton

Verlassen von den Händen, die mich kneteten
langsam kommt Kälte in mir hoch

Die Gefahren um mich herum, krauses Holz
wenn ich falle, piekst es mich gemein

Könnte Ton erröten, würde ich Farbe annehmen
wenn ich an das denke, was ich einmal werden soll

Das Modell einer Büste
eine Ehrerbietung für jemanden, der unsterblich werden soll

Dieses kleine Gedicht schrieb ich als Fünfzehnjährige. Erst Jahre später, als ich mehr über Hochsensibilität wusste, begann ich, meine eigene Metapher zu verstehen. Wie treffend stellte doch die Handvoll Ton, an der allerlei nicht dazugehörendes Material wie Hobelspäne hängen, meinen Kampf mit auf mich einströmenden Gedanken, Gefühlen, Geräuschen und anderen Reizen dar. Das Gedicht handelte also von Hochsensibilität! So fühlte ich mich damals, und so fühle ich mich eigentlich noch *immer*. Ständig bleibt an mir zu viel hängen; Dinge, die nicht zu mir gehören, die eine ganz andere Qualität haben, die Fremdmaterial sind. Und gleichzeitig möchte dieselbe Handvoll Ton gerne mitwirken am Zustandekommen von etwas Schönem, einer

Skulptur, einem Werk, das Bedeutung hat und tröstet. Das ist das Spannungsfeld, in dem sich jede hochsensible Person, jedes hochsensible Kind bewegt.

1.1 Das Besondere an hochsensiblen Kindern

Hochsensibilität ist eine vererbte Eigenschaft mit vielen Gesichtern. Die meisten Erwachsenen, die zu mir kommen, wirkten als Kinder auf ihre Eltern schüchtern, introvertiert oder überempfindlich. Manche Eltern fanden ein solches Kind pflegeleichter und machten sich keine weiteren Gedanken. Andere Klienten berichten hingegen, dass ihre Eltern sie als schwierig, unruhig und als Problemkind bezeichnet hatten.

Eingeführt wurde die Bezeichnung von der Psychologin Elaine N. Aron. Nach einer medizinischen Behandlung, auf die sie besonders stark reagierte, nannte die Krankenpflegerin sie „hochsensibel". Diese Bezeichnung – damals noch kein Fachbegriff – faszinierte sie so sehr, dass sie sich entschloss, das Phänomen näher zu erforschen und seinen Ursachen auf die Spur zu kommen. Sie entwarf Fragebögen und untersuchte Versuchspersonen auf verschiedene Art, um die Merkmale von Hochsensibilität herauszufinden. Zunächst dachte sie an die Charaktereigenschaft Introversion, doch je mehr sie dies mit ihrer anwachsenden Eigenschaftsliste sensibler Menschen verglich, desto mehr zeigte sich interessanterweise, dass Sensibilität und Introversion nicht unbedingt Hand in Hand gehen. Es gibt auch sehr sensible Menschen, etwa 30 Prozent um genauer zu sein, die sich nicht nur als sehr sensibel empfinden, sondern auch als *extravertiert*. Das führte zu Arons Entdeckung, dass Sensibilität in einem gesunden Charakter eine eigenständige Eigenschaft ist.

Die Bezeichnung „Hochsensibilität" definiert Empfindsamkeit mehr von innen, während Carl Gustav Jungs Intro- und Extraversion eher Etiketten sind, die einer Persönlichkeit von außen aufgedrückt werden. In anderen Worten: Introversion beschreibt Symptome, während

Hochsensibilität die Ursache erklärt. Laut Aron haben Hochsensible ein empfindlicheres Nervensystem, wodurch sie innere und äußere Reize gründlicher verarbeiten. Sie sind empfindlicher gegenüber Emotionen wie Schmerz und Freude und werden leichter überwältigt von Geräuschen, Gerüchen und visuellen und taktilen Reizen aus ihrer Umgebung. Sie benötigen im Allgemeinen mehr Ruhe und Verarbeitungszeit.[1]

1997 schrieb Elaine Aron ihr erstes umfassendes Werk über dieses Thema, *The Highly Sensitive Person*. Folgende Eigenschaften sind Aron zufolge zusammengefasst besonders charakteristisch:

- viele subtile Eigenschaften der Umgebung wahrnehmen,
- tief gehend über das Wahrgenommene nachdenken,
- mehr Zeit benötigen, um all diese Eindrücke zu verarbeiten.

Wichtig ist, dass Aron keine Wertung vornimmt. Hochsensible Kinder und Erwachsene haben nicht „bessere" Sinnesorgane als andere, sie verarbeiten die einströmende Information lediglich tiefer und ausführlicher. Sie bemerken mehr Details, sowohl in ihrer Umgebung als auch in ihrem Innenleben.

Aron beschreibt die hochsensible Persönlichkeit auch als *pause-to-check*-Typ, d.h. als jemanden, der eine Pause einlegt, um nachzudenken (*check*) bevor er mit einer Handlung beginnt. Das heißt nicht, dass ein hochsensibles Kind wortwörtlich ständig stehen bleibt, denn viel von diesem Pausieren und Nachdenken spielt sich im Inneren ab. Das Kind kann auf vielerlei Art in Gedanken sein, um Möglichkeiten abzuwägen, Strategien durchzuspielen oder zu zweifeln. Dabei spielt häufig auch Angst eine Rolle.

Ein hochsensibles Kind kann man ein bisschen mit einem Vogel vergleichen, der Krümel auf der Terrasse aufpickt und zwischendurch immer wieder prüft, ob Gefahren lauern. Das hochsensible Kind rennt bedeutend seltener ungestüm in neue Situationen hinein. Es wägt eher die Nachteile und Gefahren ab, bevor es handelt.

---

1   Elaine N. Aron, *The Highly Sensitive Person; How to Thrive When the World Overwhelmes You*, 1996, p. 12

Es gibt die Vermutung, dass das vorsichtige Naturell der hochsensiblen Persönlichkeit auf eine Zunahme neuronaler Verbindungen zurückgeht, die mit dem Erleben von Stress und Gefahren in Verbindung stehen. Tatsächlich bestätigen Forschungsergebnisse mehr und mehr diese Annahme (mehr dazu in Kap. 5).

Woher weiß ich nun, ob mein Kind hochsensibel ist? Schauen Sie sich die folgende Eigenschaftsliste an. Treffen etwa 14 Punkte auf Ihr Kind zu, können Sie davon ausgehen, dass es hochsensibel ist.

Hochsensible ...

- bemerken viele Details und Finessen,
- mögen Veränderungen nicht so gerne, denn neue Situationen sind besonders stressig,
- erscheinen öfters schüchtern und zurückhaltend,
- können bei Überreizung ziemlich gefühlsbetont reagieren,
- lieben Routine und Vorhersagbarkeit,
- haben Zugang zu Informationen, die manchmal nicht sinnlich wahrnehmbar sind,
- haben eine reiche innere Erlebenswelt,
- träumen, fantasieren und überlegen viel und gerne,
- denken tiefschürfend über Dinge nach (diese Eigenschaft ist nicht dasselbe wie Hochbegabung),
- sind fürsorglich und aufmerksam, solange sie nicht überreizt sind,
- können Stimmungen anderer gut nachvollziehen,
- erreichen schneller als andere die Erschöpfungsschwelle,
- stören sich mehr als andere an körperlichen Unannehmlichkeiten,
- können träge erscheinen,
- sind sich ihrer selbst und der Interaktion mit anderen sehr bewusst,
- sind kreativ und erfinderisch,

- sind gerne in der Natur,
- haben schon in jungen Jahren Interesse an Religion und/oder Mystik.

Wie gesagt, keine zwei Kinder sind jemals gleich. Bei all den typischen Merkmalen gibt es immer auch Ausnahmen. Mir ist es wichtig, darauf hinzuweisen, dass ein hochsensibles Kind mehr ist als diese Eigenschaft. Neben Hochsensibilität hat jedes Kind weitere Eigenschaften. Aus Faktoren wie dem persönlichen Energieniveau, der Fähigkeit zur Selbstregulation und der Intelligenz ergibt sich Stück für Stück ein Gesamtbild der Persönlichkeit. Ist das Kind durchsetzungsstark oder lässt es sich schnell entmutigen? Ist es schnell abgelenkt oder kann es sich gut konzentrieren? Wie gefühlsbetont ist es in seinen Reaktionen? Welche Interessen hat es? Ist es ein Junge oder ein Mädchen, und welche Stellung hat es in der Familie? Hat es einen geselligen Charakter und ist es gerne unter Menschen, oder ist es eher ein Einzelgänger, der gefühlsbetonte Kontakte lieber meidet? Und vor allem, unter welchen Umständen wächst das Kind auf und welche Charakterpanzerungen und Schutzmechanismen entwickelt es notgedrungen, um in seiner Umgebung zu überleben? Die Persönlichkeit ist keine statische Identität, sondern wächst und entwickelt sich unter dem Einfluss verschiedener Faktoren.

1.2 Die Suche nach dem nächsten Kick

Ist Hochsensibilität nun eine Eigenschaft oder ein Menschentyp? Die Antwort ist: Sie ist beides. Obwohl sie eigentlich nicht mehr als eine Facette des Charakters ist, sind Auswirkungen und Folgen dieser Eigenschaft so erheblich, dass man von einem Persönlichkeitstyp sprechen kann.

Das Komplizierte ist, dass es zwischen hochsensiblen Kindern auch wieder große Unterschiede gibt. Manche hochsensiblen Kinder haben ein starkes Bedürfnis nach Aktivitäten und Herausforderungen. Man bezeichnet sie in der Wissenschaft als *Thrill* oder *Sensation*

Seeker. Erwachsene mit Thrill-Seeker-Temperament haben einen Hang zu Spannung und gefährlichen Dingen. Sie langweilen sich schnell, sind mutig und sie sind ständig auf der Suche nach neuen und intensiven Erfahrungen. Schon als Kind heckten sie gerne spannende und gefährliche Dinge aus, spielten am liebsten die Rolle vom Detektiv, Räuber oder Krieger. Statt ein Buch zu lesen, wollten sie lieber ihre Grenzen ausloten, auf Bäume klettern, Gokart fahren, und sobald sie etwas älter wurden, beginnen sie mit Fallschirmspringen oder Sportklettern. *Sensation Seekers* gehen physisch, sozial, gesetzlich und finanziell schneller Risikos ein und probieren auch eher Drogen und Alkohol aus, weil sie von Unbekanntem und von Spannung angezogen werden. Erstaunlicherweise müssen Hochsensibilität und *Sensation Seeking* als Eigenschaften einander nicht ausschließen. Ein Kind kann beide Eigenschaften haben.

Hochsensible Kinder, die gleichzeitig *Thrill Seekers* sind, finden häufig kaum Ruhe, sind gerne beschäftigt und suchen Herausforderungen. Sie sind unternehmungslustige Kinder, denen nicht so schnell bange wird. Durch ihr Bedürfnis nach Aktivität und ihre Aufgeschlossenheit können sie physisch und sozial gut entwickelt sein. Doch sie sind auch schnell müde, überschreiten leicht eigene Grenzen und spüren kaum, dass sie sich in Gefahr bringen oder erschöpft sind. Solche Kinder geraten mit größerer Wahrscheinlichkeit mit dem Gesetz in Konflikt, wollen herumreisen und sind in Gefahr, psychisch in Schwierigkeiten zu kommen, sobald sie chronisch überreizt sind. Bei der Suche nach ihren Grenzen überschreiten sie diese regelmäßig, als wäre das selbstverständlich. Ein gesunder Umgang mit den eigenen Grenzen ist eine große Herausforderung für diese Kinder und jungen Erwachsenen.

Alissa:
Ich bin ständig mit zehn verschiedenen Projekten beschäftigt. Und mit beinahe jedem Menschen kann ich fast überall Kontakt knüpfen. Obdachlose und Betrunkene sprechen mich immer an. Die Leute sagen, dass ich offen und lustig bin und denken, dass ich sehr selbstsicher bin. Ich weiß nur nicht,

wie ich Kontakte unterbreche, wenn ich sie nicht mehr so toll
finde. Oder wie ich die Sache oberflächlich halte und nicht
noch stundenlang mit einem Gespräch beschäftigt bin (es
wiederholt sich in meinem Kopf), und wie ich es vermeide,
auf alles tiefgründig einzugehen. Inzwischen mache ich keine
Verabredungen mehr bei mir zu Hause, weil ich Angst habe,
dass ich Leute nicht mehr loswerde.

Die Mehrheit der hochsensiblen Kinder ist von deutlich besinnlicherer Natur. Sie mögen Ruhe und Übersichtlichkeit. Sie bleiben oft lieber zu Hause und puzzeln, malen oder lesen. Spannende Herausforderungen sind für sie das Ansammeln von Wissen, das Sorgen für andere und kreative Beschäftigungen. Diese Kinder erledigen ihre Aufgaben häufig schon beim ersten Mal gut und vermeiden es, große Risiken einzugehen. Sie haben jedoch oft große Schwierigkeiten in neuen Umgebungen, neigen zu Angst und Schüchternheit und sind in sozialen Situationen ungeschickt. Sie können gehemmtes oder zurückgezogenes Verhalten an den Tag legen und sind eher Denker als Handelnde. Die Herausforderung liegt für sie vor allem im Bereich sozialer Fähigkeiten, Freundschaften und Liebesbeziehungen.

Melanie sagt über ihre Schulzeit:
Ich unternahm Dinge gerne allein. Ich fühlte mich oft anders
als andere, verstand deren Verhalten nicht und fühlte mich
unbehaglich und fremd in ihrer Gegenwart. Ich hatte auch
immer das Gefühl, dass sie mich nicht verstehen. Doch ich
merkte, dass mir Aufgaben wie Schreiben und Malen oft
besser als anderen lagen. So zog ich es vor, allein zu sein. Oft
blieb ich in meiner eigenen Erlebniswelt mit meinen eigenen
Fantasien und beobachtete, was um mich herum passierte.
Ich fühlte mich wirklich anders als meine Freundinnen und
Spielkameraden aus der Schulklasse.

Man kann sich vorstellen, dass sensible Kinder, die Spannendes suchen, auf andere Probleme stoßen als introvertierte Kinder, und dass beide auf die eine oder andere Art gefördert, stimuliert oder gebremst werden müssen. Für unternehmungslustige Kinder ist nichts so wichtig wie Selbstregulierung (rechtzeitig innehalten, eine Erholungspause einlegen und nicht ständig weiterrasen), sonst können Dinge leicht schiefgehen. Ruhige Kinder hingegen benötigen eher Ermutigung und Akzeptanz. Für beide gilt, genauso wie für normalsensible Kinder, dass sie zum Heranwachsen eine Umgebung brauchen, die sozial, gefühlsmäßig und körperlich behaglich ist, und in der die Balance zwischen Stimulieren und Beschützen auf die Bedürfnisse (und Grenzen) des Kindes abgestimmt ist. Fünfzehn bis zwanzig Prozent aller Kinder haben Schätzungen zufolge ein sensibles Nervensystem, das sind nicht wenige. Aber es ist und bleibt eine Minderheit, und wir werden nun einmal als Gesellschaft durch die Mehrheit geformt. Das macht es für diese Kinder manchmal recht schwierig. Ohne Erklärung und Anleitung besteht die Gefahr, dass sie sich selbst nicht verstehen und ihr Potential nicht entfalten können, weder in sozialer noch in schulischer Hinsicht.

1.3 Löwenzahn- und Orchideenkinder

Jeder ist in der Lage, eine Runde durch den Park zu laufen. Aber nicht jeder hat einen derart athletischen Körper, dass er gleich einen Marathon gewinnt. So ist es auch mit der Sensibilität: (Fast) jeder Mensch kann Farben, Gerüche, Geschmäcker, Gedanken und Gefühle wahrnehmen, aber nicht jeder richtet permanent seine gesamte Aufmerksamkeit darauf. Mit der Intelligenz verhält es sich genauso: Das eine Kind meistert mit Leichtigkeit das Abitur, ein anderes beendet die Hauptschule nur mit Mühe. Solche Unterschiede zwischen Menschen werden allgemeinhin akzeptiert. Es wäre schön, wenn die Unterschiede im Sinnes- und Nervensystem gleichermaßen akzeptiert würden. Ich denke, dass Kinder, die jetzt geboren werden, dadurch mehr aus ihrem speziellen Talent machen könnten. Es passiert leider noch zu oft, dass hochsensible Kinder unter ihrem Charakter leiden, weil sie immerzu versuchen, sich einer Umgebung und einem Lebensstil anzupassen, die nicht zu ihnen passen. Das ist das größte Problem für Hochsensible. Je mehr hingegen ihre Hochsensibilität akzeptiert wird, desto besser können sie ihre speziellen Talente nutzen. Meiner Meinung nach wird die Gesellschaft als Ganze davon profitieren. Denn in der Evolution scheinen angeborene Unterschiede stets eine Funktion für die Gruppe zu haben.

Bruce Ellis und W. Thomas Boyce beschreiben in ihrer Studie *Biological Sensitivity to Context*, dass in Schweden bei Kindern zwei Charaktertypen unterschieden werden: *maskrosbarn*, das Löwenzahnkind und *orkidé barn*, das Orchideenkind.

Wer sich in der Pflanzenbiologie auskennt, weiß, dass Löwenzahn in fast allen Umgebungen wächst. Man findet ihn im strömenden Regen der Holländischen Polderlandschaft und in der trockenen Erde der Mongolischen Steppe. Der Samen des Löwenzahns nistet sich ein, schlägt Wurzeln und kommt zur Blüte, unabhängig von Bodenbeschaffenheit, Trockenheit, Hitze oder Regen. Er passt sich den Umständen an. Eine Fähigkeit, die nicht jede Pflanze hat. Orchideen beispielsweise benötigen ganz bestimmte Voraussetzungen, um zur Blüte zu kommen: eine bestimmte Feuchtigkeit, den richtigen Standplatz, genügend spezielle Nahrung und Licht. Wenn diese Voraussetzungen erfüllt sind, entstehen faszinierende Blüten. In wissenschaftlicher Terminologie werden derartige Blumen als *highly reactive phenotypes*[2] bezeichnet. Solche Sorten sind in weit stärkerem Maß von Umgebungsfaktoren abhängig als andere, man kann auch sagen, dass sie durchlässiger sind. Sind die Umstände günstig, gedeiht die Pflanze, sind sie ungünstig, dann nicht.

Das scheint mir eine gute Analogie für den Unterschied zwischen normalsensiblen und hochsensiblen Menschen zu sein. Wenn bei hochsensiblen „Orchideen"-Kindern die Lebensumstände nicht ihren intrinsischen Bedürfnissen entsprechen – oder im ungünstigsten Fall traumatisch sind –, dann kommen diese Kinder nicht zur Blüte. Sie sterben zwar nicht so schnell wie Pflanzen, entwickeln aber unter Stress starke psychische und biologische Reaktionsmechanismen, die sie auf Dauer krank machen und zersetzen.

---

2   Boyce and Ellis, *Biological Sensitivity to Context, Current Directions In Psychological Science,* Volume 17, Number 3, 2005.

1.4 Wenn die Reize überhandnehmen

Bevor Reizüberflutung eintritt, sendet jeder Körper Warnsignale aus: „Pass auf! Das wird zu viel!" Zu den wesentlichen Lektionen für ein hochsensibles Kind gehört es,

- zu lernen, diese Signale wahrzunehmen und zu verstehen,
- zu lernen, eigene Grenzen zu fühlen und zu setzen,
- und nach einer Überreizung wieder ins Gleichgewicht zu gelangen.

Hochsensibilität muss kein Problem sein, wenn Kind und Eltern wissen, wie mit dieser Eigenschaft umzugehen ist.

Eine Klassenreise oder ein lautes Fest, ein voller Spielplatz, ein Essen in der Schulkantine mit unbekanntem Geschmack oder einkaufen gehen in der Stadt: Das sind Situationen, die die meisten Kinder nicht überfordern; viele Kinder genießen sie sogar. Bei hochsensiblen Kindern hingegen können sie zur Überreizung führen und starke Reaktionen hervorrufen. Je mehr (Unerwartetes) in der Umgebung eines hochsensiblen Kindes passiert, desto stärker reagiert es, und desto schneller gerät es in eine *reaktive Grundstimmung*. In seinem Innern ist es dann ununterbrochen damit beschäftigt, Reize zu verarbeiten, auch wenn man das von außen nicht ahnt.

Strategien, die Kinder einsetzen, um diesen unangenehmen Zustand fortwährenden Reagierens zu durchbrechen, sind beispielsweise, sich Tagträumen hinzugeben, oder einen Teil des Wachbewusstseins auszublenden, wodurch sie abwesend wirken. Kinder können auch versuchen, die Situation zu bewältigen, indem sie Konflikte angehen oder überaktiv werden oder indem sie – wenn es irgend möglich ist – aus der Reizsituation weglaufen.

Bei hochsensiblen Kindern entsteht oft recht schnell eine leichte Form von Überreizung. Man merkt es daran, dass das Kind weniger geistesgegenwärtig reagiert, in Schweigen verfällt oder, im Gegenteil, überaktiv und unangenehm wird. Manche Kinder wirken dann wacher, andere träger und verträumter. Manche Kinder brauchen ohnehin mehr Zeit für Alltagstätigkeiten wie Ankleiden, Waschen und Essen, und sie sind auch in der Schule und beim Erledigen der Hausaufgaben langsam. Andere sensible Kinder können aber auch blitzschnell sein, zum Beispiel im Erkennen von Zusammenhängen, und fühlen sich deshalb oft gelangweilt. Natürlich spielen dabei Intelligenz, Lebhaftigkeit und weitere Eigenschaften eine Rolle. Zwei Kinder gleichen sich niemals vollkommen. Dementsprechend unterscheiden sich die Strategien, mit einer Überflutung an Reizen und Informationen umzugehen: Eine davon ist, sich oft zu beklagen – es ist zu heiß, zu kalt, zu stressig, zu wild, zu dunkel, es juckt, das ist eklig, der Käse stinkt, der Mann hat einen komischen Schnurrbart, die Schokostreusel sind nicht die gleichen wie letztes Mal, das Waschetikett im Pullover kratzt. Gelegentlich haben hochsensible Kinder an allem etwas auszusetzen.

Manche hochsensiblen Kinder und Kleinkinder weinen viel. Sie reagieren quengelig, hochemotional oder widerspenstig. Manche Kinder ziehen sich so sehr in ihre eigene Fantasiewelt zurück, dass sie sich nicht einmal mehr durch laute Geräusche aufschrecken lassen. Sie ziehen es oft vor, allein zu spielen, sich in Videospiele oder Bücher zu vertiefen, damit ihre Erlebenswelt klein und übersichtlich bleibt. Wie widerspenstig oder übertrieben einem ihre Reaktionen auch erscheinen, so geht es doch oft um Details, die sie stören. Wenn man selbst hochsensibel ist, versteht man das wahrscheinlich besser. Für normalsensible Eltern oder Betreuer erscheint ein hochsensibles Kind oft wie ein Simulant oder Nörgler.

Schwierig und gefährlich wird es, wenn Reize immer wieder negativ erlebt werden, denn dann steht die gesunde geistige, gefühlsmäßige und körperliche Entwicklung des Kindes auf dem Spiel. In der Schule müssen diese Kinder oft unter großen Mühen ihr Bestes geben, und wenn zu Hause der Haussegen schief hängt, wenn ein Elternteil krank ist, wenn aus irgendeinem Grund ungenügend für das Kind gesorgt wird, wenn es häusliche Gewalt oder Missbrauch gibt, dann wird das hochsensible Kind besonders stark leiden. Jedes Kind entwickelt sich am besten in einer harmonischen und liebevollen Umgebung, doch ein sensibles Kind leidet unter Unruhe und schlechter Stimmung mehr als ein weniger sensibles Kind. Das Kind mit dem sensibelsten Temperament nimmt in einer ungesunden häuslichen Situation oder in der Schule oft die Rolle eines Blitzableiters ein: Unbemerkt zieht es negative Energie an.

Viele Reize, die tagsüber nicht oder nur unvollkommen verarbeitet werden, drücken sich in lebendigen Träumen aus.

> *Ich hatte immer unglaublich viele Träume und die waren so intensiv, dass meine Mutter sich wunderte, wie ich so etwas träumen konnte. Ganze Geschichten träumte ich und die waren so wirklich für mich, dass ich manchmal den halben Tag brauchte, um mich davon zu erholen. Ziemlich anstrengend. Früher hielt ich meine Gefühle oft verschlossen, so, als würde ich nichts mehr fühlen. Scheinbar verarbeite ich viel über Träume. In Zeiten von Anspannung und Stress träume ich häufig von roten Zügen.*
>
> (Monika, 48 Jahre alt)

Wie viel von unserer Traumwelt nach dem Aufwachen erinnert wird, hängt neben unserer Fantasie von der Fähigkeit und Übung ab, tagsüber darüber zu reden – und nicht zuletzt vom Zeitpunkt des Traums und des Erwachens. Wir alle träumen, aber nicht jeder erinnert sich daran. Manche Menschen haben von Natur aus lange, lebendige Träume. Träume sind faszinierend und informativ. Sie können prophetisch sein, luzide (d.h. man ist sich während des Traums bewusst, dass man träumt) und es können auffällige Parallelen zwischen der Traumwelt und der Wirklichkeit auftreten. Es gibt auch viele Bücher über die Symbolik von Träumen. Wie jeder andere auch, wird Ihr hochsensibles Kind in seinen Träumen einen großen Teil der logischen und weniger logischen Informationen des Tages sammeln, sortieren und verarbeiten.

2 Hochsensible Elternschaft

Um Kindern Grenzen setzen zu können, sollte man seine eigenen Grenzen kennen, respektieren und mitteilen. Man setzt Kindern nicht nur aus pädagogischen Erwägungen Grenzen, sondern auch aus Eigeninteresse. Man setzt Grenzen nicht nur, um die Kinder zu schützen oder um der Etikette zu genügen, sondern weil man selbst auch eine Toleranzgrenze hat.

Deshalb möchte ich kurz auf das Thema *hochsensible Eltern* eingehen: Vielleicht wissen Sie es schon länger oder es ist Ihnen beim Lesen dieses Buch klar geworden, dass Sie selbst auch hochsensibel sind! Und was für sensible Kinder gilt, gilt auch für hochsensible Erwachsene. Hochsensibel zu sein und Kinder zu haben, ist eine enorme Herausforderung. Oft genug haben mir junge Hochsensible anvertraut, dass sie sich fast nicht daran wagen, Eltern zu werden.

Reizempfindlichkeit ist in einer Familiensituation eigentlich nicht optimal. In Familien passiert ständig Unerwartetes, es gibt viel Lärm und als Eltern muss man besonders in den ersten Jahren praktisch vierundzwanzig Stunden täglich bereitstehen. Kinder nehmen einen ständig in Anspruch, und das ist für viele sensible Eltern eine Prüfung. Aus eigener Erfahrung weiß ich, wie schwierig es ist, und ich wage zu behaupten, dass Elternschaft für Hochsensible schwieriger ist als für normalsensible Menschen. Als hochsensibles Elternteil, und auch als hochsensible Lehrkraft, werden die eigenen Grenzen gehörig auf die Probe gestellt. Man wird die Grenzen gut beachten müssen, vor allem in Hinblick auf die Tatsache, dass man als hochsensibles Elternteil wahrlich schneller seine Grenze erreicht als normalsensible Eltern.

Es ist also von großer Wichtigkeit,

- dass Sie sich ihrer erhöhten Empfindlichkeit, Ihrer Erschöpfungsgrenze und Ihres persönlichen Toleranzniveaus bewusst sind,
- dass Sie einer Überreizung so gut wie möglich vorbeugen,
- dass Sie diese Besonderheit ausreichend anderen mitteilen,
- und dass Sie sich kreative Lösungen ausdenken, die das Reizniveau auf einem erträglichen Maß halten.

Hochsensible Eltern reagieren auf Kinder stärker als normalsensible Eltern, einfach, weil der innere „Aus-Schalter" schlechter erreichbar ist. Sie sehen, hören, fühlen, riechen … kurz: sie nehmen ständig wahr. Eine enorme Disziplin ist nötig, um *nicht* zu hören, *nicht* zu sehen, *nicht* zu reagieren, und für die meisten ist das einfach nicht möglich. Und als sensibles Elternteil oder sensible Lehrkraft reagiert man nicht nur mehr, sondern ist auch empfindlicher und schneller erschöpft. Man kommt also, ob man will oder nicht, schneller an die unangenehme Grenze der Überreizung. Das gilt es zu erkennen und zu akzeptieren. Das sollten Sie nicht leugnen, auch nicht weiterhin dagegen ankämpfen. Sprechen Sie darüber mit Ihrem Partner. Wenn der nicht hochsensibel ist, wird er es anfangs vielleicht nicht verstehen oder nicht glauben wollen. Trotzdem ist es gut, stets aufs Neue um Beachtung für Ihre Andersartigkeit und die daraus entstehenden Bedürfnisse zu bitten. Wenn Ihr Partner hochsensibel ist, dann wird ihm bald auch ein Licht aufgehen und er oder sie wird eigene Reaktionen und eigenes Verhalten dann aus einer neuen Perspektive sehen können.

- Erklären Sie auf jeden Fall immer, was mit Ihnen passiert und organisieren vor allem Sie *selbst* Ihr Leben so, dass Sie ausreichend Hilfe, Unterstützung und Ruhe bekommen.
- Seien Sie sanftmütig mit der Stimme in Ihrem Kopf, die sagt, dass Sie sich nicht so anstellen sollen.
- Planen Sie jeden Tag Zeit für sich selbst ein, Zeit zum Ausruhen, zur Reizverarbeitung, zum Entspannen und zum

Regenerieren. Haben Sie keine Zeit für sich selbst und ist Ihr Alltag ständig überfüllt, müssen Sie sich klar machen, dass Sie das auf Dauer mit Ihrem hochsensiblen Charakter nicht durchhalten.

- Seien Sie eigensinnig und entwickeln Sie spezielle Familientraditionen und Lebensformen, die Ihre Empfindlichkeit berücksichtigen. Das ist vielleicht aus Sicht anderer unüblich, doch wenn es für Sie funktioniert, sollten Sie zu sich und Ihrer Entscheidung stehen.

Viele sensible Eltern fühlen sich schuldig und empfinden sich als zu wehleidig. Sie versuchen rigoros weiterzumachen, ohne sich zu schonen, denn sie wollen nicht als schwierig oder umständlich angesehen werden. Es ist für hochsensible Menschen nicht immer einfach oder selbstverständlich, sich selbst und die eigenen Bedürfnisse an erste Stelle zu setzen. Alle möglichen eingefahrenen Muster halten Sie davon ab, sich selbst zu schützen, etwa:

- Ich darf mich nicht unnötig anstellen.
- Ich muss immer zur Verfügung stehen.
- Ich muss immer alles alleine machen.
- Mutter zu sein ist nun einmal schwierig.
- Nachher wird es besser, anders, schöner, …
- Ich hab es selbst gewählt, nun muss ich die Konsequenzen tragen.
- Was bin ich doch undankbar.

Vielleicht haben Sie noch weitere Sätze in Ihrem Kopf, die das Pflicht- und Schuldgefühl nähren. Fragen Sie sich einmal:

- Stimmen diese Überzeugungen wirklich?
- Woher kommen diese Muster?
- Welche Überzeugungen, welche Mantras oder Affirmationen (wiederholende positive Sätze) kann ich stattdessen nutzen?

Hier einige Vorschläge:

- Ich bin hochsensibel und das ist in Ordnung.
- Ich darf mich ausruhen, wenn ich ein Bedürfnis dazu verspüre.
- Ich darf jederzeit, wenn ich es brauche, um Hilfe bitten.
- Mutter/Vater zu sein ist toll, ich fühle mich frei und froh.
- Ich sorge dafür, dass ich diesen Moment genieße.
- Alles, was dem Genuss im Wege steht, gehe ich sofort an.
- Ich überlege mir Lösungen, um es mir selbst leichter zu machen.
- Ich wusste nicht, dass es so schwierig ist, Kinder aufzuziehen. Da ich es nun weiß, kann ich mir konstruktive Lösungen ausdenken und es mir einfacher machen.
- Ich bin dankbar und ich mag mich.

Caroline, eine hochsensible Mutter, sagt:
Was ich schwierig finde, ist, dass ich ständig in Beschlag genommen werde und dass ständig Geschnatter und Gewusel um mich herum ist. Während ich doch ein erhöhtes Bedürfnis nach Ruhe und Harmonie habe. Ich bin von der Unruhe im Haus schnell überwältigt, müde und irritiert. Für andere ist der Umgang mit mir manchmal schwierig. Mein Kind ist sehr extravertiert, ich bin hingegen introvertiert. Also redet es den ganzen Tag und fordert ständig Reaktionen von mir. Ich kann damit noch immer nicht umgehen. Ich muss lernen, meine eigenen Grenzen zu respektieren und diese meinem Kind klarzumachen. Das ist richtig Arbeit. Einen ganzen Tag allein mit meinem Kind, etwa im Urlaub, verkrafte ich nicht. Das ist nicht der Hauptgrund, aber doch einer der Gründe, warum ich nur ein Kind bekommen habe. Auch wenn ich es immer noch bedaure, dass ich nicht mehr Kinder habe – mehr hätte ich absolut nicht verkraftet.

Genauso wie für hochsensible Kinder ist auch für hochsensible Eltern ein guter Kontakt zum eigenen Körper unentbehrlich. Man muss eine Beziehung zum Körper eingehen und lernen, ihn als Kompass, als Thermometer und als Karte zu nutzen. Der Körper sagt einem immer, wie es einem geht, aber man muss schon lernen, darauf zu achten. Als Hochsensibler sollten Sie sich mehr als andere um ihren Körper und dessen Bedürfnisse bemühen, um sich ausreichend zu „inkarnieren". Das bedeutet, rechtzeitig, regelmäßig und ausreichend essen, schlafen und sich bewegen. Bevor es einem richtig klar wird, ist man nämlich als hochsensible Person nicht mehr geerdet, und merkt zu spät, dass man müde und überreizt ist, oder man lässt andere die eigenen Grenzen verletzen. Neben der richtigen Versorgung seines Körpers hilft es aber auch, über das zu reden, was sich gut anfühlt und was sich nicht gut anfühlt. Dadurch lernt man nicht nur, auf seine Körpersignale zu achten, sondern auch die eigenen Grenzen nach außen deutlicher zu machen. Etwa: Das ist noch okay, aber *das* nicht mehr.

Als hochsensibles Elternteil bemerken Sie wahrscheinlich viel von dem, was in Ihrem Kind vor sich geht. Sie haben gute Antennen für seine Bedürfnisse und Unsicherheiten. Das ist für Ihr Kind natürlich ein schöner Vorteil. Sie werden dem Kind, wenn sie aus Liebe handeln, beistehen und es immer so akzeptieren, wie es ist. Achten Sie aber auf den Fallstrick Verschmelzung und auf die Verwirrung darüber, welches Gefühl zu wem gehört. In diesem Zusammenhang könnten die Übungen am Ende des Buches auch für Sie als hochsensibles Elternteil passend sein.

Als normalsensibles Elternteil finden Sie Unternehmungslust und Mut vielleicht ziemlich wichtig. Sie haben möglicherweise eine Gewinnermentalität und es kommt Ihnen darauf an, stark zu sein, sich hochzuarbeiten, und eine gute Ausbildung und einen guten Job zu finden. Sie möchten, dass ihr Kind, egal wie, lernt, sich zu behaupten damit es demnächst in der harten Außenwelt überlebt. Vielleicht neigen Sie dazu, Ihrem Kind nicht richtig zuzuhören und vorschnell zu sagen: „Nun komm, stell dich nicht an!" Ein gewisses Maß an Ermutigung ist angebracht, aber ein sensibles Kind ist nun einmal anders als Sie es sind. Es wird seinen eigenen Weg finden, wenn es sich in seiner Eigenart unterstützt und gesehen fühlt. Als nicht-hochsensibles Elternteil müssen Sie sich klar machen, dass es besser ist, in kleinen Schritten vorzugehen, und dass Sie dem Kind die Zeit, die es dazu braucht, gewähren sollten.

Wenn Sie selbst als Kind kaum Verständnis und Liebe gespürt haben, könnten Sie in Ihrem Gefühlserleben blockiert sein. Vielleicht wurde ihnen als Kind gesagt, dass Sie nichts taugten oder dass Sie ihre Gefühle nicht zeigen sollten. Es ist wichtig, sich klar zu machen, dass man durch seine Erziehung geformt wurde und dass das wiederum in die Erziehung der eigenen Kinder einfließt. Obacht vor Projektionen! Vielleicht möchten Sie bestimmte Dinge ganz anders tun, weil Sie selbst sehr darunter gelitten haben. Das ist positiv. Aber vergessen Sie nicht, dass Sie nicht Ihr Kind sind. Und Sie sind auch nicht Ihr Elternteil. Ihr Kind hat eine andere Persönlichkeit, andere Bedürfnisse und Freuden. Es ist ein einzigartiges Wesen mit eigenen Wünschen und einem eigenen Weg, den es zu gehen hat. Die Liebe, die Ihnen fehlte, können Sie nun Ihrem Kind geben, aber in diesem Prozess geht es noch mehr darum, dass Sie sich selbst mit der Liebe und Akzeptanz umgeben, die Ihnen damals fehlten. Oft ist es besser, zuerst einmal verständnisvoll auf sich selbst zu hören, sodass Sie sich danach so unbefangen und unvoreingenommen wie möglich um Ihr Kind kümmern können.

3 Das zarte Kind – wenn die Sinne hellwach sind

Als ich vor ein paar Wochen meine Wäsche wusch, passierte mir etwas, was glücklicherweise nicht oft vorkommt: Ein roter Pullover verirrte sich in die weiße Wäsche. Als ich die nasse Kleidung aus der Waschtrommel holte, waren trotzdem fast alle Kleidungsstücke fleckenlos weiß, bis auf zwei, die schön rosa geworden waren. Das machte mir noch einmal deutlich, dass manche Stoffe, genauso wie manche Menschen, durchlässiger als andere sind. Die meisten Stoffe sind gegenüber Farbstoffen nicht besonders empfindlich, manche eben doch. Empfindliche Kleidungsstücke gehören in die Feinwäsche. Sie sind – in diesem Fall wortwörtlich – durchlässig für ihre Umgebung. Sie schrumpfen, wenn die Temperatur zu hoch ist, verfärben beim Waschen leichter und bleichen schneller in der Sonne aus. Das hochsensible Kind ist tatsächlich auch so ein empfindliches Kleidungsstück.

Hochsensibilität nimmt ihren Anfang in den Sinnesrezeptoren der Haut, anderen Gewebeschichten und den Organen. Einige Rezeptoren sind weniger bekannt, weil wir sie nicht sogleich mit unseren fünf bekannten Sinnesorganen in Verbindung bringen: Dazu gehören die Rezeptoren in den Muskeln, die die Position der Gliedmaßen erfassen, die Rezeptoren an den Haarwurzeln, die den Wind spüren, die Thermorezeptoren zum Erfassen von Kälte und Hitze – und so exotische Rezeptoren wie das Jacobsonsche Organ, das unseren Geruchssinn schärft. Millionen Rezeptoren in unserem Körper reagieren ständig auf Reize, sowohl von außerhalb als auch von innerhalb des Körpers. Sie sind empfänglich für jegliche Veränderung von Geruch, Farbe, Bewegung, Klang, Tastempfindung und Energie, und sie leiten Impulse zur Weiterverarbeitung ans Gehirn. Die wichtigste Aufgabe des

Nervensystems ist allerdings nicht, Impulse weiterzuleiten, sondern diese zu filtern und einen kleinen Prozentsatz davon auszuwählen. Es ist unmöglich, alles, was um uns herum passiert, nonstop bewusst wahrzunehmen. Unser Sinnes- und Nervensystem ist auf wunderbare und noch nicht ganz verstandene Art fähig, nur bestimmte Reize durchzulassen und andere zurückzuweisen. Man kann sich vorstellen, dass dieses System von Mensch zu Mensch unterschiedlich ist und dass hochsensible Kinder und Erwachsene relativ viele Reize durchlassen.

Das Hirn verarbeitet Reize einerseits durch bewusste Wahrnehmung. Daneben gibt es aber noch einen Sturm unbewusster Reize, die ebenfalls verarbeitet werden. Man denke etwa an das Gleichgewichtsorgan und die Propriozeptoren: Sie sorgen dafür, dass man seine Körperhaltung reflexartig aufrecht hält. Und diese unbewussten Wahrnehmungen spielen eine Rolle, wenn wir an unsere Belastungsgrenze gelangen. Manche hochsensible Menschen leiden sogar unter elektrischen und magnetischen Reizen, die normalerweise nur von bestimmten Tieren wahrgenommen werden.

3.1 Sehen

Ein Kleinkind nutzt seinen Blick, um mit seiner Umgebung in Kontakt zu treten – und Erwachsene können diesem Blick nicht widerstehen. Wenn sie sich über einen Kinderwagen beugen, geht ihnen das Herz auf. Dabei handelt es sich um einen Urinstinkt, er ist notwendig für das Überleben des Kindes, er hilft dem Säugling, sich in der Welt sicher und geborgen zu fühlen. Die Entwicklung von diesem ersten Kontakt bis zu einem vollständigen visuellen Verständnis der großen weiten Welt ist ein langer Weg.

Augen tasten die Umgebung ab, um zu lernen. Und um in Erfahrung zu bringen, ob sie mit ihrem Verhalten richtigliegen. In einer Sitzung zum *Inneren Kind*, in der auf therapeutischem Wege ein Kontakt zum Unterbewussten der Kindheit hergestellt wird, entdeckte ich, dass meine kindlichen Augen wie versteckte Kameras arbeiteten, fast roboterhaft zoomten sie auf kleinste Details; unermüdlich damit beschäftigt, alles aufzunehmen, zu ordnen und zu interpretieren. Wir nutzen unsere Augen bei praktisch jeder Handlung, die wir vollziehen. Fernsehen, Spiele, Computer und Smartphones sprechen überwiegend die Augen an, dadurch hat die Belastung unseres visuellen Kortexes in den letzten Jahrzehnten extrem zugenommen. Das Gehirn passt sich der Explosion dieser Reize an, wodurch die Menschheit zunehmend visuell geprägt ist, manchmal auf Kosten anderer Sinne wie dem des Hörens.

Ich bemerkte, dass meine Augen extrem wachsam reagierten und nichts in ihrem Gesichtskreis außer Acht ließen. Das Visuelle dominiert das Auditive, weshalb ich manchmal beschließe, meine Brille abzunehmen um die Welt lieber unscharf zu sehen. So beschränke ich die Eindrücke und komme leichter zu mir selbst. Manche Menschen behaupten, dass Sehbehinderungen auch eine Botschaft beinhalten: Vielleicht möchten die Augen nicht mehr so viel sehen und schützen sich.

3.2 Hören

Trubel und Lärm sind vielleicht die Dinge, über die hochsensible Erwachsene am meisten klagen. Kinder sind daran gewöhnt, sie sind abgehärtet durch den unentrinnbaren Lärm, der sie täglich umgibt. Trotzdem berichten mir Eltern manchmal, dass ihre Kinder zusammenschrecken oder die Hände über die Ohren legen bei unerwartet lauten Geräuschen. Auch meine Tochter machte das als kleines Kind häufig – inzwischen scheint sie an laute Geräusche mehr gewöhnt zu sein.

Kleine Kinder können auch auf andere Art unter Geräuschen leiden. Als Kind störte mich die Heizung, wenn ich versuchte, im Bett daneben einzuschlafen. Monotone Geräusche, rhythmische Geräusche, das Ticken des Weckers oder ein Gehüstel in einem anderen Zimmer – diese Störgeräusche, und manchmal auch deren Abwesenheit, sind für den Schlafkomfort oft ausschlaggebend.

In einer Stadtumgebung ist die Gefahr zu vieler und zu lauter Geräusche natürlich höher als in einem Dorf. Doch auch das Dorfleben ist nicht mehr so friedvoll, wie es einmal war. Immer mehr Menschen ziehen sich bereits in jungen Jahren Gehörschäden zu, nicht zuletzt durch laute Musik in Diskotheken und Konzerten. Auch Sirenen von Krankenwagen und Feuerwehrfahrzeugen überschreiten die gesundheitlich unbedenkliche Dezibelgrenze.

Andreas:

Aus dem Kindergarten kann ich mich noch sehr gut erinnern, dass ich mich manchmal gegenüber dem Lärm verschlossen habe. Ich war etwa fünf Jahre alt und war in der Gruppe von Frau Sabine. Ich fand, dass sie eine strenge und gerechte Kindergärtnerin war. Es war ein Montessori-Kindergarten mit mehreren Altersklassen in einer Gruppe, wo man als Kind den Tagesablauf mitgestaltet, indem man sich verschiedene Aufgaben aussucht. Mir gefiel es sehr gut, größtenteils selbst bestimmen zu können, was ich tun würde und dann ruhig für mich beschäftigt zu sein. Doch ich fand es oft zu unruhig im Raum, besonders nachmittags, wenn viele Kinder zusammensaßen und miteinander quatschten. Manchmal litt ich ziemlich darunter, weil es sich chaotisch in meinem Kopf anfühlte. Dann drückte ich mir die Ohren zu, sodass der Lärm zu einem monotonen Summen wurde. Und indem ich abwechselnd die Ohren zudrückte und wieder losließ, erlauschte ich den Unterschied – und es wurde ruhiger in meinem Kopf.

3.3 Riechen

Unsere fünfjährige Tochter gerät völlig in Panik, wenn sie etwas riecht, was ihrer Meinung nach stinkt. Sie reagiert dann so stark, dass sie anfängt zu weinen. Die Sache muss dann entfernt werden. Ich versuchte lange, das einfach zu ignorieren, bis ich letztens wieder ein völlig in Panik aufgelöstes Mädchen hatte, weil ihre Tante zu stark parfümiert war.

(Celine, 25 Jahre alt, Mutter von Sylvia)

Manche hochsensiblen Kinder sind besonders geruchsempfindlich. Sie wollen an allem riechen. Es kann auch am Geruch liegen, wenn sie etwas ablehnen oder wenn sie einen Widerwillen gegen bestimmte Menschen, Nahrung oder gegen eine Umgebung haben.

Gerüche können im ungünstigsten Fall Übelkeit und Kopfschmerzen verursachen. Eine hochsensible Frau sagt über ihren Geruchssinn:

Ich bin gegen chemische Gerüche überempfindlich, aber nicht gegen reine Gerüche wie die von ätherischen Ölen. Sogar starken Weihrauch vertrage ich, aber, o weh, wenn chemische Zusätze dabei sind! Das rieche ich meistens sofort. Vereinzelt kann ich einen chemischen Duftstoff noch aushalten, aber meistens geht es nicht. Das nimmt mir nicht nur den Atem, ich kann dann oft gar nicht mehr klar denken und bekomme schnell Hals- oder Kopfschmerzen. Auch parfümiertes Waschmittel vertrage ich nicht. Eine frisch gewaschene Jacke an der Garderobe sticht mir in der Nase. Wenn jemand zu Besuch kommt, kann ich mich nicht angenehm mit ihm oder ihr unterhalten, wenn sein oder ihr Geruch zu stark ist. Körpergerüche (wie Schweißfüße) ertrage ich oft noch besser als Parfüm oder Aftershave. So etwas rieche ich häufig noch Stunden später, weil Gerüche lange hängen bleiben. Eine gute

Nase ist manchmal praktisch, aber oft auch lästig. Und viele
Menschen riechen nicht so gut wie ich und denken, dass ich
mich aufspiele. Die sollten nur mal erleben, was ich erlebe!

- Geruchsempfindlichkeit, von der schwangere Frauen manchmal berichten, erleben diese Menschen ständig. Manchmal
nehmen die Empfindlichkeiten und Allergien so sehr zu, dass
man von einem Syndrom spricht, der *multiplen Chemikalien-*
unverträglichkeit (auch *Multiple Chemical Sensitivity-Syndrom*
oder *MCS-Syndrom* genannt), also der Überempfindlichkeit
gegenüber noch so kleiner Dosierungen chemischer Stoffe.
Menschen, die darunter leiden, haben verschiedene
Beschwerden wie Müdigkeit, Konzentrationsprobleme,
Schwindel, Kopfschmerzen und depressive Verstimmungen.
Solche Unverträglichkeitsreaktionen werden besonders häufig
von Stoffen ausgelöst, wie Aftershaves, Zigarettenrauch,
Autoabgasen, Deodorant, Waschmittel, Weichspülmittel,
Farben und Lackprodukte, Insektizide und Sprays.

3.4 Tasten

Viele hochsensible Kinder lieben es zu fühlen, zu tasten und berührt
zu werden – vorausgesetzt, es geht dabei rücksichtsvoll zu. Ich erinnere mich noch gut daran, dass es in meiner Kindheit Menschen gab,
die meine Wangen mit ihren rauen, harten Händen streichelten. Das
Berühren von Säuglingen und Kindern legt mit die Basis unserer sozial-
emotionellen und sexuellen Entwicklung. Zu wenig physischer Kontakt oder zu viel aufdringliches, grenzüberschreitendes Verhalten hat
negativen Einfluss auf die Entwicklung vom Kind zum Erwachsenen.
Das Tasten ist *die* Methode, seine Grenzen besser zu erkunden und
klar zu machen, weil die Haut wortwörtlich eine Grenze darstellt. Aus
diesem Grund rate ich Eltern mit hochsensiblen Kindern, häufig körperliche Spiele einzusetzen und dabei genau auf das Kind zu achten.

Kinder müssen lernen, dass Grenzen zu respektieren sind, sie müssen ermutigt werden mitzuteilen, was sie zu viel oder unangenehm finden. *Nein zu sagen (wagen)* ist eine wichtige Fähigkeit, die hochsensible Kinder oft nur mühsam erwerben.

Kinder haben ein größeres Bedürfnis als Erwachsene, alles mit ihren Händen anzufassen: Erde, Pflanzen, Hunde streicheln, alles will tastend erspürt, die Welt entdeckt werden. Als Eltern kann man darüber panisch werden, wenn man denkt, dass das dreckig und unhygienisch ist. Verwehren sollten Sie ihren Kindern diese grundlegende Erfahrung aber auf keinen Fall. Tastempfindung gehört zur Sprache des Herzens und hilft dem Kind, sich mit der neuen Welt, die es erfährt, zu verbinden. Andererseits erwecken Tastempfindungen in vielen sensiblen Kindern auch eine Explosion von Wahrnehmungen, die für das Kind schnell überwältigend werden können.

> Karin, eine hochsensible Frau:
> *Mein Tastsinn ist gut entwickelt. Menschen, die ich mag, berühre ich gerne: ihr Gesicht, ihre Hände, ihre Haut. Auch das Betasten von Steinen finde ich spannend, beispielsweise eine Statue zu betasten oder die Mauer eines verfallenen Hauses, das mit einer Geschichte verbunden ist. Ich arbeite auch gerne mit grobkörnigem Modellierton: Ich forme Skulpturen (ausdrucksvolle Gesichter) in Keramik. Es ist, als wäre da eine schöpferische Energie in meinen Fingerspitzen, die in die Tonmasse übergeht und eine Skulptur gebären lässt.*

3.5 Schmecken

> Ein Leser schrieb mir:
> *Als Kind vertrug ich bestimmte Geschmäcker, Gerüche und Oberflächenbeschaffenheiten von Nahrungsmitteln nicht. Manche Nahrungsmittel bekomme ich immer noch nicht herunter, da schnürt sich mir unwillkürlich die Kehle zu.*

*Für die Außenwelt erscheint es wie ein Luxusproblem, dass
ich nie mit dem konventionellen Essen zufrieden und ständig
auf der Suche nach neuen Geschmäckern und Kombinationen
bin. Für mich ist es jedoch alles andere als ein Luxusproblem,
es ist ein täglicher Kampf, seit langer Zeit.*

Hilfe, nichts schmeckt ihnen! Hochsensible Kinder sind oft wählerische
Esser. Das kann für Eltern ziemlich ermüdend und demotivierend sein.
Bevor man es merkt, gelangt man während der Mahlzeiten in eine
negative Abwärtsspirale. Das Kind zum Essen zu zwingen ist nicht
ratsam. Wie bei allen extremen Reaktionen haben auch bei Nahrung
psychische und physische Faktoren ein Wörtchen mitzureden, oft
noch in Verbindung mit weiteren Reizen.

*Essen war für mich als Kind eine Katastrophe! Nicht etwa
wegen des Essens selbst, sondern wegen dieser fürchterlichen
Essgeräusche! Das Schmatzen von allen, die Spannung bei
Diskussionen und Konflikten, ich konnte nicht schnell genug
wieder vom Esstisch weg sein. Meine Mutter unterbrach die
Spannung ein bisschen, indem sie über Menschen aus dem
Dorf oder aus der Familie redete. Mein Vater konnte ebenfalls
bestimmte Geräusche nicht vertragen. Ich kann immer noch
nicht das Geräusch ausstehen, wenn jemand in einen Apfel
oder eine Karotte beißt. Richtig unangenehm.*

Erinnerungen und Erwartungen spielen auch hier eine Rolle. Hochsensible Kinder erinnern sich nur allzu gut, dass die Banane das letzte
Mal nicht gelb, sondern braun war. So wusste meine Tochter genau,
dass sie sich nach dem Essen von Makkaroni mit Paprika übergeben
musste. Weshalb Paprika lange Zeit tabu blieb. Man muss verstehen,
dass das Kind nicht wählerisch ist, um einen zu ärgern, sondern nur
überempfindlich in Mund, Nase und den Verdauungsorganen.

Hochsensible Kinder sind besonders sensibel bezüglich der Frische
der Nahrung (etwas Frisches ist für das primitive Hirn nämlich ein

Zeichen, dass es *ungefährlich* ist) sowie seiner Oberflächenstruktur, Farbe und Zubereitungsart. Als Eltern muss man da einen subtilen Weg zwischen Ermutigen, Experimentieren und Loslassen gehen. Das ist nicht immer einfach! Das althergebrachte „Iss deinen Teller leer!" ist für diese Kinder jedenfalls unerfüllbar und nicht empfehlenswert.

Lassen Sie das Kind sich selbst auffüllen und einschätzen, wie viel es essen mag. Wenn man es zum Essen zwingt, sabotiert man die natürlichen Warnmechanismen. (Hochsensible) Kinder spüren auf natürliche Weise, wenn der Körper genug hat. Bestimmt man das als Elternteil zu sehr, kann das Kind Essstörungen entwickeln und schließlich zu viel, zu wenig, einseitige oder ungesunde Nahrung wählen.

Eine friedvolle harmonische Stimmung am Tisch wird das Essen fördern, ebenso wie das Einbeziehen von schlechten Essern beim Zubereiten der Mahlzeit. Isst das Kind zu viel, kann das ein Zeichen sein, dass das Kind nach Liebe oder Aufmerksamkeit verlangt. Oder es kann ein Spiegel der Fixierung der Eltern auf das Essen sein.

Zum Schluss: Bedenken Sie, dass die Vorstellung von dem, was ein Kind essen muss, oft übertrieben ist, und dass Kinder in Wohlstandsgesellschaften eher zu viel als zu wenig essen.

Nahrungsmittelunverträglichkeiten und Allergien haben stetig zugenommen. Die Ursachen sind nicht ausreichend klar, in meinen Augen spielt dort auch mit, das gewisse Kreise ein Interesse haben, diese Probleme zu verschleiern. Es würde mich nicht erstaunen, wenn unnatürliche Zugaben wie Farb- und Geschmacksstoffe, aber auch Pestizide, Hormone und Antibiotika im Fleisch, die unbemerkt oder bewusst in unsere Nahrungskette gelangen, hierbei eine Rolle spielen.

Ich kenne Hochsensibilität beim Geschmack vor allem aus meiner Jugend. Es hat jahrelang gedauert, bis ich gelernt habe, Essen zu schätzen und Spaß daran zu haben. Bei Geschmack und der strukturellen Beschaffenheit von Nahrungsmitteln bin ich immer noch sehr eigen. Ich mag zum Beispiel kein hartes Brot, weil die Kruste mich leicht im Mund verletzen könnte. Zucker mag ich auch eher nicht, aber ich

genieße mild-süße Suppen. Ich habe gelernt, meinen indivi-
duellen Geschmack und meine Bedürfnisse zu erforschen. Der
kreative Umgang mit Vorlieben und das Sehen von Chancen
statt Begrenzungen helfen mir, Freude dabei zu bewahren.

3.6 Der sechste Sinn

Gibt es so etwas wie einen sechsten Sinn? Unter dem sechsten Sinn versteht man meistens die Fähigkeit, mehr wahrzunehmen, als das, was einem die bekannten fünf Sinne mitteilen: etwa die untrügliche Wahrnehmung der Körpersprache, das Empfangen außersinnlicher Informationen in Träumen, oder auch intuitive Eingebungen und telepathische Fähigkeiten.

Ich nenne das am liebsten das „Wahrnehmen von Energien", weil es meiner Meinung nach am besten die Reichweite dieses Phänomens umfasst. Obwohl die klassische westliche Wissenschaft auch in dieser Richtung forscht, hat sie noch keine allgemein akzeptierte Theorie dazu geliefert. In der asiatischen Wissenschaft gibt es hingegen keine prinzipiellen Bedenken, Phänomene anzuerkennen, die mit dem Verstand schwer zu erklären sind. Dort wird Bewusstsein als Ausgangspunkt gesehen, nicht der Verstand oder die Sinneswahrnehmung. Für mich ist dieses Wahrnehmen von Energien mehr als nützlich, und es leistet mir häufig gute Dienste.

Heidi:
Als kleines Kind nahm mich meine Mutter einmal zu einer
Tante mit. Ich war etwa sechs Jahre alt. Meine Tante führte
uns durch die Wohnung. Ich erinnere mich, dass es ein altes
Haus mit drei Stockwerken war. Der Rundgang fand seinen
Abschluss im Empfangszimmer. Ich wollte dieses Zimmer
nicht betreten, es fühlte sich für mich unglaublich abstoßend
an, und ich weigerte mich partout hineinzugehen. Meine
Mutter schämte sich offensichtlich wegen meines Verhaltens
und erinnert sich noch heute an den Vorfall. Ich weiß noch,

was für ein fürchterlich unheimliches Gefühl mich überfiel,
und wie entschlossen ich war, nicht hineinzugehen. Die Tante
nahm meine Mutter später zur Seite und berichtete ihr, wie
bemerkenswert sie meine Reaktion gefunden hatte: In dem
Empfangszimmer war nämlich etwas Schreckliches passiert.
Der frühere Hausbesitzer hatte hier seine Familie und sich
selbst umgebracht.

Bei der Frage, warum wir einen bestimmten Ort oder eine Person mögen oder nicht, geht es um die Wirkung unserer Intuition. Wir fühlen uns an einem Ort oder bei einer Person behaglich, ohne wirklich zu begreifen oder uns zu fragen, warum das so ist. Kinder sind oft sehr gut darin, verschiedene Energien wahrzunehmen und intuitiv zu reagieren, aber im Lauf des Lebens lernen wir – unter dem Einfluss von Erziehung und Schule –, nicht mehr auf unser Gefühl zu vertrauen. Ein Kind muss häufig entgegen seinem Gefühl „freundlich sein" und Erwachsene „artig begrüßen". Kinder finden in unserer Kultur keine Anhaltspunkte, Erfahrungen bewusst intuitiv zu verarbeiten und einzuordnen. Deshalb machen sie schließlich auch nichts mehr mit dieser Information.

Wenn man bedenkt, dass viele Tierarten untereinander ohne Sprache kommunizieren, während sie in einer Gruppe, einem Rudel oder miteinander zusammenleben, dann wird einem schnell klar, dass es vielfältige Arten der Kommunikation gibt. Das Spüren von energetischer Information ist ein hervorragendes Instrument, über das wir noch viel zu wenig wissen. Es ist unerschlossenes Terrain, oder besser gesagt, verlorenes *Terrain* für den Menschen. Jane Goodall (berühmt durch ihre Studien von Schimpansen) drückte das treffend aus, als sie sagte:

Dass Schimpansen keine gesprochene Sprache haben, ist kein
Mangel, sondern ein Segen. Mittels Sprache benennen wir
etwas und nach diesem Moment schauen wir die Sache nicht
mehr so sorgfältig an. Ohne Sprache bleibt „das Wunder der
Erfahrung" bestehen.

Haben wir als Menschheit durch die Entwicklung von Sprache vielleicht einen großen Teil unserer Fähigkeit verloren, intuitiv und energetisch zu spüren, zu lauschen und zu interpretieren?

Mittels Sprache können wir nicht nur die Wahrheit sprechen, sondern auch lügen. Der Biologe Frans de Waal sagt:

> *Ich betrachte lieber die Körpersprache, die viel ehrlicher ist.*
> *Ich vertraue Menschen nicht, wenn sie reden.*

Hochsensible Kinder sind offener und haben den Kontakt zu ihren subtilen Sensoren behalten. Manche Kinder (ebenso wie manche hochsensible Erwachsene) spüren Dinge im Voraus, sie sind hellsichtig, -wissend oder -hörend oder spüren Auras und Chakren, sie haben Kontakt mit Verstorbenen oder mit Engeln und Geistführern. Unsere Kultur ist außergewöhnlich nüchtern und reagiert überwiegend skeptisch auf solche Dinge. Das macht es für hochsensible Kinder besonders schwierig, (zu lernen) mit diesen außerordentlichen Gaben umzugehen. Ich selbst habe erst spät in meinem Erwachsenenleben begriffen, dass ich hellfühlend bin. Hätte ich früher gelernt, damit umzugehen, wären mir viele Irrtümer, Missverständnisse, viel Schmerz und Frustration erspart geblieben! In stärker naturverbundenen Kulturen werden diese Gaben nicht angezweifelt, sondern in das religiöse und rituelle Alltagsleben eingebettet.

4 Das Spannungsfeld zwischen Innen und Außen

Ich überschritt so oft meine Grenzen. Ich wurde so oft meinem eigenen Gefühl entfremdet, dass es eine Tagesaufgabe war, mich selbst wieder ins Gleichgewicht zu bringen.
(Greet, 47 Jahre alt)

Hochsensibilität wird manchmal falsch verstanden. Man fällt rasch ein Urteil aufgrund äußerlichen Verhaltens. Auf diese Art werden hochsensible Menschen oft als schüchtern oder still abgewertet. Es wurde schon angesprochen, dass Hochsensibilität früher einfach mit Introversion gleichgesetzt wurde, weil sie von außen damit leicht zu verwechseln ist. Das wird allerdings einem Teil hochsensibler Menschen, die offen und spontan sind, nicht gerecht. Die Essenz der Hochsensibilität ist tatsächlich ein Innen-Außen-Konflikt. Wenn Eltern und Lehrkräfte nur das äußere Verhalten sehen, fallen leicht Worte wie: Das Kind ist zu still, zu schüchtern oder zu emotionell.

Es kommt darauf an zu erkennen, dass diese Kinder eine reiche innere Erlebniswelt haben, die sie allerdings nicht immer so leicht anderen mitteilen können. Die Umstände der Umgebung machen es diesen Kindern mit ihrer Innenwelt nicht einfach, und daraus entstehen Verlegenheit, Zögern und Misstrauen.

Das Kind kann sich beispielsweise durch die brüske Art anderer überfahren fühlen; durch den Kontrast zwischen dem, was es intuitiv spürt, und dem, was von anderen gesagt wird, kann es sich ausgetrickst fühlen; es kann sich durch andere beurteilt oder beobachtet fühlen – gerade dann, wenn es etwas sagen oder tun muss. Im Kopf des Kindes spielen sich vielfältige Wahrnehmungen, innere Abwägungen und emotionale Reaktionen ab, auch wenn von außen davon kaum etwas zu sehen ist. Natürlich gilt das in gewisser Weise für alle Menschen, aber hochsensible Personen haben einfach mehr innere Dialoge, und sie nehmen viele Details wahr.

Die meisten hochsensiblen Kinder fühlen tief im Innern auch das Leiden anderer, aber oft ist ihnen nicht klar, dass die Emotionen, die sie spüren, von anderen stammen. Auch das ist ein Teil des Innen-Außen-Problems. Diese Kinder sind von Natur aus fürsorglich, ausgestattet mit einem instinktiven Gespür für Verantwortung. Sie sorgen sich um vielerlei, doch unter äußerem Druck oder in einer Umgebung mit zu vielen Reizen sieht man ihnen das nicht an: Sie verschließen sich. Notgedrungen, weil die Außenwelt zu aufdringlich, zu unvorhersehbar und zu unruhig ist. Ein hochsensibles Mädchen drückte das folgendermaßen aus:

> Mein ganzes System schließt sich immer wieder ab, das
> bemerke ich inzwischen. Ich habe mir das irgendwann selbst
> beigebracht, es ist wie ein Reflex. Ich bin im Voraus verschlossen, einfach zu, aus Schutz, und wenn etwas passiert, und
> es passiert ständig alles Mögliche, verschließe ich mich noch
> mehr. Dann verkrampfe ich mich, aber ich spüre dann auch
> nicht mehr das Schöne, Feine, Frohe. Ich fühle mich schon
> ganz lange nicht mehr richtig glücklich.

Die erlebte Außen- und Innenwelt stehen je nach Fähigkeit und Charakter einer Person mehr oder weniger in Harmonie miteinander. Damit meine ich, dass manche mehr als andere gelernt haben, mit gefühlten Gegensätzen und Verwirrungen umzugehen. Das Erreichen einer guten Abstimmung zwischen erlebter Innenwelt und der verwirrenden Konfrontation mit der Außenwelt ist fast immer das wichtigste Entwicklungsthema hochsensibler Kinder.

Hans Lemmens drückt es folgendermaßen aus:

Ihr Kommunikationsverhalten zeichnet sich durch das
Hin- und Herwechseln aus: einerseits in der Gemeinschaft
zu sein, aber sich selbst dabei ein bisschen zu verlieren, und
sich andererseits abzuschließen, um wieder zu sich selbst zu
kommen. In der Gemeinschaft sind sie sensibel – wenn sie
sich abschließen, bleiben sie vor allem in ihrem Kopf. Es fällt
ihnen dann schwer, am sozialen Leben teilzuhaben und
dennoch bei sich selbst zu bleiben."[3]

Wie Lemmens sehe ich einen Zusammenhang zwischen diesem Verhalten und der mangelnden Verwurzelung im Körper. Ein hochsensibles Kind erlebt keinen besonders großen Abstand zwischen sich selbst und der Außenwelt. Beispielsweise spürt es sehr unmittelbar die Sorgen seiner Mutter. Es bemerkt, dass ein Lehrer Kopfschmerzen oder schlecht geschlafen hat. Ein hochsensibler Jugendlicher kann sich in jemand anderen verlieben, einzig weil er die Verliebtheit eines anderen als ein eigenes Gefühl wahrnimmt. Ein Kind kann ein unersättliches Bedürfnis nach Nähe und Geborgenheit spüren und sich aus Angst doch in seine Einsamkeit zurückziehen. Es hat Schwierigkeiten, die Emotionen anderer wie Wut und Aggression von sich fernzuhalten und trägt sie anschließend noch lange in sich. Auch körperliche Unannehmlichkeiten wie Hunger, Kälte oder Schmerzen spürt es viel stärker als andere.

Innen-Außen-Probleme wie das Beeinflusstwerden durch Gefühle anderer, die Probleme mit Nähe oder das Klarstellen von Grenzen fasse ich unter dem Begriff Grenzproblematik zusammen. Sie sind *das* wiederkehrende Thema meiner Workshops. Ich unterscheide sechs Gebiete der Grenzproblematik. Als Eltern können Sie einmal im Geiste diese sechs Gebiete mit den dazugehörenden Fragen durchgehen,

---

3   Hans Lemmens, *Het elastiek tussen lichaam en ziel; Verkenningen in het grijze gebied tussen hooggevoeligheid en autisme.* (Das elastische Band zwischen Körper und Seele. Erkundungen im Graubereich zwischen Hochsensibilität und Autismus) Gvmedia, 2008, p. 65

sofern Sie das Thema momentan für relevant erachten. Ein älteres Kind kann selbst, oder eventuell zusammen mit einem Elternteil oder einem Freund, untersuchen, wie es diese Grenzgebiete erlebt. Bei den Fragen handelt es sich um Anregungen. Vielleicht fallen Ihnen weitere ein.

4.1 Körperliche Grenze

Haut, Verdauungstrakt und Sinnesorgane bilden die spürbare Verbindung zwischen Außen und Innen.

- Wie steht es um meine Haut, meinen Verdauungstrakt, meine Sinnesorgane?
- Wie viele und welche Reize strömen täglich auf mich ein?
- Was mag ich gern anfassen, essen, hören, sehen, riechen, schmecken?
- Sind Massagen etwas für mich?
- Was gefällt mir an körperlicher Nähe besonders gut?

4.2 Gedankliche Grenze

Alles, was wir denken, wird zu einem großen Teil von Überzeugungen und Kenntnissen geformt, die wir von anderen übernommen haben.

- Wie viel Zeit verbringe ich am Tag damit zu lernen (in dem Versuch, mir etwas einzuprägen)?
- Erlebe ich das Lernen (für die Schule) als schwer und belastend?
- Bin ich immer/oft einverstanden mit dem, was andere mir sagen?
- Finde ich, dass ich gehört werde, oder habe ich das Gefühl, dass andere mir ihre Ideen aufzwingen?
- Werde ich manchmal/oft angeschrien?
- Welche Gedanken stehen wirklich mit mir im Einklang? Kann ich abends gut einschlafen?

- Grüble ich viel?
- Kann ich gut in Worte fassen, was ich denke?

4.3 Emotionale Grenze

Dies betrifft alles, was man während des Tages fühlt.

- Bin ich sehr gefühlsbetont?
- Welche Emotionen (Trauer, Ärger, Wut, Angst Scham, usw.) herrschen in mir vor?
- Kann ich diese Emotionen immer auf Ereignisse zurückführen?
- Kann ich Probleme und Gefühle anderer loslassen, im Wissen, dass sie zu anderen gehören (die Trauer einer Freundin, der Ärger meiner Mutter, der Streit zwischen meinen Eltern)?
- Wie lange bringt ein Streit mich aus dem Gleichgewicht? Kann ich handeln oder geht mir das Problem fortwährend durch den Kopf?
- Habe ich oft Gefühlsschwankungen?
- Wie stark reagiere ich auf Hormonschwankungen?
- Bin ich gefühlsbetonter, wenn ich hungrig bin?

4.4 Energetische Grenze

Hierzu gehört alles, was auf subtilem Niveau auf einen einströmt, beispielsweise über die Intuition oder die energetische Grenze der Aura.

- Spüre ich manchmal die Schmerzen von jemand anderem?
- Kommt mir manchmal eine intuitive Eingebung, die sich anschließend als zutreffend erweist?
- Denke oder spüre ich oft etwas gleichzeitig mit meiner besten Freundin/meinem besten Freund, meiner Mutter, meinem Partner, etc.?

- Habe ich manchmal das Gefühl, dass sich meine Batterien bei Anwesenheit bestimmter Personen leeren?
- Werde ich in bestimmten Situationen oder bei bestimmten Menschen ohne sichtbare Erklärung hektisch, betrübt oder irritiert?
- Fühle ich mich kleiner als ich es eigentlich bin?

4.5 Grenze der Zeit

Hierunter fällt alles, was den Umgang mit Zeit und Zeitdruck betrifft.

- Wie viel Zeit habe ich, und wie viel nehme ich mir?
- Bin ich immer in Eile? Komme ich nie rechtzeitig an?
- Gibt es Tage in der Woche, an denen ich nichts tun brauche?
- Bin ich voller Energie oder fühle ich mich oft müde?

Sensible Menschen brauchen wesentlich mehr Zeit, um zu sich zu kommen und sich von Ereignissen zu erholen. Doch wie viel Zeit bleibt heutzutage überhaupt? Man tut bereits eine Menge für das Glück eines Kindes, wenn man zwischen angenehmen Aktivitäten und Verpflichtungen ausreichend Freiräume einplant: Übergänge in Form kurzer Pausen, in denen das Kind mental und emotional umschalten kann. Hektik ist für Erwachsene und Kinder eine große Gefahr und ein Feind. Bringt man Kindern Meditation bei (oder entdeckt sie zusammen mit ihnen), dann gibt man ihnen schon in jungen Jahren eine Methode an die Hand, sich nach innen zu kehren, weg von der reizüberflutenden Außenwelt. Lassen Sie die Kinder Bekanntschaft machen mit der Wohltat, sich Zeit zu nehmen und das Gefühl während der Meditation auszukosten, endlos Zeit zu haben. Nichts ist so nährend und nichts hilft besser, das Gleichgewicht wiederzuerlangen, als bewusste Einkehr und Kontemplation.

4.6 Soziale Grenze

Unsere eigenen Normen und Werte können mit denen unserer direkten Umgebung in einem Spannungsverhältnis stehen.

- Fühle ich eine Übereinstimmung mit der Familie, in der ich aufwachse?
- Fühle ich mich wohl in meiner Schule?
- Fühle ich mich tief verbunden mit den Freunden, die ich habe, und habe ich das Gefühl, dass wir auf derselben Wellenlänge sind?
- Habe ich meine Freunde bewusst ausgewählt?
- Fühle ich mich sicher in meiner Umgebung?
- Kann ich meiner Meinung treu bleiben, wenn andere eine abweichende Meinung zum Ausdruck bringen?

5 Eine Gesellschaft, in der Hochsensibilität ihren Platz hat

Die Weisen aus alter Zeit sind zartbesaitet,
gefühlvoll, tief, unergründlich.
Aufgrund ihrer Unergründlichkeit
sind sie nur wie folgt zu beschreiben:

So vorsichtig, als müssten sie im Winter einen Bach überqueren,
so zaghaft, als fürchteten sie den Klatsch aller Nachbarn,
so höflich, als wären sie nur zu Besuch,
so nachgiebig wie gerade schmelzendes Eis,
so einfach wie ein roher Holzblock,
so tief und weit wie ein Tal
so undurchschaubar wie ein trübes Gewässer.

(Lao Tse, *Tao Te King*, 15)

Gegenwärtig gehen Forscher davon aus, dass der Charakter eines jeden Menschen durch ein Wechselspiel aus Anlage und Umwelt geformt wird. Sensibilität hat demnach eine angeborene (genetische) Komponente, aber wird durch Erziehung und Erfahrung verstärkt oder abgeschwächt. Welche Faktoren sind hier wichtig?

Untersuchungen zeigen, dass für den hochsensiblen Charaktertyp Stress und Gefahr eine wichtige Rolle spielen. Auch in der Biologie ist Vergleichbares bekannt. Bei Tieren, selbst bei kleinen Insekten, gibt es sensiblere und relativ unsensible Individuen. Bei mehr als hundert Tierarten hat man inzwischen das Vorkommen besonders sensibler Individuen nachgewiesen: Das sind die scheuen, immer wachsamen Tiere. Sie haben ein ausgesprochen empfindliches Wahrnehmungsvermögen und scheinen ständig auf der Hut zu sein. Sie sind aufmerksam und sehen Gefahr früher als andere Tiere, die weniger auf die Umgebung achten. Sogar unter Fruchtfliegen gibt es diese Unterschiede.

Biologen vermuten einen Zusammenhang mit der Rolle des Einzelnen im Rudel oder in der Gruppe. Andere Rudelmitglieder sind vielleicht weniger aufmerksam und ängstlich, aber können stattdessen das Rudel unter Einsatz des eigenen Lebens verteidigen. Sie haben Eigenschaften wie Kraft, Ausdauer und Mut, die der ganzen Gruppe helfen.

Sozialhistoriker vermuten, dass unsere noch in Stämmen in der Savanne lebenden Vorfahren ebenfalls eine gewisse natürliche Diversität entwickelten, die dem Stamm als Ganzem Vorteile bot. Rascheln im Gebüsch oder ein unbekannter Geruch aus der Ferne konnten ein Hinweis auf den Angriff eines feindlichen Stamms sein. Sich zusammenziehende Wolken und der Geruch von Regen konnten ein Unwetter mit gefährlichen Blitzen ankündigen. Spuren auf feuchtem Grund und abgebrochene Äste in Sträuchern deuteten auf ein Raubtier hin. Wenn einzelne Mitglieder des Stammes sich auf das Erkennen dieser Zeichen spezialisierten, konnten sich die anderen auf einen Gegenangriff vorbereiten. Kraft und Einsicht konnten einander ergänzen.

Gefahr lauerte überall, ein Unglück war in der Lage, das Leben ganzer Familien zu verwüsten; ein feindlich gesinnter Klan konnte den ganzen Stamm ausrotten. Verschiedene Formen der Verteidigung erzeugten auf natürliche Weise Diversität unter den Stammesmitgliedern. Das Verhältnis von eins zu fünf (zwanzig Prozent Hochsensible gegenüber achtzig Prozent Normalsensiblen) ist vielleicht damit zu erklären, dass man einfach mehr Soldaten und Krieger benötigt, weil diese eher umkommen. Elaine Aron sagt dazu: „Während Soldaten oder Krieger für die Verteidigung und eventuelle Expansion sorgten, warnten die Hochsensiblen vor möglichen Gefahren." Es ist also nicht verwunderlich, dass die hochsensiblen Stammesmitglieder früherer Zeiten die Schamanen und Heiler einer Gemeinschaft waren.

In unserer komplexen modernen Gesellschaft geht es um mehr als nur ums Überleben: Wir haben Hausrat- und Krankenversicherungen, Rente und Anspruch auf Arbeitslosengeld. Das alles ist so selbstverständlich geworden, dass wir fast vergessen, dass das Leben unserer Vorfahren nicht so selbstverständlich und sicher war. Vielleicht neigen wir deshalb dazu, Sensibilität als Eigenschaft und die Diversität unter Menschen und Kindern zu unterschätzen. Der moderne Mensch lebt individualistischer, benötigt die Familie oder die soziale Gruppe weniger und ist nicht mehr ständig mit dem Überlebenskampf beschäftigt. Er strebt nach neuen Zielen: Ansehen, Reichtum, Einfluss, Intelligenz, eine bestmögliche Ausbildung und einen idealen Partner. Könnte es vielleicht sein, dass wir unsere Kinder zu sehr über einen Kamm scheren, weil wir davon überzeugt sind, dass es einen einzigen Weg zu gesellschaftlichem Erfolg gibt?

Machbarkeit ist ein wichtiges Konzept unserer Gesellschaft, und allzu gerne versuchen wir, aus Kindern möglichst ideale Erwachsene zu kneten. Aber vielleicht stören wir damit zu sehr den natürlichen Charakter eines Kindes? Leider ist die Gruppe nicht mehr gleichermaßen auf Menschen mit einer solchen Sensibilität angewiesen.

Bei hochsensiblen Kindern muss es nicht immer zu Problemen kommen, aber die Gefahr ist groß. Nach den Erfahrungen in meiner Praxis sind Probleme in der Regel darauf zurückzuführen, dass Hochsensibilität nicht anerkannt oder nicht akzeptiert wird. Obwohl diese Sensibilität von Natur aus eigentlich eine nützliche Funktion ist.

In einer wissenschaftlichen Studie untersuchten Boyce und Ellis die Wirkung psychosozialer Unterstützung in der frühkindlichen Entwicklung in Zusammenhang mit Stress und Schwierigkeiten. Sensibilität wurde dabei neben Erziehung und Umgebung als Faktor einbezogen. Die Untersuchung ergab, dass sensible Kinder am häufigsten an zwei Extremen der Skala vorkommen: Einerseits in *extrem sicherer* Umgebung mit niedrigen Stresswerten und andererseits in *unsicherer* Umgebung, in der Stress und Intoleranz die Regel sind. In der ersten Situation kann das Kind in aller Freiheit seine Sensibilität entfalten. Somit findet man dort eine Zunahme von Hochsensibilität. In der entgegengesetzten Situation geht es um Kinder, die erhöhtem *Stress und seelischem Leid* ausgesetzt sind. Diese erwiesen sich im Test ihrer Reaktionen auf Gefahren oft ebenfalls als besonders sensibel. Sind dies die Kinder, die im späteren Leben Störungen entwickeln, weil sie ihre Sensibilität nicht wirklich äußern können? Wir können daraus nicht ableiten, dass Hochsensibilität einzig und allein den Umständen geschuldet ist, aber die Ergebnisse legen nahe, dass es einen Zusammenhang zwischen Erziehung, Stress, früherer Erfahrung psychischen Leids und der Entwicklung von Sensibilität gibt.

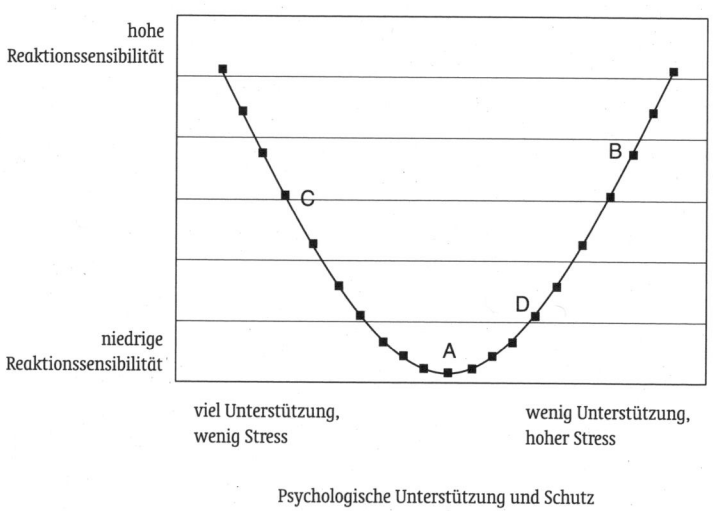

Psychologische Unterstützung und Schutz
in der Kindheit vs. Stress und Not

Aus: Boyce & Ellis (2005): Biological Sensitivity to context, Seite 185)

Es gibt so viele Möglichkeiten, mit der die Umgebung die Hochsensibilität eines Kindes entweder stimulieren oder im Gegenteil unterdrücken kann. Wenn ein Kind mit einer hochsensiblen Persönlichkeit liebevoll akzeptiert und respektvoll unterstützt und ermutigt wird, wird es sich anders entwickeln, als wenn es ständig zu hören bekommt, dass es zu nichts taugt und endlich härter werden muss. Wir brauchen nicht viel Fantasie, um zu erahnen, dass das Kind seine Hochsensibilität unter diesen Umständen nicht so leicht zum Ausdruck bringen wird. Außerdem besteht die Gefahr, dass es aggressive Muster übernimmt und seine wahre Natur nicht auslebt. Die Folge ist, dass es sein Leben lang voller Selbstzweifel bleibt, mit einem erhöhten Risiko, an Einsamkeit, Depression, Angststörungen und psychischer Labilität zu leiden. Das angenommene Kind hingegen kann Fertigkeiten und Talente entfalten, bei denen ihm seine Hochsensibilität zugutekommt. Vielleicht wird es mit viel Feingefühl musizieren oder ein einfühlsamer Arzt oder kreativer Forscher werden.

6 Rezepte für ein glückliches Kinderleben

To exist is to change, to change is to mature,
to mature is to go on creating oneself endlessly.

(Henry L. Bergson)

Was benötigen hochsensible Kinder vor allem? Hochsensibilität ist eine wunderbare Eigenschaft, die einem Kind viele Extras bieten kann. Ein Kind braucht unter seinem Charakter nicht zu leiden, es kann seine Qualitäten in vielerlei kreativen, intuitiven und sozialen Aktivitäten einbringen, und dank seiner Sensibilität kann es viele kleine Dinge genießen, sich in der Natur aufladen und sich im Kontakt mit einer guten Freundin oder einem guten Freund richtig wohl in seiner Haut fühlen. Im Allgemeinen sind hochsensible Kinder weniger belastbar, sie können weniger lange irgendwohin mitgenommen werden, sind schneller aus dem Gleichgewicht gebracht, und sie sind empfindlicher gegenüber Worten, Energien und Hintergrundgeräuschen. Sie sind also stressempfindlicher und benötigen deshalb eine Betreuung, die ihrer Besonderheit Rechnung trägt. Von den folgenden Vorschlägen können alle Kinder profitieren, ob hochsensibel oder nicht.

Als Elternteil oder Lehrkraft sollte man auf folgende Bereiche besonders Acht legen:

1. Liebe und Bestätigung
2. Ermutigung und Sicherheit
3. Zeit und Ruhe
4. Offenheit in der Kommunikation
5. Grenzen
6. Verständnis für hochsensible Kinder im Schulunterricht

6.1 Sich geliebt wissen

Hochsensible Kinder behalten alles genau im Auge und reagieren besonders aufmerksam auf jegliches Anzeichen von Kritik und Ablehnung. Sie sind sich selbst gegenüber häufig besonders selbstkritisch, wodurch es ihnen nicht selten an Selbstvertrauen mangelt. Schon in jungen Jahren können sie das Gefühl haben, anders zu sein, schwieriger. Diese Andersartigkeit kann ihnen selbst auffallen, oder Erwachsene und vor allem Klassenkameraden halten ihnen den Spiegel vor. Zum Beispiel durch Hänseln und Auslachen, oder indem man dem Kind sagt, es dürfe nicht so schüchtern sein. Oder man zwingt es zum Mitspielen mit anderen Kindern, auch wenn klar ist, dass es sich dabei nicht wohlfühlt. Hochsensible Kinder lernen schnell, dass sie ihre einzigartigen Eigenschaften unterdrücken müssen, um akzeptiert zu werden. Sie versuchen, mehr schlecht als recht, sich den von anderen aufgestellten Normen anzupassen, oder sie ziehen sich aus sozialen Situationen immer weiter zurück.

Eltern und Lehrkräfte können das Selbstvertrauen eines hochsensiblen Kindes fördern, indem sie *allen* Kindern klar machen, dass Diversität wunderbar und gut ist. Wenn wir vergessen, Kinder zu lehren, dass Unterschiede da sein dürfen (und sogar müssen), versäumen wir eine wichtige Lektion auf ihrem Weg. Das hochsensible Kind hat ein besonderes Bedürfnis, mit seiner Intuition und seinen reinen Gaben angenommen zu werden. Erst das Gefühl, *da sein zu dürfen,* macht das Dasein für solche Kinder erträglich. Wird so ein Kind von den Eltern kritisiert, zu hart rangenommen oder in der Schule schikaniert, fühlt es tiefen inneren Zweifel in Bezug auf sich selbst und die eigenen Werte und Normen. Das Gegenmittel lautet: Bestätigen, loben und bewundern! Fangen Sie so früh wie möglich damit an, und tun Sie es am besten so oft wie möglich.

Eine hochsensible Frau sagt über die Erziehung, die sie gerne gehabt hätte:

Im Nachhinein denke ich, dass ich das Gefühl, willkommen zu sein, sehr vermisst habe. Das bedeutet für mich zu wissen, dass man da sein darf – so, wie man ist. Das bedeutet, dass Eltern nicht urteilen, sondern eine Haltung von Offenheit und Akzeptanz einnehmen. Was kann man als Eltern schließlich anderes tun als Vertrauen geben, damit ein Kind herausfinden kann, was es will und selbst entdecken kann, wie es Dinge angeht? Ich möchte einem Kind den Raum geben, um Dinge selbst und in eigener Manier zu tun. Das beinhaltet für mich auch: Das Kind nicht zu zwingen, zu jedem Beliebigen freundlich zu sein, wenn sein Gefühl ihm etwas anderes nahelegt. Stattdessen sollte man es stimulieren zu lernen, den eigenen Einsichten und Gefühlen zu folgen. Lehren Sie dieses Kind, einfach seiner eigenen Wahrheit zuzuhören.

Liebe vermittelt man durch Blick-, Seelen- und Körperkontakt. Das sind Kommunikationsmittel, die für alle Kinder, aber besonders für hochsensible wichtig sind. Weil diese so gut nachfühlen, was andere bewegt, bemerken sie schon kleine Aufmerksamkeiten. Leider bemerken sie auch Kritik und Ablehnung, auch so subtile, dass derjenige, der sie äußert, selbst nicht versteht, was das Kind nun gekränkt hat. Diese Kinder sind Meister der *subtilen Kommunikation*. Sie haben ein enormes, fast unstillbares Bedürfnis zu merken, zu hören und zu fühlen, *dass sie so sein dürfen, wie sie sind*. Viele hochsensible Kinder haben ein sehr weites Bewusstsein, ein ausgedehnteres und liebevolleres als wir Eltern. Unsere Generation kann sich oft nicht vorstellen, welche Weisheit diese Kinder von Natur aus in sich tragen. Wir lauschen und schauen zu wenig auf das, was dort unter der Oberfläche schon an Weisheit verborgen ist.

Sensible Kinder bitten um eine bewusste Verbindung. Fragen, die man sich als Eltern stellen sollte, sind:

- Nehme ich mir als Elternteil bewusst Zeit für mein Kind?
- Höre ich regelmäßig unvoreingenommen den Ansichten meines Kindes zu?
- Schaffe ich regelmäßig eine angenehm entspannte Umgebung, in der wir zusammen zur Ruhe kommen können?
- Gibt es Momente, in denen wir unbekümmert zusammen Spaß haben und lachen?
- Wie oft liebkose ich mein Kind? Warum nimmt mein Kind keine Liebkosungen mehr von mir an?
- Wie steht es mit meinem Körper: Sind meine Arme und Hände entspannt?
- Kritisiere ich mein Kind oft, oder darf es so sein wie es ist, auch wenn es Dinge tut, die mir nicht so gut gefallen?
- Sage ich regelmäßig, wie toll und einzigartig es ist?
- Bewundere ich mein Kind wegen etwas anderem als nur seinen Leistungen?
- Wie viel Spontanität gibt es in unserer Familie? Oder dreht sich alles um die Hausordnung?
- Was strahle ich aus? Bin ich angespannt und in Gedanken abwesend oder bin ich froh und ruhig im Hier und Jetzt?

Hochsensible Kinder können abgeschreckt werden durch die Art, in der weniger sensible Menschen kommunizieren. Sie haben manchmal Schwierigkeiten mit Menschen, die harte Ausdrücke nutzen oder nur belanglosen Smalltalk von sich geben oder tratschen oder grobe Witze erzählen. Man muss seinem hochsensiblen Kind manchmal erklären, dass andere nicht anders können, und dass es gut damit fährt, diese Leute weniger ernst zu nehmen. Man kann ihm erklären, dass manche Menschen Dinge sagen, die sie eigentlich nicht meinen, oder dass sie den Drang haben, sich zu äußern, ohne sich darüber klar zu sein, was sie eigentlich genau sagen. Geringsensible Menschen nutzen

Kommunikationsformen, die vor allem auf Regeln und Konventionen basieren. Sie benutzen Kontakte hauptsächlich zur Bestätigung dieser Konventionen. Das ist etwas, was ein hochsensibles Kind gerade nicht kann und deshalb auch nicht versteht.

Alle Kinder gedeihen bei Harmonie und Liebe, aber Kinder mit hochsensibler Wesensart haben ein überdurchschnittlich hohes Bedürfnis, die Welt im Gleichgewicht vorzufinden. Von Natur aus sind sie liebevolle Kinder. Wenn ihre Umgebung nicht so ist, selbst wenn es in dieser Hinsicht nur kleine Störungen gibt, reagieren hochsensible Kinder mit vagen psychosomatischen Beschwerden: Sie haben beispielsweise Bauchschmerzen, allergische Reaktionen oder entwickeln Schlafprobleme. Sie werden versuchen, Streit aus dem Weg zu gehen und die Schuld auf sich zu nehmen.

Jonas ist zehn und ziemlich sensibel. Er wird regelmäßig in der Schule gehänselt. Er ist schwermütig und möchte manchmal tot sein. Seine Mutter ist sehr besorgt, weil es ihm nicht gut geht. Durch ihre Besorgtheit verliert sie den Kontakt zu ihm. Sie verhält sich ihm gegenüber dominant und macht ihm allerlei Vorhaltungen. Jonas weiß ziemlich genau, was gut für ihn wäre, aber es gibt niemanden, der ihm richtig zuhört. Er wird verärgert und zieht sich zurück, weil er keine Anerkennung erfährt. Erst als seine Mutter lernt, nicht sofort mit Ratschlägen anzukommen und erst einmal unvoreingenommen zuzuhören, gelingt es Jonas, Schritt für Schritt kommunikativer zu werden.

6.2 Mit Sicherheit ins Leben starten

Eines der größten Probleme, vor dem Eltern hochsensibler Kinder stehen, ist die Frage, ob sie ihr Kind vor beängstigenden Situationen in Schutz nehmen oder es motivieren sollen, diesen die Stirn zu bieten. Die meisten hochsensiblen Kinder werden von neuen Situationen abgeschreckt. Sie erleben Schulfeste und fremde Menschen eher als bedrohlich. Sie können mit großen Befürchtungen Ereignissen entgegen sehen, die eigentlich als gesellig und nett beabsichtigt sind. Das muss nicht an ihrer Schüchternheit liegen, sondern kann auch mit der Menge (unbekannter) Reize zusammenhängen, die auf diese Kinder einströmen. Als Eltern wird man regelmäßig abwägen müssen, ob man sein Kind abschirmt oder es motiviert.

Manche hochsensiblen Kinder haben eine forschende Ader und mögen Herausforderungen. Das sind die etwa dreißig Prozent der *Thrill* oder *Sensation Seeker*, die ich schon ansprach. Der größte Prozentsatz hochsensibler Kinder ist aber zögernder Natur und wartet lieber erst ab, wie der Hase läuft. Es ist für diese Kinder wichtig, sich nicht zu extrem ängstlichen Personen zu entwickeln, die neuen Situationen von vornherein aus dem Weg gehen. Trotzdem können wir sie als Eltern und Lehrkräfte nicht zwingen, etwas zu werden, was sie nicht sind. Wir können Ermutigung und Unterstützung anbieten, wir können ihnen beistehen, wenn sie uns brauchen – und vor allem können wir ihnen das Gefühl geben, dass sie gut sind, so wie sie sind. So entwickeln sie am schnellsten das Gefühl, dass es ungefährlich ist, auch einmal etwas Neues auszuprobieren.

Das Gefühl von Sicherheit beruht vor allem auf frühen Bindungserfahrungen. Eine der wichtigsten Voraussetzungen, damit ein hochsensibles Kind sich selbstsicher fühlt, ist das Vertrauen, dass jemand es auffängt, wenn es fällt. Das sind in den meisten Fällen Vater und Mutter. Wenn ein hochsensibles Kind weiß, dass seine Mutter, sein Vater oder andere Vertraute hinter ihm stehen, wird es sich eher trauen, Neues zu erkunden.

Die erste Bindungserfahrung gibt dem Säugling ein Gefühl von Sicherheit, von dem er den Rest seines Lebens zehrt. Diese erste Lebensphase ist äußerst wichtig. Einem hochsensiblen Kind muss man regelmäßig verständnisvoll auf die Sprünge helfen, damit es sich etwas traut. Doch das muss *in einem sicheren Rahmen* geschehen, in dem ein Kind mit seiner Angst nicht allein gelassen wird. Verschiedene Untersuchungen zeigten, dass hochsensible Kinder, die in stressreiche Situationen geraten, sich gut fühlen, solange sie in Händen eines aufmerksamen Betreuers sind. Sind sie das nicht, fühlen sie sich gestresst und ungeschützt und reagieren mit einer Flucht-Furcht-Kampf-Reaktion (*flight-fright-fight response*). Dieser Fachausdruck stammt aus der Neurobiologie und bezeichnet einen bei Menschen und Tieren vorkommenden Verteidigungsmechanismus bei akuter Gefahr. Der Körper produziert dann als Reaktion auf das akute Angst- und Stress-Gefühl verhältnismäßig große Mengen Adrenalin und Cortisol. Blutdruck und Puls steigen, die Muskelspannung nimmt zu, die Sinne werden besonders aufmerksam. Ist die Gefahr gewichen, produziert der Körper Endorphine und Dopamine, um das Gleichgewicht wiederherzustellen.

Eine Untersuchung der Harvard-Universität an 22 hochsensiblen schüchternen Kindern (*inhibited children*) zeigte, dass sie im Vergleich zu normalsensiblen Gleichaltrigen mehr von den Stresshormonen Norepinephrin (eine Form von Adrenalin) und Cortisol in ihrem Körper hatten. Andere physiologische Werte waren ebenfalls signifikant höher, wie etwa die Pupillenweite, die Muskelanspannung, Puls und Blutdruck – alles Werte, die normalerweise mit Stress und der Flucht-Furcht-Kampf-Reaktion zusammenhängen[4].

Diese Untersuchung bestätigt die Vermutung, dass *inhibited* (gehemmte) Kinder, die man mit hochsensiblen Kindern vergleichen kann, schneller in einen Erregungszustand geraten als weniger sensible Kinder. Hochsensible Kinder fühlen sich in neuen Situationen weniger sicher als normalsensible Gleichaltrige. Aber mit zusätzlicher Unterstützung, Ermutigung und Beruhigung durch jemanden, dem sie vertrauen, reagieren sie deutlich ruhiger, als wenn sie allein ihrem Schicksal überlassen sind.

Je mehr sich ein aufwachsendes Kind von seinem wahren Selbst – dem tiefen Kern – entfremdet, desto schwerer wird es sich tun, authentisch mit sich selbst im Gleichgewicht zu leben. Der britische Kinderpsychiater D. W. Winnicott hat viel zum Wissen über den Prozess der Selbstbildentstehung beigetragen. Er untersuchte bei Erwachsenen

---

4   J. Kagan, Schwartz, Wright, Shin, Rauch; *Inhibited and Uninhibited Infants Grown Up: Adult Amygdalar Response to Novelty*, New York, Basic Books, 1994

und Kindern die psychischen Prozesse, die der Abhängigkeit und Unfreiheit von Gefühlen, Gedanken und Wünschen zugrunde liegen.

Winnicott gebraucht dabei die Bezeichnungen *the true self* und *the false self*, also die echte und die unechte Persönlichkeit. Die echte oder wahre Persönlichkeit entsteht in einer idealen Situation und ist der authentische Charakter im instinktiven Herzen der Persönlichkeit. Egal, wie ein Kind heranwächst, sich entwickelt und sich aufgrund seiner Erfahrungen anpasst, eine gewisse Wesensart bleibt unverändert. Winnicott unterstrich in seiner Theorie die Wichtigkeit eines positiven Gefühls von Selbstwert und Selbstvertrauen. Im günstigsten Fall gibt es einen ununterbrochenen Strom von Impulsen, Gefühlen, Gedanken und Handlungen, die zur guten Entwicklung der wahren Persönlichkeit beitragen.

Eine sensible Person kommt aufgrund der Art ihres Sinnes- und Nervensystems nicht umhin, Meinungen und Gefühle anderer zu bemerken, vor allem deren Urteile und Kritik. Deshalb entwickeln Hochsensible fast *immer* ein *falsches Selbst* und verbergen oder leugnen ängstlich einen Teil ihres authentischen Charakters. Deshalb benötigen hochsensible Kinder Ermutigungen, Bewunderungen und Bestätigungen von Erwachsenen, auch wenn das manchmal übertrieben erscheinen mag.

Ein Lehrer, der sehr streng ist und Strafe als pädagogisches Werkzeug einsetzt, wird zu einem hochsensiblen Kind vermutlich keinen Zugang finden, auch wenn er noch so gerecht ist.

Meine Tochter fand es eine Zeit lang bedrohlich, mich aus den Augen zu verlieren. Das entstand durch ein unschönes Erlebnis und ihre Neigung, ängstlich auf neue Situationen zu reagieren. Einige Monate lang fand sie es bedrohlich – wie hier in der Schweiz üblich –, alleine zur Schule zu gehen, und sie bat mich, sie jeden Tag zur Schule zu bringen. Ich fragte mich schon besorgt, ob es gut sei, auf ihren Wunsch einzugehen. Würde ich sie zu sehr verwöhnen? Zu wenig ermutigen? Schließlich gab ich nach, aber ließ sie jede Woche etwas früher aus dem Auto. Ich sagte ihr, dass sie es von hier ab alleine schaffen könne. Schließlich konnte ich zu Hause bleiben und sie lief voller Selbstvertrauen alleine zur Schule. Ich hatte die Grenze Schritt für Schritt verlegt, und sie hatte ihr Lerntempo selbst bestimmt.

Warum müssen hochsensible Eltern sich in besonderem Maße vor Projektion hüten? Wenn man als Kind gezwungen wurde, Dinge zu tun, die man sich nicht traute, kann man als Erwachsener die Neigung haben, eigene Kinder übertrieben zu beschützen, indem man sie von schwierigen Situationen fernhält. Weil man sich noch so gut erinnert, wie unglücklich man sich fühlte, als man Dinge tun musste, für die man noch nicht bereit war. Man erinnert sich an den Schmerz, die Unsicherheit, die Überreizung. Wenn wir hochsensible Kinder aber von schwierigen Situationen fernhalten, lernen sie nie, Mut und Entschlossenheit zu entwickeln. So können sozial gehemmte Kinder heranwachsen, die nur halb leben, weil sie in nicht ausreichendem Maße gelernt haben, sich für sich selbst einzusetzen. Wie schwierig es einem manchmal auch erscheinen mag, man kann ängstliche und sensible Kinder nicht vor der unangenehmen Außenwelt abschirmen. Mit Unterstützung und Verständnis kann man sie auf sanfte Art motivieren, kleine Schritte zu gehen, sodass sie sich schließlich Stück für Stück mehr zutrauen.

Eine hochsensible Mutter schrieb mir:

Mein fünfjähriger Sohn ist sehr sensibel. Das merke ich an vielen Dingen. Ich bin selbst hochsensibel und erkannte schon früh vieles von mir in ihm. Er weiß immer, wie es einem anderen geht, er ist schnell überreizt und erträgt schlecht laute Geräusche. Neue Dinge oder Veränderungen sind schwierig für ihn. Letztes Jahr organisierte der Kindergarten einen Ausflug zu einer Theatervorstellung mit Musik. Im Kindergarten wurden die Kinder wochenlang darauf vorbereitet. Mein Sohn fand es aufregend und beunruhigend und sah dem Tag mit vielen Sorgen entgegen. Am liebsten wäre er an dem Tag zu Hause geblieben. Ich stand also vor der Wahl, diesem Wunsch nachzugeben, selbst mit zu gehen oder ihn – entsprechend vorbereitet – doch hinzuschicken und gleichzeitig die Betreuerin gut über seine Schwierigkeit zu informieren. Für diese letzte Möglichkeit entschied ich mich. Es schien mir keine gute Lösung, ihn zu Hause zu lassen: Das nächste Mal würde er dann wieder nicht gehen wollen. Ich dachte lange darüber nach, ob ich nicht am besten mitkäme, kam dann aber zur Schlussfolgerung, dass er dann nur an mir hängen bleiben würde, während es gerade gut sei, dass er lernt, es selbst zu können. Also habe ich mich für die verbleibende Möglichkeit entschieden. Ich wollte auch, dass er lernt, positive Erfahrungen zu machen. Mit der Kindergärtnerin sprach ich ab, dass er an dem Tag neben ihr sitzen dürfe. Ich erklärte ihm, dass ich verstünde, wie beunruhigend er all das finde, aber dass die Kindergärtnerin bei ihm bleiben würde. Schritt für Schritt haben wir uns dem Tag entgegengearbeitet. Ich versuchte, viel Respekt für seine Gefühle zu zeigen und bagatellisierte seine Ängste nicht. Stattdessen versuchte ich, ihn davon zu überzeugen, dass er recht viel kann und dass er auf sein Können vertrauen kann. Für mich war es an dem betreffenden Tag extrem schwierig, am liebsten hätte ich meinem Kind jegliche unangenehme Erfahrung erspart und ihn vor der garstigen Außenwelt beschützt. Aber ich bin froh, dass ich es nicht getan habe. Er hat die Sache genossen und beklagte sich anschließend in keiner Weise. Im Anschluss gab es weitere Gelegenheiten dieser Art: Nikolaus, Weihnachtsfeier, Karneval, der erste Schwimmunterricht. Und jedes Mal ging es besser. Er entwickelte immer mehr Selbstvertrauen. Und dieses Jahr hat er vor dem ganzen Kindergarten zu Nikolaus ein Gedicht aufgesagt. Das hätte ich letztes Jahr nicht zu träumen gewagt!

Schrecken Sie aber auch nicht davor zurück, Ihr Kind beim Wunsch zu unterstützen, einmal einen Tag zu Hause zu bleiben. Mit diesem Rat mache ich mich natürlich bei Lehrkräften unbeliebt, aber es ist mir ein Anliegen, dass so etwas ab und zu gerechtfertigt sein kann. Lehrkräfte und Eltern denken womöglich, dass Kinder das missbrauchen würden. Seien Sie beruhigt, ein hochsensibles Kind ist tendenziell eher brav und gewissenhaft, es missbraucht seine Rechte nicht so schnell.

Wenn Ihr Kind wirklich nicht zur Schule will, gibt es einen guten Grund dafür. Der Grund muss angehört werden, und dem muss manchmal – gewiss nicht immer – Vorrang gegeben werden. Ein Kind, das Schwierigkeiten in der Schule hat, benötigt zuallererst ein zuhörendes Ohr und einen sicheren Heimathafen. Also Eltern, die völlig hinter ihm stehen. Es möchte frei heraus und ohne Kritik oder Scham sagen können, was es herausfordernd und schwierig findet. Wenn Sicherheit und Vertrauen gewährleistet sind, wenn das Kind bedingungslose Unterstützung von Vater oder Mutter erfährt, wird es aus einem intrinsischen und natürlichen Bedürfnis heraus selbst den Mut sammeln, wieder zur Schule zu gehen. Zeigen Sie *immer* Verständnis für das Problem Ihres Kindes; Ihr Kind erfindet seine Angst nicht.

Als Eltern sollten Sie:

- sehr gut spüren können, ob Ihr hochsensibles Kind etwas beschäftigt,
- in diesem Fall sollte alles getan werden, dem Kind Sicherheit zu vermitteln, damit es sich traut zu sagen, was los ist. Das verlangt oft viel Geduld und Fingerspitzengefühl.
- Versuchen Sie anschließend, so gut wie möglich die Lösungsvorschläge zu berücksichtigen, die vom Kind selbst kommen.
- Geben Sie ihm Zeit und Raum, seine Gefühle zu verarbeiten.
- Behalten Sie im Hinterkopf, dass das Kind, wenn es sich angehört und verstanden fühlt, praktisch immer neuen Lebensmut schöpft. Ein Kind hat das natürliche Bedürfnis, glücklich zu sein und am Leben teilzunehmen.

6.3 Zum ersten Schritt ermutigt werden

Schüchternheit ist eine unerfreuliche Eigenschaft für Kinder. Man kann Kinder bis zu einem gewissen Grad bei Schüchternheit helfen, indem einerseits nicht alle Aufmerksamkeit auf sie gerichtet wird und andererseits einfach akzeptiert wird, dass sie es unangenehm finden, im Mittelpunkt des Interesses zu stehen. Ein Kind darf ruhig ein bisschen in sich gekehrt sein, oder etwa nicht? Wir müssen nicht alle große Redenschwinger sein und es lieben, im Flutlicht zu stehen. Als Kind brach ich sogar oft in Tränen aus, wenn unerwartet die ganze Aufmerksamkeit der Familie auf mich gerichtet wurde. Die Welle der Aufmerksamkeit, die über mich her brandete, konnte ich einfach nicht so schnell verarbeiten. Doch starke Schüchternheit kann das soziale Leben auch stark blockieren, und dann leidet ein Kind darunter. Schüchternheit kann durch unerwünschte körperliche Reaktionen wie Erröten oder Stottern verursacht werden. Ein Kind, das eigentlich recht sozial ist, zieht sich dann mehr und mehr zurück. Nehmen Sie dieses Problem Ihres Kindes ernst, ziehen Sie es nicht ins Lächerliche. Und suchen Sie zusammen Lösungsstrategien. Man kann als Eltern nicht früh genug auf Schüchternheit achten, denn wenn die Kinder in die Pubertät kommen, besteht die Gefahr, dass sie das Problem nicht mehr mit Ihnen teilen.

Hochsensible Kinder denken in der Regel länger nach, bevor sie sich trauen, etwas zu sagen. Sie erwarten von vornherein negatives Feedback, wodurch sie weniger schnell mit etwas herausplatzen. Zu Hause zu üben, freimütig über Dinge zu reden, ist also recht nützlich. Ermutigen Sie ihr Kind, weniger nachzudenken und sich weniger vorzubereiten, bevor es etwas sagt. Sagen Sie ihm, dass es nichts ausmacht, wie es etwas sagt, ob die Worte stotternd, undeutlich oder emotional herauskommen, das Wichtigste sei, *dass* sie herauskommen. Lassen Sie Ihr Kind spielerisch üben zu sagen, was in ihm an Eindrücken aufsteigt, beispielsweise mit Bildern aus einer Zeitschrift. Auch Spiele mit lautem Singen, Herumschreien und Sprechen sind gut.

Wenn Schüchternheit soziale Kontakte ernsthaft behindert oder Unbeholfenheit die Ursache von sozialer Isolation ist, können Sie zusammen Methoden einüben, in Kontakt zu treten. Manchmal behindern Glaubenssätze das Kind, unvoreingenommen gesunde Kontakte einzugehen. Zum Beispiel: „Alle Kinder sind unfreundlich und blöd", oder „Die anderen verstehen mich doch nicht". Das sind selbsterfüllende Prophezeiungen und Ausflüchte. Genau wie andere Dinge auch, kann man üben, Kontakte zu knüpfen. Indem Ihr Kind das fleißig übt (wobei Fehler gemacht werden dürfen!), kann es die nötigen sozialen Fertigkeiten lernen. Wenn Sie denken, dass Ihre Unterstützung nicht ausreicht, können Sie Hilfe bei einem Kindertherapeuten suchen, der Erfahrung in diesem Bereich hat.

Einige Ratschläge:

- Unterstützen sie kleine Kinder dabei, Kontakte zu machen (geben Sie Rückendeckung) und mischen Sie sie nicht einfach in die Situationen ein mit Kommentaren wie: „Stell dich nicht so an, los!"

- Ermutigen Sie Schulkinder, regelmäßig ein Kind aus seiner Klasse einzuladen. Mit einem einzelnen Spielkameraden ist es meistens leichter als in einer Gruppe zu spielen. Aber Ausnahmen bestätigen die Regel, manchmal finden Kinder es gerade in einer Gruppe schön.

- Wenn es keine Klassenkameraden gibt, die kommen, kann man im Sport- oder Hobbyklub ein Kind suchen, das eventuell zum eigenen Kind passt.

- Besprechen Sie mit Ihrem Kind im Voraus, was es mit dem Spielkameraden zusammen machen könnte, wie lange er bleiben darf und ob die Anwesenheit eines Elternteils gewünscht ist. Das kann für jedes Kind, je nach Alter, unterschiedlich sein.

- Sie können mit Ihrem Kind *ein Zeichen verabreden*, für den Fall, dass es keinen Rat mehr weiß und Sie einspringen sollen.

- Erkundigen Sie sich nach reizarmen Hobbys und Beschäftigungen, die ihr Kind interessieren und es ihm ermöglichen, in Kontakt mit anderen Kindern zu kommen.

- Ermutigen Sie Ihr Kind von klein auf, sich spontan mitzuteilen (siehe oben) und schlagen Sie Themen/Geschichten vor, die es im Kontakt mit Freunden nutzen kann.

- Lehren Sie Ihr Kind, angemessene kleine Aufmerksamkeiten/Geschenke zu basteln und zu verschenken.

- Geben Sie ein gutes Vorbild ab: Zeigen Sie Beteiligung, erzählen Sie Geschichten und lauschen Sie aufmerksam.

- Erinnern Sie das Kind, bevor sie in ein Geschäft gehen, „Bitte" und „Danke" zu sagen und loben Sie es, wenn es das gemeistert hat.

- Üben Sie mit ihm so früh wie möglich, schwierige Gespräche zu führen, zum Beispiel Freunde oder die Lehrkraft anzurufen; übernehmen Sie das nicht immer für Ihr Kind.

- Üben Sie mit Ihrem Kind, wie man um Hilfe bittet, ohne hilflos zu wirken.

- Lehren Sie Jugendliche, selbständig die Initiative zu übernehmen und lieber zu höflich als zu unhöflich zu sein. Kinder warten oft ab, wie die Umgangsnormen sind. Und reagieren verwirrt, wenn es da scheinbar keine Eindeutigkeit gibt, und jeder sich benimmt, wie es ihm gefällt.

- Hände zu schütteln ist eine gute Alternative, wenn Wangenküsse zu aufdringlich erscheinen.

- Bereiten Sie das Geburtstagsfest vor, indem Sie darüber sprechen. Wie ist der Ablauf, was kann Ihr Kind tun und sagen, wenn es Geschenke verteilt und erhält. Was sonst noch auf dem Programm steht, können Sie vorher mit ihm besprechen.

- Bringen Sie Ihrem Kind bei, etwas Persönliches zu erzählen, auch wenn es nicht danach gefragt wird. Viele sensible Kinder warten auf Fragen und Initiativen von anderen. Lehren

Sie es, besser diese Abhängigkeit zu vermeiden und selbst Ideen und Geschichten parat zu haben.

- Bringen Sie ihm bei, Freundschaften zu bestätigen, indem es ab und zu sagt: „Schön, dass wir Freunde sind!"

Akzeptieren Sie natürlich auch, dass Ihr Kind hochsensibel ist und regelmäßig allein sein möchte. Es braucht in den genannten Fähigkeiten nicht zu brillieren. Vergessen Sie nicht, dass sich das Kind, um Reize zu verarbeiten und sich wieder aufzuladen, ab und zu zurückziehen *muss*. Das ist allerdings etwas anderes, als ungewollt einsam und allein zu sein.

6.4 Übergänge achtsam gestalten

Es kann vorkommen, dass das Kind wiederholt Widerwillen gegen Vorschläge äußert, etwas zu unternehmen. Das ist normal und die typische Reaktion eines hochsensiblen Kindes. Eine derartige „Keine-Lust"-Reaktion bedeutet nicht automatisch, dass das Kind die Aktivität nicht schön findet, sie deutet darauf hin, dass es mit (plötzlichen) Veränderungen Schwierigkeiten hat. Geben Sie Ihrem Kind darum genügend Zeit, um von der einen zur anderen Aktivität umzuschalten. Auch wenn Ihr Vorschlag noch so attraktiv ist, benötigt ein sensibles Kind Zeit, sich darauf einzustellen. Sagen Sie deshalb: „In zehn Minuten gehen wir nach draußen." Und fünf Minuten später: „In fünf Minuten gehen wir nach draußen, ziehst du dir deine Jacke an?" Noch einmal fünf Minuten später können Sie erwarten, dass das Kind bereit ist; es hat dann genügend Vorbereitungszeit gehabt.

> Bernd:
> *Meine Tochter hat nie Lust, sich zu duschen, sich anzuziehen, usw. Aber wenn sie einmal nach viel Schmollen und Diskussion unter der Dusche steht, kann sie ausrufen: „Papi, wie herrlich! Es gibt doch nichts Schöneres als zu duschen!"*

*Das verstand ich anfangs nicht und wurde davon ganz
gereizt. Dasselbe passiert, wenn ich sie frage, ob sie zum
Einkaufen mitkommen möchte. Zuerst kommt immer ein
großes Murren, nie sagt sie enthusiastisch Ja, aber wenn wir
dann endlich zusammen unterwegs sind, schmiegt sie sich
an mich und sagt: „Schön, Papi, nicht wahr? Schön, zusammen zu sein!"*

Es gibt besondere Momente, in denen ein hochsensibles Kind ein
Lob verdient. Veränderung, vor allem unerwartete und abrupte,
ist für hochsensible Kinder einer der stärksten Auslöser von Angst
(und Depression). Man denke etwa an einen neuen Babysitter, einen
Wohnungsumzug, eine unerwartete Überraschung, eine neue Schule,
ein neues Geschwisterkind in der Familie. Manche hochsensiblen
Kinder wollen immer genau dieselbe Kleidung tragen, dieselben
Nahrungsmittel essen, mögen keinen Besuch und vermeiden Kontakt
mit Fremden.

Kinder haben in ihrem Leben mit so vielen Veränderungen zu
tun, dass sie in gewissem Maße einfach lernen müssen, damit umzugehen. Später profitieren sie, wenn sie in ihrer Jugend Strategien
entwickelt haben, diesen stressreichen Situationen nicht auszu-
weichen, sondern damit fertigzuwerden. Ermutigung mit Geduld
und sanfter Hand können für ein hochsensibles Kind gerade die
Hilfe sein, die es braucht.

Obwohl ein hochsensibles Kind häufig klug und erwachsen wirkt,
ist es nicht ratsam, immer davon auszugehen, dass es Situationen richtig einschätzen kann. Bedenken Sie vor allem, dass es wahrscheinlich
mehr Verarbeitungszeit als andere benötigt. Geduld ist etwas, von
der man beim Erziehen hochsensibler Kind nicht genug haben kann.

Eine wichtige Bedingung, um eine neue Situation besser zu bewältigen ist nicht nur, dass das Kind physisch und mental vorbereitet ist,
sondern auch, dass es fit, ausgeschlafen und ruhig ist – und dass es
ausreichend gegessen hat.

Seien Sie sich als Eltern von der Intensität bewusst, mit der ein hochsensibles Kind alles erlebt. Hochsensible Kinder fühlen sich mit ihrer natürlichen Umgebung oft sehr verbunden. Sie kennen die Bäume und Pflanzen fast persönlich. Sie haben eine beseelte, gefühlsbetonte Beziehung zu dem Viertel, in dem sie aufwachsen. Ein Umzug ist deshalb auch ein emotionales Ereignis. Ein Kind nimmt Abschied von einer Menge Dinge, die Ihnen vielleicht nie besonders wichtig waren. Dem Apfelbaum im Garten oder den Schnecken zwischen den Pflanzen. Sie können zusammen auf rituelle Weise einem Umzug einen Rahmen geben – zumindest sollten Sie Verständnis zeigen für die fast sakralen Handlungen, die das Kind durchführt, um für sich dem Umzug einen Platz zu geben.

Weil es für jeden meistens ein stressreiches Ereignis ist, werden Sie als Eltern selbst auch nicht ganz frei von Spannung sein. Ein hochsensibles Kind wird die Nervosität seiner Eltern besonders stark spüren. Laden Sie nach Möglichkeit Ihrem Kind nicht die eigenen Ängste auf. In so einer Ausnahmesituation hat es genug mit sich selbst zu schaffen.

Überlassen Sie Ihr Kind in fremder Umgebung nicht seinem Schicksal; ein sensibles Kind ist damit überfordert. Für ein hochsensibles Kind ist eine Kinderkrippe nicht prinzipiell ungeeignet, aber Verständnis für seinen besonderen Charakter und ein Extramaß an Hilfe bei der Eingewöhnung sind sehr wünschenswert, genauso wie Verständnis beim Abholen und Hinbringen. Jeden Tag ein paar Stündchen sind in dieser Hinsicht besser als sofort drei volle Wochentage. Ich verstehe, dass nicht alle Eltern in der Lage sind, hier frei zu entscheiden, aber manchmal lohnt der Blick nach alternativen Lösungen.

Der erste Kindergartentag oder der erste Schultag wird von manchen Kindern mit Glanz bestanden, doch für andere ist er eine bedrohliche Herausforderung. Wie gesagt: Es ist nicht immer so, dass das Kind in neuen Situationen stets ängstlich ist. Das Ideal wäre, dass man als Elternteil bei seinem Kind bleibt, bis es sich in neuen Situationen wohlfühlt – allerdings haben Lehrkräfte in Schulen da ihre eigenen

Regeln. Lehrkräfte denken manchmal, dass man für alle Schüler ein und dieselbe klare Linie ziehen muss, was ich zu bezweifeln wage. Kinder können nämlich gut mit Ausnahmen umgehen, wenn diese gerechtfertigt sind. Es ist nicht schädlich, wenn man als Eltern selbständig nachdenkt und in schwierigen Situationen mit der Lehrkraft bespricht, was gut für das Kind wäre. Hoffen Sie auf einen Lehrer, der die Probleme ernst nimmt. Man kann ein Kind nicht verändern, indem man es härter und gefühlloser macht. Man erreicht dadurch nur, dass es einen Teil seiner Authentizität verliert; man zwingt es dann, sich anders zu geben, als es seinem Wesen nach ist.

6.5 Schutzmechanismen Raum geben

Auf Gefahr und Stress reagieren Kinder mit Schutz- und Abwehrmechanismen. Man spricht auch von Charakterpanzerungen. Charakterpanzerungen helfen einer Person, sich in einer unvorhersagbaren und komplexen Welt zu behaupten, und sie dienen dem Schutz vor künftigem Unheil. *Jeder Mensch* entwickelt während seines Lebens Schutzmechanismen, nicht nur hochsensible oder schwer traumatisierte Personen. Solche Panzerungen sind großteils unbewusste Vorgänge. Dazu gehören zahlreiche Mechanismen wie beispielsweise:

- die Realität nicht wahrhaben wollen,
- dissoziieren / innerlich nicht mehr mitmachen (um unangenehme Gefühle und Erinnerungen nicht zu fühlen),
- sich etwas schönreden (kommt ziemlich oft vor),
- aggressiv werden (Angriff als Verteidigung),
- die Opferrolle annehmen (Widerstand aufgeben),
- sabotieren,
- die Kontrolle festhalten (auch das finden wir recht häufig),
- unangenehme Gefühle wegrationalisieren,
- Flucht in Suchtverhalten.

Wenn ein Schutzmechanismus so groß und unkontrollierbar geworden ist, dass der Mensch keine Kontrolle mehr darüber hat, kann man von einer ungesunden, dysfunktionalen Persönlichkeit oder einer psychischen Störung sprechen. Der betreffende Mensch ist dann nicht mehr im Stande, durch Geben und Nehmen mit Alltagssituationen umzugehen, und erwartet, dass sich andere völlig an seine Bedürfnisse anpassen und sich für seine Zwecke verändern. Eine gesunde Flexibilität ist nicht mehr möglich, der zwischenmenschliche Kontakt ist von Rigidität und Erwartungen geprägt.

Die Trennungslinie zwischen „gesund" und „krank" ist dünn, und sie unterliegt Interpretationen sowie Meinungsverschiedenheiten. Auch aus einer Hochsensibilität kann sich schrittweise eine ungesunde Störung entwickeln. Die Wissenschaft ist sich noch nicht einig, ob die Ursache dafür eher in Erlebnissen zu suchen oder angeboren ist.

Eine Persönlichkeitsstörung wie die *Avoidant Personality Disorder* beschreibt eine pathologische Störung, bei der die betreffende Person wiederholt Sozialkontakt vermeidet, aus Angst, verletzt, kritisiert oder abgewiesen zu werden. Das wird auch als pathologische Variante der *inhibited personality* angesehen, also einer Persönlichkeit mit ängstlichem Verhalten, die das Unbekannte, das Unsichere und offene Plätze aus Angst vermeidet. In diesem Zusammenhang wird auch der Ausdruck *avoidant personality style* gebraucht, um einen Lebensstil zu bezeichnen, bei dem die betroffene Person sich am liebsten abseits des Geschehens hält und anderen ausweicht.

Hochsensible Kinder werden durch ihre Sensibilität gezwungen, mehr Schutzmechanismen zu entwickeln als weniger sensible Kinder. Weil sie deutlich mehr leiden, mehr gehänselt werden, mehr von familiären Problemen belastet werden, öfter Gefahren wahrnehmen und sich schneller beunruhigen, sind sie empfindlicher gegenüber Stress und entwickeln leichter schlecht integrierte Persönlichkeitsanteile.

Es ist wichtig zu verstehen, dass hochsensible Kinder das Potenzial haben, sich zu wunderbar starken, selbstbewussten und talentierten

Erwachsenen zu entwickeln. Wenn man hochsensible Kinder in ihrem Wert bestärkt, können sie sich zu lebensfrohen, herzlichen und weisen Menschen entwickeln. Mit passender Fürsorge und entgegengebrachtem Interesse können sie ihre ausgesprochen positiven Eigenschaften auf gute Art entwickeln. Von ihrer Anlage her haben sie Eigenschaften, die ihnen zugutekommen, wenn sie beispielsweise Forscher, Wissenschaftler, Arzt oder Heiler, Krankenpfleger oder Betreuer, Lehrer oder Künstler werden möchten. Das Wahrnehmen vieler Details fördert Kreativität, Intuition und Fürsorglichkeit, es unterstützt die besinnliche Lebensart und trägt zu einer kooperativen, bedächtigen Persönlichkeit bei.

Leider haben nicht alle Kinder eine selbstverständliche und sorglose Jugend, wie folgende Beispiele zeigen:

Ich komme aus einer großen Familie, wurde kaum wahrgenommen und musste schon mit jungen Jahren lernen, mit der unsensiblen Art meines Vaters und meiner Brüder umzugehen. Vor allem meine drei Brüder prügelten mich gerne windelweich, und Heulen wurde in unserer Familie als völlig unakzeptabel angesehen. Erst in hohem Alter wurde mir langsam klar, dass ich mich völlig abgeschirmt hatte und hauptsächlich eine Rolle spielte, um meine sensible Natur zu leugnen.

Ich habe mich immer äußerst unverstanden gefühlt. Mein Vater gab Antworten wie: „Es ist so, weil ich es sage!", „Ende der Diskussion", „Ich habe das letzte Wort" und „Schluss aus, ich will nichts mehr darüber hören". Auf das, was ich sagte oder fragte wurde nicht gehört. Meine Mutter unterstrich stets, wie schwierig ich doch sei und warf mir vor, mich pubertär zu verhalten. Als wäre das etwas ganz Schlimmes. Meine Mutter deckelte mich die ganze Zeit. Tief im Innern fühlte ich mich noch wie ein fröhliches, lebhaftes Kind. Aber jedes Mal, wenn ich das zeigte, hörte ich „Benimm dich" oder

„Sei doch endlich mal normal" oder „Spiel dich nicht so auf".
Was fühlte ich mich unverstanden und einsam! Als ich älter
wurde und in eine eigene Wohnung zog, schwor ich mir, mit
meinen Kindern anders umzugehen. Ich traf einen lieben
Mann, wir sind jetzt verheiratet, und bei ihm darf ich so sein,
wie ich wirklich bin.

Doch es geht auch anders.

Eine Frau, die mich in meiner Praxis aufsuchte, berichtet:

Meine Mutter, die auch hochsensibel ist, konnte ihre negativen
Erfahrungen völlig in positive Erfahrungen für mich und
meine Geschwister umwandeln. Natürlich erwischte mich
die ungehobelte Art der meisten Menschen da draußen umso
mehr, als ich mit achtzehn aus dem Haus ging.

6.6 Die Balance finden

Arthur ist im Gegensatz zu seinen Geschwistern gerne allein. Er
hört lieber Musik oder zeichnet, statt an Gesellschaftsspielen teilzunehmen. Seine Mutter, die Geselligkeit über alles schätzt, hat große
Schwierigkeiten damit, dass Arthur so ist, wie er ist. Sie versucht,
ihn zu motivieren, mit Freunden zu spielen und bezieht ihn ständig
in Familienaktivitäten ein, auch wenn er klarmacht, dass er das
nicht möchte. Arthur reagiert irritiert und frustriert und schließlich
mit Wutausbrüchen. So wird ihm bald der Stempel „Sorgenkind"
aufgedrückt.

Für normalsensible Eltern kann es befremdlich erscheinen, dass
ein Kind keine Lust auf Geselligkeit hat und sich lieber zurückzieht.
Manche Eltern fassen das als persönliche Zurückweisung auf und sind
erschrocken, weil sie annehmen, dass ihr Kind sie nicht lieb hat. Sie
zwingen ihre Kinder, „sozial" zu sein und „normal" bei Aktivitäten
mitzumachen. Das ist nicht im Sinne des sensiblen Kindes. Ein solches
Kind ist nicht unfreundlich oder abweisend, es schützt sich meistens
nur vor zu viel Reizen in seiner Umgebung.

Zu Hause kann sich ein Kind zurückziehen, aber in der Schule ist das viel schwieriger. Hochsensible Kinder sehen sich darum in der Schule vor große Herausforderungen gestellt. Ein Kind wählt normalerweise weder seine Schule noch Klasse selbst, es hat diese einfach zu akzeptieren. Alle Lehrkräfte wissen, dass Klassen eine sehr verschiedene Atmosphäre und Dynamik haben können. Der Einzelne hat darauf keinen Einfluss. Es ist wichtig, dass Eltern und Lehrkräfte erkennen, dass sensible Kinder in schwierigen Klassen von allen Kindern am meisten leiden, besonders, wenn sie schikaniert werden (was häufig vorkommt). Das heutige Schulsystem bietet hochsensiblen Kindern kaum sichere Orte, kaum Ruhe und Zeit zur Regeneration. Es wäre gut, wenn auf diese speziellen Bedürfnisse eingegangen würde. Vermutlich fühlen sich die meisten sensiblen Kinder wohler in einer übersichtlichen kleineren Schule.

Wir sind als Gesellschaft wahrscheinlich über das Ziel hinausgeschossen in unserem Enthusiasmus, unseren Kindern alles beibringen zu wollen. Lernen ist kein Recht mehr, es scheint eine Pflicht zu sein. Die Allerjüngsten gehen schon zum Babyschwimmen, zur Babygymnastik, zum Musikunterricht und zum Sport. Viele Kinder werden sieben Tage die Woche ermutigt zu lernen, kreativ zu sein und Leistungen zu erbringen. Da scheint es eine Versklavung heutiger Eltern zu geben (natürlich gibt es Ausnahmen), und ich muss zugeben, dass auch ich mich manchmal davon mitreißen lasse.

Im Wissen, dass ein hochsensibles Kind weniger bewältigt, aber gleichzeitig pflichtbewusst, perfektionistisch und voll guten Willens ist, kann man sich vorstellen, dass dieser Leistungsdruck nicht immer ein Segen ist. Fragen Sie sich deshalb:

- Muss mein Kind überall mitmachen?
- Kann ich als Elternteil rechtzeitig „Nein" sagen?
- Muss mein Kind immer Leistung bringen?
- Darf es Dinge nicht können, nicht beherrschen?
- Leide ich vielleicht unter Leistungsdruck, Ruhelosigkeit und Tatendrang?

Vor allem, wenn Ihr Kind schlecht schläft, widerwillig und launisch ist, sollten Sie sich fragen, ob es nicht einfach ein zu volles Programm hat. Suchen Sie nach Aktivitäten, die Ausgeglichenheit und Ruhe bieten. Gehen Sie mit dem Kind öfters nach draußen und planen sie weniger Verabredungen, sodass Sie und Ihr Kind etwas mehr im Hier und Jetzt sein können. Ich selbst finde es als berufstätige Mutter auch nicht einfach, immer ganz natürlich mit aller Aufmerksamkeit im Hier und Jetzt zu sein, statt in Eile – und manchmal „Nein" sagen zu müssen zu schönen Dingen, weil zu viel des Guten auch Stress bedeutet.

Das Verrückte ist, dass wir heutzutage auf so viele Arten in Kontakt miteinander sind, über Facebook, Twitter und SMS, aber dass diese Kontakte einen sehr flüchtigen Charakter haben. Das hat wenig mit einem Gedankenaustausch ohne Zeitdruck zu tun. Wir sind ruhelos und gehetzt und die meisten Menschen finden es schwierig, ihr Tempo zu drosseln. Zeitmangel ist nach Thich Nhat Hanh, einem buddhistischen Mönch und Bestsellerautor, zum größten Feind unseres Lebens geworden. Hetze und Zeitmangel höhlen die Seele langsam, aber beständig aus. Aktivität braucht einen Gegenpol, zum Beispiel eine Form von Meditation. Sich selbst mit Fernsehen und Computer zu vergnügen ist keine gute Alternative, denn das sind nur Ablenkungen.

Viele Menschen finden es unheimlich und schwierig, still zu werden und nichts zu tun. Dann hilft Ihnen vielleicht die Vorstellung, dass sie beim Abwaschen oder Kochen sind oder dass Sie einen Moment entspannt am Tisch oder auf dem Sofa sitzen. Sie sind völlig im Moment, damit meine ich, dass Sie nicht durch Gedanken an etwas anderes in Beschlag genommen werden, an etwas aus der Vergangenheit oder der Zukunft. Vielleicht sind sie mit irgendetwas beschäftigt, vielleicht auch nicht. Ihre Aufmerksamkeit ist jedoch völlig bei dem, was Sie tun. Denken und Willenskraft sind still. Sie befinden sich in einem Zustand von Einfach-da-Sein. Womöglich spüren Sie nichts anderes als friedvoll ruhige Offenheit. Sie treiben sich nicht an, noch werden Sie von ängstlichen, unruhigen, zornigen, schuldbewussten oder anderen Gefühlen beunruhigt. Sie haben weder Pläne, noch erwarten Sie etwas von einem anderen. In diesem Zustand können Sie spüren, was essenziell ist. Sie sind mit Ihrer Intuition verbunden.

6.7 Klare Grenzen setzen

Intuitive Kinder können grenzenlos sein. Nicht nur in ihren Aktivitäten und ihrem Verhalten, sondern auch in ihrer Erfahrung der Welt. Sie erfahren Einheit in allem, aber können dadurch Schwierigkeiten haben, zwischen sich selbst und anderen zu unterscheiden. Welche Gefühle sind von mir? Welche Gefühle sind von den anderen? Ihr Ich, oder zumindest das Erleben ihres eigenen Ichs, kann recht schwach ausgeprägt sein. Jeder hatte wohl bereits das Gefühl, mit einem anderen gleichzeitig dasselbe zu denken, und die Chance dafür steigt, wenn man den anderen mag. Diese Kinder erleben das am laufenden Band und übernehmen dadurch oft Stimmungen anderer, ohne es zu merken. Natürlich übernehmen sie auch Emotionen wie Schmerz, Trauer oder Wut von anderen Kindern oder gar von Tieren, und sie betrachten diese Gefühle irrtümlicherweise als ihre eigenen. Das kann viel Verwirrung stiften.

Bei Kleinkindern ist die Mutter die erste und wichtigste Bezugsperson, und deshalb ist es nicht verwunderlich, dass Kleinkinder vor allem Gefühle von ihr übernehmen und internalisieren. Psychoanalytiker nennen die sehr enge und ineinander überfließende Verbindung zwischen Mutter und Säugling eine *symbiotische Beziehung*. Anfangs sind Mutter und Baby noch ganz eins, fallen energetisch fast ganz zusammen, bis der Säugling nach und nach zu spüren und zu unterscheiden lernt, was von ihm selbst stammt und was nicht.

Bei sensiblen Kindern scheint dieser Prozess der Lösung und Individualisierung oft unvollständig abzulaufen. Therapeuten sprechen davon, mehr oder weniger „inkarniert" zu sein: Das Kind scheint weniger in seinem Körper zu stecken und gerät gewissermaßen leicht außerhalb der Grenzen seiner Ego-Persönlichkeit. Diese Kinder verbinden sich selbstverständlich mit dem großen Bewusstsein und behalten die Fähigkeit bei, das wahrzunehmen, was ein anderer fühlt. Ich nenne sie auch Wahrnehmende des Zwischenraums: Alles, was sich zwischen Menschen abspielt, scheint bei ihnen unter einem Vergrößerungsglas zu liegen.

Die eigenen Grenzen spüren zu lernen ist für hochsensible Kinder ein langsamer und schrittweiser Prozess und letztendlich werden sie nie vergleichbar starke Grenzen spüren wie andere Menschen. Ein starker Fluss verschiedener Energiearten wird zwischen ihnen und der Außenwelt bestehen bleiben. Man kann diesen Kindern aber helfen, indem man ihnen Folgendes immer wieder vor Augen hält:

- Wer bin ich?
- Wer bist du?
- Was passiert im Raum zwischen uns?

Es ist fundamental wichtig, dass diese Kinder lernen zu empfinden, wer sie selbst sind. Jeder Mensch hat eine eigene einzigartige Ausstrahlung oder Schwingung, vergleichbar mit der einzigartigen Stimmung in jedem Haus. Die meisten Menschen machen sich darüber keine Gedanken und sind sich ihrer eigenen Stimmungsausstrahlung kaum bewusst. Sensible Menschen hingegen sind sich dessen durchaus bewusst und lassen sich darüber hinaus ziemlich oft von der Ausstrahlung anderer ablenken.

Das Bekräftigen von Grenzen und der eigenen Ausstrahlung gelingt in erster Instanz durch Erhöhung des Körperbewusstseins. Dies ist der erste Schritt zum Bewusstsein des eigenen Ichs. Ein größeres Körperbewusstsein kann man stimulieren durch Massagen, körperliche Betätigung und indem man die Kinder in Kontakt mit Tieren und der Natur bringt. Im Allgemeinen haben sensible Kinder einen weniger guten Kontakt zum Unterkörper, ihre Energie sitzt eher oben (im Herz- und Kopfbereich) und die Atmung ist oft flach oder gar umgedreht, indem der Bauch beim Einatmen eingezogen wird.

Manche Kinder bewegen sich von sich aus mehr und manche weniger. Stark geistig-intellektuell ausgerichtete Kinder brauchen manchmal einen extra Ansporn oder eine gut ausgesuchte Sportart, um sie aus der Welt der Ideen und Gedanken zu holen.

Mit kleinen Kindern kann man spielerisch allerlei Körperspiele machen. Kontakt, Grenzen und Aufmerksamkeit kann man in die Spiele integrieren (siehe auch Teil 3). Einen Jungen in der Pubertät, der eine Vorliebe für Computerspiele hat, Schwierigkeiten im Sozialkontakt erlebt und sich unsicher fühlt, kann man vielleicht mit einem Sport wie Kung Fu oder Karate locken.

Atemübungen, Erdungsübungen und Meditationen (wie in Teil 3 beschrieben) sind wichtig für etwas ältere sensible Kinder. Sie helfen ihnen, ihre Grenzen zu fühlen und, wenn nötig, anderen mitzuteilen, was ihr Selbstvertrauen und ihre Standhaftigkeit stärkt.

Eine weitere Methode, ein Gefühl von *Wer bin ich* und *Wo höre ich auf* zu entwickeln, besteht darin, miteinander zu reden und Vorlieben auszusprechen. Dem etwas älteren Kind kann man erklären, was Hochsensibilität ist und es zu der Überlegung einladen, was es angenehm und was es unangenehm findet. So erfährt es auch, dass andere Kinder durchaus anders fühlen und denken. Es ist ganz wesentlich zu erkennen, worin die eigenen Bedürfnisse bestehen und diese von anderen abzugrenzen – wie im folgenden Beispiel von Michaela:

> *Meine Freundinnen wollen immer raus. Ich finde das zwar manchmal ganz nett, aber nicht wirklich richtig toll. Es ist zu hektisch. Es ist schwierig, ein Gespräch in den Clubs zu führen, in die meine Freundinnen gehen. Ich sitze lieber mit einem Tee in der Kneipe. Ich fand mich deshalb schon irgendwie dumm, aber jetzt, wo ich weiß, dass ich hochsensibel bin, hab ich ihnen das einfach mal erklärt. Das war eigentlich gar nicht so schlimm, sie haben es gut verstanden.*

Reden Sie viel über Gefühle und machen Sie zum Beispiel eine Gewohnheit daraus, einmal am Tag einander folgende Fragen zu beantworten:

- Was fandest du heute am schönsten?

- Was fandest du heute am wenigsten schön?
- Wie fühlte sich dein Tag heute an?

Beschreiben Sie sich gegenseitig Freude, Trauer, Ärger und andere Gefühle. Das scheinen Selbstverständlichkeiten zu sein, und dennoch werden diese Dinge manchmal übergangen. Jedes Kind zieht einen Gewinn daraus, eigene Gefühle wahrnehmen und beschreiben zu können, aber sensible Kinder werden besonders darunter leiden, wenn sie sich diese Fähigkeit nicht aneignen. Bei solchen Beschreibungen ist es wichtig, nicht nur bloße Gefühle anzusprechen, sondern auch körperliche Empfindungen wie: Ich fühle ein Prickeln im Unterleib, es macht mich dösig im Kopf, usw.

Hochsensible Kinder und Erwachsene sind, wie gesagt, Außen-Innen-Persönlichkeiten, der Zwischenraum ist für sie wichtig und sie werden durch das, was sich zwischen Menschen abspielt, gesteuert. Für normalsensible Menschen ist das schwer nachvollziehbar, aber Hochsensible werden meine Umschreibungen vermutlich sofort wiedererkennen. Vor allem gegenüber negativer Energie in Form von Gedanken und Kritik sind sie sehr empfindlich. Pieter Langedijk, Psychologe und Autor des Buchs *Sensibilität, wie geht man damit um (Gevoeligheid, hoe ga je ermee om)*, bemerkte bei seinen Klienten, dass sich beim Nachforschen fast immer überdurchschnittliche Spannungen und Probleme im Verlauf der Schwangerschaft fanden, wodurch die Mutter dieser Klienten angespannt war. Der Fötus spürte vermutlich bereits in den ersten Lebensmonaten diese Anspannung oder es wurden, wie Wissenschaftler heute vermuten, Stresshormone über das Blut in seinen Körper übertragen.

Auf diese Art kann es sogar passieren, dass sensible Kinder sozusagen Traumata, Ängste, Unsicherheiten und allerlei negative Emotionen ihrer Mutter oder ihres Vater in jungen Jahren übernehmen und Ereignisse, die lange vor ihrer Geburt stattfanden, als eigene Gefühle erleben. Traumata und psychische Belastungen früherer Generationen können tatsächlich in einer Familie über Generationen weiterleben und landen oft in der Psyche des sensibelsten Kindes. Sowohl in mütterlicher als auch in väterlicher Linie. So fühlte Ischa Meijer (*niederländisch-jüdischer Journalist, Schriftsteller und Talkmaster, Anm. d. Übers.*) die Kriegstraumata seines Vaters. Damit hatte er sein ganzes Leben zu kämpfen, obwohl er den Krieg selbst gar nicht miterlebt hatte. Die Schriftstellerin Jessica Durlacher beschreibt dieselbe Art geerbter Gefühle, wobei sie die unsägliche Trauer ihres Vaters, der als einziger seiner Familie die Nazilager überlebte, als Kind internalisierte. Zu Hause wurde nie über die Geschehnisse gesprochen; das Leben ging einfach normal weiter, aber die unsägliche Trauer und das Leid wurden an Jessicas Unterbewusstsein weitergegeben. Dieses Weitergeben kann man vor allem durch Bewusstmachen durchbrechen, und zwar indem man sich klar macht, was man selbst als Eltern in sich trägt und eventuell unbemerkt an seine Kinder weitergibt. Die Heilung vererbter Gefühle ist noch ein relativ neues Feld der modernen Psychologie, wird aber zunehmend wichtiger, was an den übervollen Sprechstunden guter Hypno- und Reinkarnationstherapeuten zu merken ist.

6.8 Verständnis in hyperaktiven Phasen

Nicht alle hochsensiblen Kinder sind still und in sich gekehrt. Es gibt auch hochsensible Kinder, die offen wirken, enthusiastisch sind und feste Freundschaften aufrechterhalten – vor allem, wenn sie sich wohl in ihrer Haut fühlen. Manche von ihnen neigen sogar zu hyperaktivem Verhalten. Einen hochsensiblen Hans Dampf kann man mit einem Schwamm vergleichen, der alles in sich aufsaugt. Er internalisiert die Geschäftigkeit und das Chaos, das er um sich herum spürt. In seinem Kopf passiert endlos viel, das gefühlt, gedacht, herausgefunden und mitgeteilt werden will. Hektik bei hochsensiblen Kindern deutet häufig auf einen kreativen, überaktiven Geist hin. Oft werden Spannungen, die diese Kinder den ganzen Tag anstauen, zu Hause abreagiert. Aber auch Freude kann sich in hektischem Verhalten äußern. Das ist nicht immer negativ, aber wenn die Hyperaktivität für das betreffende Kind unkontrollierbar wird, ist das für niemanden angenehm. Das Kind kann wegen seines überaktiven Verhaltens gehänselt werden oder es kann allzu häufig kritisiert, zurechtgewiesen oder betraft werden.

Das Kind spiegelt durch sein Verhalten oft die Umgebung, andererseits kann es einfach sein Temperament sein: Manche Kinder bersten einfach von Natur aus vor Ideen und Plänen. Die Energie aktiver Kinder ist draufgängerisch, ihr Innerstes haben sie nach außen gekehrt, sie sind enthusiastisch, quirlig und quicklebendig. Solche Kinder finden es oft schwierig, sich zu beherrschen und ihre Handlungen zu steuern. Sie sitzen nie still, fingern immer an etwas herum, reagieren spontan und bemerken nicht richtig, dass sie die Grenzen anderer überschreiten. Sie können nicht innehalten.

Kinder spielen heutzutage weniger draußen und bleiben lange in der Schule, sodass es viel mehr auffällt, wenn ein Kind hektisch und unkonzentriert ist. Heutzutage werden voreilig Medikamente verschrieben, um das Kind zu beruhigen. Die Frage ist nur, was für Folgen die Medikamente auf lange Sicht haben. Nur wenige Menschen erkennen, dass hyperaktive Kinder auch hochsensibel sein können. Man erwartet nicht, dass die Empfindungen dieser Kinder genauso sensibel sein können wie die von zurückgezogenen Kindern. Harte Worte und strenge Strafen verletzen sensible Kindern tief und haben oft gegenteilige Effekte. Wer glaubt, ein hochsensibles Kind durch Bestrafung, Freiheitsbeschränkung und Nichtbeachtung unter Kontrolle zu bekommen, verletzt unwiderruflich eine Kinderseele mit allen dazugehörenden Konsequenzen. Es ist nicht einfach, bei diesen Kindern das rechte Maß zwischen konsequentem und begrenzendem Verhalten zu finden.

Wenn Sie das Gefühl haben, dass ihr hochsensibles Kind schlecht zuhört, müssen Sie verstehen, dass das selten aus Unwillen geschieht. Es passiert eher, weil das Kind zu abgelenkt ist, entweder durch seine innere Erlebenswelt oder durch ein Übermaß an Außenreizen, und meistens durch eine Kombination von beidem. Es hört dann einfach nicht, was Sie sagen. Darum ist es sinnvoll, zuerst dafür zu sorgen, dass die Aufmerksamkeit des Kindes auch wirklich bei einem ist, bevor man ihm etwas aufträgt.

Margot:

Mein Sohn wirft manchmal seine Jacke auf den Boden. Wenn ich ihn bitte, sie aufzuhängen, passiert nichts. Wenn ich ihn darauf anspreche, sagt er: „Ich habe sie aufgehängt." Nein, sage ich dann, stimmt doch gar nicht. Ich frage mich, was in seinem Kopf passiert, wenn ich so etwas sage. Also, beim Wort Jacke gehen seine Gedanke wohl in alle möglichen Richtungen. Vielleicht sieht er jemanden auf der Straße, der eine Jacke anhat. Vielleicht sieht er Jacken an der Garderobe, usw. Es passiert eine Menge gleichzeitig in seinem Kopf, aber das führt nicht zu tatsächlichem Verhalten. Ich habe inzwischen gelernt, ihn zu bitten, mich anzuschauen und sich auf meine Worte zu konzentrieren, und dann sage ich ihm ganz deutlich, was ich von ihm möchte. „Komm bitte eben zurück aus deinem Kosmos ins Hier und Jetzt", denke ich dann.

Einem chaotischen Kind hilft man, indem man ihm Struktur gibt und ihm direkt während des Handlungszeitpunkts etwas dazu sagt, statt, wie es viele Eltern tun, später darüber zu klagen. Sagen Sie, sobald das Kind nach Hause kommt: „Häng deine Jacke auf." Und bleiben Sie dort, bis diese Handlung erledigt ist. Wenn Sie eine halbe Stunde später in verärgertem Tonfall rufen: „Du hast ja wieder deine Jacke nicht aufgehängt!", blitzen Sie ab.

Für diese hyperaktiven hochsensiblen Kinder sind Grenzen sehr wichtig. Wie Uferlosigkeit zu Überschwemmungen führt, führt das Fehlen von Struktur zu Chaos. Als Eltern wird man deshalb seinem hyperaktiven Kind Grenzen aufzeigen müssen. Grenzen bringen Ruhe und Übersicht. Die Gefahr besteht natürlich darin, letztlich nur noch mit dem Setzen von Grenzen und Neinsagen beschäftigt zu sein. Erinnern Sie sich dann daran, dass das Wichtigste der liebevolle Kontakt zum Kind ist. *Nehmen Sie es darum regelmäßig in die Arme und sagen Sie ihm, wie außergewöhnlich Sie es finden.*

6.8 Kompromisse

Vielleicht sind Sie der Meinung, dass strenge Ordnung und Disziplin und das Aufstellen von Regeln die besten Grundlagen einer guten Erziehung sind. Ich will bestimmt nicht bestreiten, dass Regeln nötig sind, aber ich werde nicht müde zu betonen, dass Strenge und Strafen bei sensiblen Kindern nicht funktionieren. Sensible Kinder haben das Bedürfnis, dass man ihnen so zuhört, wie man als Erwachsener anderen Erwachsenen im Gespräch zuhören würde. Sensible Kinder blühen auf, wenn man sie respektiert und sie als gleichwertig betrachtet. Vielleicht glauben Sie, dass Sie Entscheidungen für die Kinder fällen müssen, weil diese klein sind und nicht alles verstehen. Oder Sie finden, dass eine gute Strafe ein Kind an seinen Platz verweist und ihm zeigt, „wo es langgeht." Aber vergessen Sie nicht: Ein hochsensibles Kind ist überaus empfindlich gegenüber Strafe und autoritärem Verhalten. Weil so ein Kind gewissenhaft ist, funktionieren kooperative Erziehungsbemühungen meistens besser. Entwickeln Sie den Mut, Ihrem Kind wirklich zuzuhören, und Sie werden erstaunt sein über dessen Weisheit.

Natürlich gibt es dann und wann Meinungs- und Interessenkonflikte. Das bedeutet nur, dass Sie einander gut zuhören müssen und dass jeder ab und zu Kompromisse einzugehen hat. Wenn ein Kind schon von klein auf erlebt, dass seine Eltern bereit sind zuzuhören und eventuell die Meinung oder Entscheidung zu ändern, dann wird das Kind dieses Verhalten als Beispiel nehmen und lernen einzulenken, wenn es nötig ist. Kinder lernen letztendlich vor allem aus Fehlern, also sollte man ihnen diese auch zugestehen. Es ist eine Illusion zu glauben, dass Erwachsene und Kinder immer gleichzeitig dieselben Wünsche und Bedürfnisse haben. In einer Familie ist die Dynamik zwischen Bedürfnissen und Wünschen verschiedener Familienmitglieder oft Ursache von Konflikten. Vielleicht möchte Ihre Tochter sich mit einer Freundin verabreden, während Sie zur selben Zeit das Kinderzimmer mit ihr aufräumen wollen. Ihr Mann will das Auto waschen, während

Sie lieber die Urlaubsplanung mit ihm durchgehen möchten. Ihr Sohn fängt an zu fluchen und zu toben, weil er nicht mehr mit der X-Box spielen darf und Sie erwarten, dass er das versteht.

Wie können Sie in solchen Momenten Entscheidungen treffen, ohne jemandem auf die Füße zu treten? Die meisten Eltern zwingen ihren Kindern ihren Willen auf und wundern sich später, dass auf diese Weise Tyrannen heranwachsen, denen nur am Durchsetzen ihres eigenen Willens gelegen ist. Die Eltern erkennen nicht, dass sie genau dies mit ihrem Vorbild provoziert haben. Ohne dass Erwachsene es merken, sind sie oft selbst manipulativ und nutzen Scham- und Schuldgefühle, Misstrauen und Angst, um ihren Willen durchzusetzen. Die Wahrscheinlichkeit, dass die eigenen Kinder dieses Verhalten kopieren, ist groß, und meistens üben Kinder das bereits früh im Umgang mit Gleichaltrigen – und in der Pubertät dann insbesondere im Umgang mit den eigenen Eltern.

Aus der Psychologie wissen wir, dass auf diese Art die besagten Charakterpanzerungen entstehen, also Schutzmechanismen, die auf negativem, manipulativem Verhalten basieren. Kinder sind eigentlich ideale Spiegel: Wenn Eltern sie richtig und unvoreingenommen betrachten, erfahren sie viel über sich selbst. Sind Sie dazu bereit?

Deine Kinder sind keine einfachen Tonklumpen,
die auf deine geschickten Hände warten.
Sie sind die ureigentliche Energie des Universums
und werden ihren Weg auch ohne dein Zutun gehen.
Sie sind heilige Geschöpfe.
Indem du ihnen in die Quere kommst,
machst du dich und sie unglücklich.

(William Martin, *Das Tao Te King für Eltern*)

7 Hochsensible Kommunikation

In der buddhistischen Tradition des Thich Nhat Hanh im Retreat-Zentrum Plum Village ist der Klang der Tempelglocke ein Signal, das die Klosterbewohner, ob Laien oder Mönche, daran erinnert, ihre Aufmerksamkeit wieder zurück ins Jetzt zu richten. Sobald sie den Klang hören, halten sie beim Reden oder Arbeiten inne und richten ihre Aufmerksamkeit einen Moment nach innen, egal, womit sie gerade beschäftigt sind. Dann atmen sie voller Andacht ein und aus und lächeln. Was immer sie tun, sie hören damit kurz auf und genießen in diesem Augenblick nur ihren Atemrhythmus. Manchmal sagen sie dabei zu sich selbst einen kurzen Vers:

> *Lausche, lausche!*
> *Dieser herrliche Klang führt mich wieder zurück zu meinem*
> *wahren Selbst.*

Manche Leute beklagen sich über moderne Techniken wie Computer und Smartphones, aber man kann diese auch für die Meditationsübung nutzen. Sicherlich gibt es eine App, die als Tempelglocke dienen kann. Vielleicht können Sie Ihre eigene Methode zur Aufmerksamkeitsübung finden (sobald Sie Kirchenglocken hören, halten Sie inne; oder nehmen Sie einen Wecker zu Hilfe). Hören Sie auf zu denken und zu sprechen und richten Sie sich auf das Jetzt. Genießen Sie einen Moment die Wunder, die das Leben hervorbringt: Ihre Kinder, Blumen, schöne Klänge ... Jedes Mal wenn Sie in Kontakt mit sich selbst kommen, erhalten Sie die Chance, das Leben im Jetzt anzutreffen und durch das Wunder der Schöpfung in Ihrer Seele berührt zu werden.

Um in der Kommunikation präsent sein zu können, müssen Kinder, ob hochsensibel oder nicht, heutzutage wieder lernen, ihre Aufmerksamkeit regelmäßig ins Hier und Jetzt zu richten. Verhindern Sie, dass Ihr Kind nur noch hinter seinem Computer oder Smartphone lebt! Doch wie und wo könnte man derartigen Konsum mindern? Seien Sie zuerst einmal streng mit sich selbst und entscheiden Sie sich bewusst für den Kontakt zu Ihrem Kind. Investieren Sie in sein Wohl, indem Sie ihm Ihre unvoreingenommene völlige Aufmerksamkeit schenken.

Wenn du mit deinen Kindern zusammen bist,
sei eins mit ihnen.
Lass Entspannung in deinen Körper einkehren,
damit er so locker ist wie der deines Kindes.
Lass alle Erwartungen
und Befürchtungen dahinschmelzen,
sodass du klar sehen kannst.

Liebe sie, so wie sie sind,
jetzt, in diesem Augenblick,
ohne irgendetwas ändern zu müssen.
Ist das Leben deiner Kinder von Sorgen erfüllt,
dann lass den Ereignissen ihren Lauf
ohne zu drängen oder dich anzustrengen,
so wirst du ein klares Verständnis
deiner Rolle gewinnen.

Du nährst sie, ohne sie zu besitzen.
Du führst sie, ohne sie zu kontrollieren.
Du hilfst ihnen, ohne dich zu sorgen.

Mit Kindern verbrachte Zeit
kann wie eine Meditation sein.
Wenn du das nächste Mal
mit deinem Kind zusammen bist,
vergiss die Vergangenheit,

vergiss die Zukunft
und lass deinen Geist und dein Herz dorthin kommen,
wo dein Körper ist.

(aus William Martin: *Das Tao Te King für Eltern*)

Die Kommunikation zwischen Eltern und Kind beginnt bei der Geburt, möglicherweise auch schon im Bauch. Ein Baby blickt auf seine Mutter, interpretiert ihren Gesichtsausdruck und fühlt sich sicher und geliebt. Kleine Kinder leben völlig intuitiv, sie können noch nicht mit Worten kommunizieren. Sie erleben die Welt größtenteils durch die Mutter und lernen viel durch ihren Gesichtsausdruck, ihre Körpersprache und die Energie, die sie ausstrahlt. Hochsensible Babys erkennt man häufig an großen Augen und wachem Blick. Ihr Körper fühlt sich eher angespannt und ruhelos als entspannt und schläfrig an. Man sieht und spürt, dass bereits viel Verarbeitung stattfindet. Manchmal weinen hochsensible Babys viel, aber das muss nicht immer so sein. Auf jeden Fall bewahren sie diese Wachheit auch in späteren Jahren. Eine essenzielle Rolle in der Entwicklung dieser Kinder spielen subtile Kommunikation, Gesichtsausdrücke und die Sphäre und Ausstrahlung der Menschen und Umgebungen, in denen sie aufwachsen. Es konnte wissenschaftlich gezeigt werden, dass bei hochsensiblen Menschen die rechte Gehirnhälfte, also diejenige, die für soziale und emotionale Verarbeitung, Assoziationen und Kreativität zuständig ist, besser durchblutet ist als die linke.

Versuchen Sie als Erwachsener möglichst, Sie selbst zu bleiben. Gerade wenn Sie zeigen, dass auch Ihnen Dinge misslingen, dass auch Sie manchmal unsicher oder ängstlich sind, schaffen Sie eine Sphäre des Vertrauens. Lassen Sie Masken fallen und Sie werden mehr belohnt werden, als Sie es sich ausmalen. Ihre Kinder wollen nicht, dass Sie alles beschönigen. Ihre Kinder missbrauchen nicht Ihr Vertrauen, wie Sie das vielleicht früher anderswo erlebt haben. Wenn Sie versuchen, Ihre Kinder vor Fehlschlägen zu bewahren, indem Sie so tun, als gäbe es weder Fehler noch Irrtümer, werden Ihre Kinder Angst vor

Fehlschlägen entwickeln. Ihre Kinder werden ebenfalls versuchen, Fehler zu verbergen und Fehlschläge zu vertuschen. So zieht man ängstliche, perfektionistische Kinder heran, die die Latte sehr hoch hängen und als Erwachsene ein Burn-out-Syndrom entwickeln. So züchtet man Erwachsene, die sich nichts trauen.

Eltern, deren Temperament sich massiv unterscheidet, können sich meist nur mit großer Mühe vorstellen, wie ein sensibles Kind die Welt erlebt. Was mir geholfen hat zu verstehen, wie unterschiedliche Menschen denken, fühlen und handeln, ist die Unterteilung von Kommunikation in einen horizontalen und in einen vertikalen Modus. Beide Kommunikationsformen haben ihren Platz, die eine ist nicht besser als die andere (auch wenn ich bekennen muss, dass meine persönliche Vorliebe der horizontalen gilt). Wie die Bezeichnungen nahelegen, liegen entgegengesetzte Denkrichtungen und Interessen zugrunde. Horizontale Kommunikation geschieht aus dem tiefen Verlangen nach einer Verbindung, die auf Gleichwertigkeit und das Schaffen eines Wir-Gefühls ausgerichtet ist. Menschen, die aus horizontaler Kommunikation heraus denken und fühlen, suchen den Konsens und stellen Gruppennutzen in der Regel über Eigennutzen. Horizontal kommunizierende Menschen nutzen vor allem Gefühl, Intuition und Sprache als Kommunikationswerkzeuge. Diese Kommunikation wird manchmal auch die weibliche Kommunikation genannt. Denken Sie an eine fürsorgliche Mutter, die bereit ist, für ihre Sprösslinge alles zu opfern.

Vertikale Kommunikation hingegen hat ein ganz anders Ziel; nämlich als Individuum auf einen höheren Rang zu kommen. Auch bei dieser Form der Kommunikation handelt es sich um ein natürliches Prinzip. Sie entspringt dem männlichen Interesse. Rüden im Rudel streiten um Macht, um das Recht, die stärkste und leitende Figur in der Hierarchie zu sein. Der vertikale Kommunikator handelt und denkt im Hinblick auf den eigenen Nutzen, er will sich gegenüber anderen auszeichnen und hervorheben, um maximalen Gewinn zu erringen, um seinen Rang zu verbessern und sich auf diese Weise Vorteile zu verschaffen. Konflikt, Streit und Trennung sind *gerade* sinnvoll, es sind die Werkzeuge dieser Kommunikationsform. Ein anderes wichtiges Werkzeug ist Körpersprache. Man denke etwa an Imponiergehabe oder Hahnenkämpfe. Es geht darum, den anderen als Untergebenen zu behandeln.

Obwohl die Mehrheit der Jungen vertikal eingestellt ist und nur eine Minderheit von Mädchen, kommunizieren nicht alle Jungen von sich aus vertikal. Ich vermute, dass sich hochsensible Jungen im horizontalen Modell besser zurechtfinden können, auch wenn viele von ihnen lernen, sich unter sozialem Druck gegen ihre Natur vertikal zu benehmen. Sind Jungen zu sanft, werden sie zur Zielscheibe von Spott und Hänseleien, und diese Gefahr wird jedes Kind vermeiden. Manche Mädchen sind aber auch ziemlich vertikal ausgerichtet und versuchen, unter Mädchen den Chef zu spielen. Für Mädchen wie auch für Jungen gilt – zumindest in unserer Gesellschaft –, dass vertikale Kommunikation höhergewichtet ist als die horizontale. Logisch, denn es gibt immer jemanden, der oben im Gruppenrang steht und in der Klasse das Sagen hat. Meines Erachtens sollten wir als Lehrkräfte und Eltern darüber nachdenken, ob wir diese „natürliche Kommunikation" in Schulklassen wollen oder nicht, und was wir tun können, um Kindern diese Gruppenprozesse bewusst zu machen. Denn ohne intensive und bewusste Anleitung von Außen wird es keine Veränderung geben.

Horizontale Kommunikation	Vertikale Kommunikation
weiblich	männlich
verbindend	die eigene Position stärkend
Ebenbürtigkeit herbeiführend	Hierarchie herbeiführend
Konsens	Konflikt
altruistisch	egoistisch
Sprache und Gefühl	Körpersprache

Ein Kind, das auf Basis der weiblichen Kommunikation denkt, möchte, dass jeder glücklich ist. Es wird versuchen, es anderen recht zu machen. Es ist nicht darauf erpicht, immer Recht zu bekommen oder auf Kosten anderer besser dazustehen. Es wird sich in Schulstreitereien demokratisch verhalten oder abseits bleiben. Es leidet unter Machoverhalten und sieht keinen Sinn darin, bei Sport und Spiel zu gewinnen. Stattdessen hat es ein Bedürfnis nach einem gemeinschaftlichen Gefühl von Zusammengehörigkeit, achtet auf die Empfindungen anderer und versucht respektvoll und freundlich zu sein. Es möchte, dass in der Klasse eine angenehme Stimmung herrscht. So denkt ein horizontal kommunizierendes Kind.

Ein Kind, das mittels vertikaler Strategie kommuniziert, zeigt bereits beim Betreten des Schulhofs das typische strategische Imponiergehabe. Ist es ein Junge, teilt er hier und da ein paar provozierende Schubser aus, erhebt seine Stimme und sucht Streit, nur um zu testen, wer der Stärkere ist. Für ein vertikal denkendes Alpha-Männchen ist es wichtig, dass seine Ankunft in der Schule bemerkt wird. Es achtet darauf, wo es steht, wie viel Raum es einnimmt, wen es grüßt und wen nicht. Wenn ein konkurrierender Junge etwas sagt, zeigt er aus strategischen Überlegungen heraus seine Missbilligung, hört nicht zu oder gähnt. Das Ziel des Strategen, der vertikal denkt, ist nicht das Erreichen irgendeines inhaltlichen Konsenses noch die Berücksichtigung der Gefühle anderer, sondern primär das Stärken oder Schwächen von Beziehungen, um Macht zu gewinnen. Die Hierarchie wird in der vertikalen Kommunikation immer wieder neu ausgefochten.

Vertikal denkende Mädchen nutzen andere Hilfsmittel, zum Beispiel Sprache und das Ausschließen und Ärgern anderer, aber im Wesentlichen mit dem gleichen Ziel.

Wie anders läuft es hingegen im Kopf eines horizontal denkenden Kindes ab. Wie bereits dargelegt, hat es nicht das intrinsische Ziel, sich über andere zu stellen. Das Ziel seiner Kommunikation sind Gemeinsamkeit und die allgemeine Stimmung. Horizontal denkende Kinder hingegen verstehen so ein Verhalten kaum, geschweige denn, dass sie von sich aus dazu übergehen.

Unter Kindern, die kaum unter Aufsicht einfühlsamer Erwachsener sind, entwickelt sich häufig eine Art Dschungelmentalität, in der die stärksten und gemeinsten Kinder den Ton angeben. Mobbing ist da eine Folge.

Seit die Diskussion über Mobbing an Schulen durch Selbstmorde hochgekocht ist, ist meines Erachtens die Zeit reif, die Effekte dieser beiden Kommunikationsformen etwas besser und in größerem Umfang zu erforschen. Und als Gemeinschaft Lösungen zu suchen, die die vertikale Denkstruktur in möglichst frühem Alter im Zaume halten.

Nicht nur die Schule, auch Politik, Medien und Geschäftsleben, unsere ganze Gesellschaft, ist auf allen Ebenen von diesen beiden entgegengesetzten Mechanismen geprägt. Leider ist festzustellen, dass das vertikale Denken noch zu oft (wie könnte es auch anders sein) das horizontale dominiert. Wenn diese beiden Kommunikationsformen in unserer Gesellschaft ausgewogener wären, hätten wir meiner Meinung nach nicht nur die Lösung für die meisten sozialen Probleme in der Schule, sondern vermutlich auch die besseren Karten für mehr Frieden auf der Welt.

> Thich Nhat Hanh formuliert es so:
> *Es könnte vielleicht einmal das Wichtigste für das Überleben der Erde sein: Einander zu helfen, eine Gemeinschaft aufzubauen, in der die Liebe spürbar ist.*

Wenn es uns gelingt, Kindern eine Grundhaltung der Solidarität beizubringen und sie zu lehren, dass das individuelle Glück mit dem Wohl aller Kinder steht und fällt, dann würden wir ein Schulsystem bekommen, das wirklich auf das einundzwanzigste Jahrhundert und dessen Probleme vorbereitet. Diese Schulen würden für den Fortbestand von Mutter Erde und ihren Bewohnern einen wirklichen Unterschied ausmachen.

Doch wie erreichen wir das? Natürlich ist das leichter gesagt als getan. Lehrkräfte bemerken Mobbing in 85 Prozent der Fälle gar nicht. Trotzdem darf eine Schule nicht wegschauen oder denken, sie sei dafür nicht verantwortlich. Eine neue Herangehensweise, die M5-Methode[5], richtet ihr Augenmerk direkt auf die Mobber, die Ursache für das Mobbing wird in erster Linie nicht beim Opfer gesehen. Man weiß auch, dass Meditation Gefühle von Frieden und Mitgefühl verstärkt. Täglich zehn Minuten zusammen zu meditieren, wäre also gar nicht verkehrt. Wir können Kinder dabei lehren, die eigenen Gefühle von Frustration und Angst anzuschauen. Wer lernt, Gefühle mit Worten zu beschreiben und seine Aufmerksamkeit darauf zu lenken, vergrößert das Verständnis für das eigene Leid und das von anderen. Es wird handhabbarer.

---

5   www.pestaanpak.nl

8 Alte Schmerzen und Traumata

Tina:

Ich gehe gerne in Gedanken zurück und sehe ein kleines Mädchen. Ich spüre eine verschlossene Kehle, da ist ein irgendwie ganz zugeschnürtes Gefühl. Ein Gefühl, nichts sagen zu können, blockiert zu sein, verschlossen. Das kleine Mädchen möchte bei mir sitzen, auf meinem Schoß, nicht zu viel reden, festgehalten und hin- und hergewiegt werden. Hören, dass alles in Ordnung ist. Sie fühlt sich allein und hat Schmerzen. Sie versteht überhaupt nicht, warum alle anders sind als sie. Warum sie ihr nichts sagen. Das macht sie sehr traurig. Manchmal möchte sie am liebsten unsichtbar sein, sodass sie niemandem zur Last fällt. Oder sie möchte alles im Voraus wissen, sodass sie sich auf das, was kommen wird, vorbereiten kann und nicht so ängstlich zu sein braucht, wodurch ihre Mutter ungeduldig wird. In ihrer Kehle sitzen ein Kloß und das Gefühl von Anspannung und Angst.

Viel meiner therapeutischen Arbeit besteht darin, das innere Kind und seinen unverarbeiteten Schmerz im Erwachsenen zu heilen. Es geht darum, dass diese Menschen den Glauben an und das Vertrauen in die innere Stimme, die eigenen Meinungen und die eigenen Gefühle wiedererlangen. Nicht immer sind ernsthafte Traumata die Ursache von wenig Selbstvertrauen und niedrigem Selbstbewusstsein. Wie bereits erwähnt, beinhaltet Hochsensibilität Empfindlichkeit gegenüber Kritik, sodass ein niedriges Selbstbild fast von selbst entsteht.

Der Kontakt mit der Intuition ist dann ebenfalls gestört. Hochsensible Erwachsene haben ihre eigene authentische Persönlichkeit häufig verloren. In der Chakrapsychologie spricht man von der Arbeit mit dem fünften Chakra, dem Hals-Chakra, welches manchmal Schäden aufweist. Interessanterweise ist dieses Chakra die Pforte für fast alle Sinnesreize (mit Ausnahme des Tastgefühls). Therapeutisch betrachtet, ist bei der Trauma-Behandlung Hochsensibler vor allem das fünfte Chakra essenziell.

Untersuchungen zur *inhibited personality* ergaben, dass ängstliche Personen unter anderem Anspannung im Stimmbandbereich entwickeln. Es ist noch nicht so lange her, dass Kinder kurzerhand ihren Mund halten mussten. Manchmal mussten sie still zusehen, wie innerhalb der Familie Lügen erzählt wurden und Klatsch und Streit an der Tagesordnung waren. In meinen Therapien geht es darum, sensiblen Menschen das Vertrauen zurückzugeben, dass sie tief im Inneren eine eigene Wahrheit besitzen, frei von externen Urteilen, und – was ebenfalls wichtig ist – dass sie genügend Kreativität in sich haben, eine Umgebung zu erschaffen, die zu ihrer Sensibilität passt, sowohl in beruflicher wie auch familiärer Hinsicht.

Vielleicht sind sie als Elternteil selbst hochsensibel und haben Schwierigkeiten, Ihre eigene Authentizität zu spüren? Möglicherweise können Sie mithilfe eines Coaches oder Therapeuten an diesem Aspekt arbeiten. Auch meine CD im Buch *Aufmerksam leben mit Hochsensibilität* hilft Erwachsenen und älteren Kindern, das eigene Selbstvertrauen zu stärken und den eigenen sensiblen Charakter dankbar anzunehmen. Auch die Übungen in Teil 3 sind für sensible Eltern nützlich. Für Kinder ist nichts inspirierender als die Integrität und das Selbstvertrauen, das Eltern ausstrahlen, die sich wohl in ihrer Haut fühlen. Eine hochsensible Frau schrieb mir über die Erziehung, die sie intuitiv ihren beiden – wie sich später zeigte – hochsensiblen Kindern gab:

> *Ich denke, dass es wichtig ist, als Elternteil milde zu sich*
> *selbst zu sein und sich einzugestehen, dass man Fehler*
> *machen darf. Ein Kind kann viel verkraften, wenn es sich*

geliebt fühlt. Geben Sie Fehler einfach zu und zeigen Sie,
dass Sie Dinge manchmal auch nicht wissen und dass man
eine Lösung zusammen suchen kann. Das ist eine ehrliche,
herzliche Haltung, die von Kindern geschätzt wird. Wenn Sie
als Elternteil nicht vollkommen sind, braucht ihr Kind das
auch nicht zu sein, und das ist ein angenehmes Gefühl für
beide Seiten. Ich habe versucht, meine Kinder vorbehaltlos
lieb zu haben und habe ihnen ein Recht auf ihre Eigenarten
gegönnt. Damit habe ich ihnen, glaube ich, sehr geholfen. Ich
sehe jetzt, dass sie sich ihre Sensibilität bewahren konnten.

Manche sensiblen Kinder sind dermaßen an negative Rückmeldungen gewöhnt und erwarten diese geradezu, dass sie aus Prinzip trotzig und unkooperativ reagieren. Sie haben einen Schutzmechanismus entwickelt, weil sie alle Hoffnung aufgegeben haben, dass ihrem Herzen zugehört wird.

Andere sensible Kinder wollen zu sehr gefallen und vor allem niemanden kränken, genau aus diesem Grund halten sie ihren Mund.

Sie können Ihrem „alles zurückhaltenden" Kind helfen, spontaner zu werden, indem Sie zu Hause üben, freimütig zu sprechen. Die wichtigsten Ratschläge, die sie Ihrem Kind mitgeben können, sind:

- Denke nicht zu lange nach, bevor du etwas sagst, sondern sprich frei von der Leber, egal wie du die Sätze formst und wie unklar du bist. Öffne einfach den Mund und sprich aus, was in dir hochkommt. Du kannst es später korrigieren und noch einmal neu formulieren.
- Versuche, den Kritiker in dir zum Schweigen zu bringen. Wenn du merkst, dass du dich selbst kritisierst, lenke entschlossen deine Gedanken davon weg und denke an etwas Angenehmes.
  Mache eine Gewohnheit daraus, laut zu sprechen.
  Übe zu Hause, laut zu singen, laut zu sprechen und herumzuschreien.

Ein freches Kind benötigt vor allem Verständnis und die Erkenntnis, dass es vermutlich einen Spiegel für das Verhalten Erwachsener darstellt. Fragen Sie sich: Höre ich meinem Kind und dem, was es unter all seinen „Bravourstücken" und seinem Geschrei sagen will, überhaupt zu?

9 Das hochsensible Kind im Unterricht

Bei einer gesunden Entwicklung kann sich ein Kind sozial, emotional, geistig und körperlich zu einem authentischen, selbstbewussten und freien Wesen entfalten. Unser Schulsystem ist einst aus dem Gedanken entstanden, dass jedes Kind *das Recht* hat zu lernen. Das ist ein schöner Gedanke, der weltweit Millionen Menschen Chancen und Wohlstand ermöglicht hat – und der leider in manchen Ländern noch immer nicht in die Praxis umgesetzt wurde.

Inzwischen ist aus diesem Schulrecht eine *Schulpflicht* entstanden. Ob man es als Vater oder Mutter will oder nicht, das Kind muss zur Schule. Eltern mit alternativen Vorstellungen zum Lehrplan haben es nicht leicht. Weder in den Niederlanden noch in Deutschland darf man sein Kind zu Hause unterrichten. Kinder werden bereits jung getestet, verglichen und korrigiert. Das fördert die Leistungsorientierung und erzeugt das Gefühl, dass es immer eine Norm gibt, der ein Kind zu genügen hat. So machen wir aus Kindern unbemerkt ein „optimiertes Produkt."

Der Schwerpunkt in der Schule liegt im kognitiven Lernen. Kinder haben keinen Einfluss darauf, mit wem sie in eine Klasse kommen, sie werden einfach mit Gleichaltrigen zusammengewürfelt. Im günstigsten Fall passt es und sie fühlen sich gut, im ungünstigsten Fall fügen sie sich nicht den sozialen Umgangsformen (weil sie diese beispielsweise nicht verstehen) und die Schulzeit bleibt ein jahrelanges Martyrium.

Ich habe mit vielen Hochsensiblen gesprochen, die in ihrer Schulzeit tief unglücklich gewesen sind, die gehänselt oder ausgeschlossen wurden oder die einfach nur unglücklich waren, weil sie tagtäglich notgedrungen mit Kindern verkehren mussten, mit denen sie sich nicht wohlfühlten. Ein hochsensibles Kind ist nicht zwingend ein guter oder schlechter Lerner. Intelligenz und Hochsensibilität sind zwei verschiedene Eigenschaften. Allerdings haben hochsensible Kinder die Fähigkeit, tiefgehend und sorgfältig nachzudenken, was den Lernprozess im günstigen Fall unterstützt. Meistens wollen diese Kinder die Welt um sie herum erforschen und die Details genau verstehen. Dafür brauchen sie Zeit. Ihre Hochsensibilität äußert sich dann in der Tatsache, dass sie langsam und sorgfältig arbeiten.

Verwirrenderweise kann es aber auch anders sein. Hochsensible Kinder – besonders, wenn sie sehr intelligent sind – können Dinge manchmal so schnell erfassen, dass sie desinteressiert, gelangweilt oder ungeduldig werden. In Gedanken sind sie dann schon mit ganz anderen – interessanteren – Themen beschäftigt.

Sensible Kinder können in den Naturwissenschaften oder den Sprachen glänzen. Manche Wissenschaftler bringen Hochsensibilität mit dem Konzept des bildlichen Denkens in Verbindung. Gehirne verarbeiten Informationen in sehr unterschiedlicher Weise, und es gibt meines Erachtens auch viele individuelle Lernstile. Häufig spielt Kompensation eine Rolle: Wenn ein Kind auditiv schwach ist, wird das im visuellen Hirnbereich kompensiert – und umgekehrt. Hochsensible Kinder wurden noch zu wenig erforscht, um sagen zu können, ob bei ihnen eine bestimmte Art des Denkens überwiegt. Obwohl man davon ausgehen kann, dass sie oft *intuitiv* denken. Die Forschung hat bereits herausgefunden, dass sie länger bei Details verweilen und dass sie dadurch mehr wahrnehmen.

In sozialen Begegnungen wird das Anderssein dieser Kinder am deutlichsten und dort liegen auch die Herausforderungen für sie. Häufig fühlen sie sich in Gruppen unruhig und überfahren; sie leisten oft mehr, wenn sie nicht beurteilt oder beobachtet werden. Und sie sind weniger schlagfertig in Situationen mit vielen Reizen, wie es in Schulen typischerweise der Fall ist. Andererseits kommt es vor, dass ein hochsensibles Kind prima mitkommt und ein großes soziales Netzwerk hat. Auch hier ist das A und O, dass das Kind zu Hause verstanden und angemessen gefördert wird, denn dann hat es genügend Selbstvertrauen und Abgrenzungskraft entwickelt, um die tägliche Menge von Reizen in der Schule durchzustehen. Läuft da etwas schief, kommt es etwa nicht gut mit oder empfängt zu Hause keine passende Unterstützung und Hilfe, gibt es zu Hause Konflikte, dann ist das Kind in der Schule besonders verletzlich gegenüber Hänseleien, Einsamkeit usw.

Die soziale und emotionale Entwicklung hochsensibler Kinder verläuft anders als üblich; sie sind auf ihre Art empfindlicher und subtiler. In horizontaler Kommunikation sind sie oft gut, in vertikaler hingegen nicht. Letztere dominiert jedoch unter Kindern. Gleichzeitig ist unter Kindern der soziale Druck ziemlich groß, größer als unter Erwachsenen. Mitmachen und mit dabei sein wollen führt dazu, dass selbst die freundlichsten Kinder gemein werden können. Natürlich wird nicht jedes hochsensible Kind gehänselt und auch nicht alle von ihnen können schlecht mit vertikal eingestellten Kindern umgehen. Sensible Kinder können manchmal selbst zu den Schikanierern gehören. Es ist wichtig, ein besseres Verständnis für diese Kinder und ihre Verletzlichkeit zu schaffen.

Für Lehrer ist es eine enorme Herausforderung, bei Schülern die Toleranz untereinander zu verbessern und sie anzuleiten, friedliebend miteinander umzugehen. In schwierigen Situationen im Klassenverband sagen Erwachsene, und zwar Lehrer wie Eltern, noch zu häufig, dass die Hochsensiblen einfach lernen müssten, sich zu behaupten. Dass sie sich einfach den anderen anpassen müssten. Doch ist es wirklich das, was wir als Gesellschaft wollen? Wollen wir wirklich, dass Kinder sich an den frechsten, aggressivsten Kindern orientieren? Soll das die Norm sein?

Ich glaube, dass alle Kinder lernen können, im tiefen Inneren Frieden und Glück zu spüren und mit mehr Mitgefühl und Liebe untereinander umzugehen. Dafür braucht es eine andere Art, Dinge zu sehen; eine andere Art von Bewusstsein, das Normen und Werte dauerhaft

ändert und verankert. Ich habe bereits erwähnt, dass Meditation dabei
wertvolle Dienste leisten kann.

Wenn man meditiert, lernt man, in der eigenen Tiefe Kontakt mit
sich selbst und mit anderen herzustellen. Zahlreiche Untersuchungen
konnten belegen, dass Meditation das Hirn günstig beeinflusst und zu
mehr Mitgefühl und Friede führt. Täglich zehn Minuten Meditation am
Anfang des Unterrichts und zehn Minuten vor Schulschluss könnten
einen himmelweiten Unterschied bedeuten. Meditieren bedeutet, sich
seiner selbst bewusst zu werden und Ruhe zu finden. Je früher man
Kinder dazu herausfordert, in sich selbst zu schauen, je früher man
sie mit sich selbst und den eigenen Denkmustern konfrontiert, desto
besser. Eigentlich sollte Weisheit ein Pflichtfach in modernen Schulen
werden, damit die Meditationsübung eingebettet werden kann in
die Lernübung, unabhängig zu denken und zu handeln, und zwar
in „Wir"-Gedanken, statt in Konzepten von „Ich" und „die anderen".
Außerdem sollte man Kindern beibringen, dass gesellschaftlicher
Erfolg auch und vor allem über einen spirituellen Weg erlangt werden
kann. Lassen Sie uns versuchen, die Saat für den Weltfrieden so früh
wie möglich zu legen.

Ein gutes Hilfsmittel könnte dabei die moderne computergesteuerte
Herz-Hirn-Methode sein, die auf der Pulskohärenz basiert. Sie hilft
einem Kind, seine innere Haltung zu korrigieren, wodurch sich seine
Lernleistungen verbessert und auch das sonstige Verhalten positiv
beeinflusst wird. Ein Computer registriert dabei den Herzschlag. Auf
dem Bildschirm sieht das Kind ein Symbol, beispielsweise einen Ballon,
das sich analog zum Herzschlag auf und ab bewegt. Je mehr es sich
entspannt (der Plus sinkt), desto höher steigt der Ballon. Je entspann-
ter das Kind ist, desto weniger leidet es unter Versagensangst durch
Stress. Die Kinder beginnen, ein Gespür für den Grad ihrer Entspannt-
heit zu entwickeln, indem sie Kontakt zu ihrem Herzen aufnehmen.
Indem sie auf diese Art lernen, wie man sich bewusst entspannt und
gleichzeitig aufmerksam bleibt, stärken sie ihr Selbstbewusstsein.

10 Schlüssel zum Verständnis hochsensibler Kinder

Hochsensible Kinder

- schauen erst einmal, wie der Hase läuft. Sie ziehen es in der Regel vor, zunächst abzuwarten und sich etwas abseits zu halten, bevor sie sich in eine Aktivität stürzen.

- Sie bemerken viele Details und Feinheiten, vor allem im sozialen Umgang mit anderen. Wenn sie sich nicht grad in einem Zustand der Überreizung befinden, durchschauen hochsensible Kinder präzise die Hackordnung und den sozialen Umgangsstil einer Gruppe.

- Sie können Stimmungen anderer gut spüren, aber das Verhalten anderer verstehen sie nicht immer. Hochsensible Kinder leiden in der Regel stark mit anderen Kindern mit. Ihnen liegt es fern, andere zu schikanieren – lieber setzen sie sich für die Schwächeren ein.

- Sie haben eine ziemlich reiche innere Erlebniswelt. Sie genießen Tagträume und besitzen eine große Fantasie. Ein sensibles Kind, das sich sicher fühlt und nicht überreizt ist, kann sich meistens gut mit Spielen und fantasievollen Aktivitäten selbst beschäftigen.

- Sie möchten ihre Aufgaben gleich beim ersten Mal gut erledigen. Man sieht bei hochsensiblen Kindern manchmal, dass sie etwas länger abwarten, bevor sie eine Fertigkeit erlernen. Ist die Entscheidung erst einmal gefällt, machen sie rasch Lernfortschritte, zum Beispiel beim Fahrradfahren oder Lesen.

Sie machen Dinge in ihrem eigenen Tempo. Das bedeutet in der Praxis, dass sie wegen ihrer Neigung zum Perfektionismus gelegentlich etwas langsamer sind.

- Sie entscheiden sich manchmal erst nach längerem und reiflichen Hin- und Herüberlegen. So können sie die Geduld anderer gehörig auf die Probe stellen. Welche Eissorte nehme ich denn? Welche Kleider ziehe ich an? Mit wem will ich spielen? Das sind Fragen, für die sie Zeit benötigen.

- Sie sind idealistisch und Spiritualität gegenüber aufgeschlossen, weil sie sich gerne in die Konsequenzen ihres Handelns vertiefen und darüber nachdenken. *Was wäre, wenn jeder seinen Müll auf dem Boden liegen lassen würde? Was machen die Tiere, wenn es draußen hagelt und stürmt?*

- In Situationen von Überreizung oder Überstimulation leisten hochsensible Kinder weniger. Das passiert ebenfalls, wenn sie sich beobachtet oder beurteilt fühlen. Bei großer Anspannung oder hohem Stress können diese Kinder erstarren und keinen Mucks mehr von sich geben. Man muss verstehen, dass diese Situationen für das Kind besonders stressig sind und intensive Gefühle der Angst, Scham oder Erniedrigung hervorrufen. Deshalb wird das Kind solche Situationen in Zukunft vermeiden wollen.

- Aufgrund ihres feinen Unterscheidungsvermögens, ihrer starken Intuition und der Fähigkeit, sich tief zu versenken, sind hochsensible Kinder häufig kreativ. Lampenfieber und schlechte Leistungsfähigkeit unter Druck können dazu führen, dass ihre Talente nicht so sichtbar sind, aber das sollte kein Grund sein, ihnen Musik, Theater oder Kunst vorzuenthalten oder ihnen davon abzuraten. Diese und andere Ausdrucksformen nähren die Seele und sind für alle Kinder und Erwachsenen unentbehrlich.

- Sie sind intuitiv und treffen häufig gefühlsmäßige Entscheidungen. Sie können subtile Nuancen wahrnehmen und sind für Stimmungen und Energien sehr empfänglich.

- Sie beklagen sich oft mehr als andere Kinder über körperliche Unannehmlichkeiten. Ihnen wird schlecht im Auto, sie leiden unter grellem Licht, enger Kleidung, kratzenden Kleidungsetiketten. Empfindlichkeiten bei Geschmack, Nahrungsbeschaffenheit und -konsistenz, Temperatur und dergleichen machen aus hochsensiblen Kindern oft schwierige Esser. Sie können auch unter Allergien und Unverträglichkeiten leiden.
- Sie sind überdurchschnittlich schnell gekränkt und werden durch schlechte Erfahrungen schnell traumatisiert. Andererseits zehren sie auch mehr von positivem Feedback und von Unterstützung.
- Hochsensible Kinder schließen sich der üblichen Art sozialen Kontakts nicht selbstverständlich an. Das führt dazu, dass sie sich entweder absondern oder zu stark anpassen. Und oft wechseln diese Haltungen einander ab und es folgt auf eine Periode starker Anpassung eine Phase des Zurückziehens und der Isolation.
- Sie sind manchmal sehr intellektuell und manchmal besonders gefühlsbetont. Nicht nur der Charakter, auch der Erziehungsstil bestimmt, wie ein hochsensibles Kind mit stressigen emotionalen Situationen umzugehen lernt. Ausgeglichenheit und gesunde Selbstkontrolle kann man zu einem gewissen Grad lernen. Darum ist das Wissen über Hochsensibilität so wichtig.

Teil 2:

Praktische Tipps für herausfordernde Situationen

In diesem Teil geht es um die Praxis. Wie gehen hochsensible Kinder im Alltag mit ihrer Hochsensibilität um? Wie blicken hochsensible Erwachsene zurück auf ihre Kinderzeit? Und was sind die typischen Dinge, die im Rückblick die Diagnose „Hochsensibilität" nahelegen?

Ich hoffe, dass Eltern und Lehrkräfte anhand dieser Alltagsbeispiele besser nachvollziehen können, wie sich sensible Kinder unter der sichtbaren Oberfläche fühlen und wie sie denken. Hochsensible Kinder können sich diese Erfahrungsberichte vermutlich sofort lebhaft vorstellen. Ist der Leser ein hochsensibler Jugendlicher, dann wird er zweifellos einiges in den Berichten wiedererkennen.

11 Frühe Kindheit

11.1 Hektik

Schon als Kleinkind konnte Tim keine lauten Geräusche vertragen. Er weinte dann schnell. Jetzt, wo er etwas größer ist, drückt er sogar beim Betätigen der Klospülung beide Hände auf die Ohren. Wenn ein Motorrad vorbeifährt, sieht man einfach Panik in seinen Augen. Als Tim vier Monate alt war, begann ich wieder zu arbeiten und wir brachten ihn in die Kinderkrippe. Wir merkten jedoch schnell, dass das für ihn nicht funktionierte. Nach einem Tag dort musste er sich zwei Tage erholen, Er schlief nicht in der Krippe und hörte nicht auf zu weinen. Wir haben es dann in einer anderen Krippe versucht, wo es etwas ruhiger war, doch mit demselben Ergebnis. Schließlich haben wir eine Gastfamilie gefunden, Da war er zusammen mit einem anderen kleinen Jungen und das ging prima.

Mit vier Jahren ging Tim in den Kindergarten. Wir fanden es vernünftig, ihn bis zum Gemeinschaftsraum zu bringen. Der Abschied war nicht immer einfach. Er musste viel weinen und ging nicht gerne mit. Wir haben einige Male mit der Kindergärtnerin darüber gesprochen. Tim ist ein Junge, der sich gut allein vergnügen kann, das Spielen mit anderen fällt ihm nicht so leicht. In seinem Alter ist das allerdings nicht ungewöhnlich. Aber er scheint sich manchmal einfach

abzuschließen gegenüber aller Hektik und hat wohl eine Art
Überlebensstrategie entwickelt, um sich zu schützen.

(Katja, 32, Mutter von Tim)

Hochsensibilität beginnt bei den Sinnesorganen. Ich habe schon beschrieben, dass Hochsensible nicht etwa bessere Sinnesorgane haben als andere. Es geht um die Art, *wie* sie die Reize der Umgebung verarbeiten. Und das beginnt natürlich mit dem Sehen, Riechen, Tasten, Schmecken und Hören.

Ich höre manchmal von Menschen, die gegenüber (lauten) Geräuschen empfindlich sind. Zu viel Lärm gehört vermutlich zu den Dingen, über die sich hochsensible Erwachsene am häufigsten beklagen. Kinder haben eine bedeutend höhere Toleranzgrenze. Das geht auch nicht anders. Denken Sie an einen Spielplatz oder einen Raum voller Kinder, dann wissen Sie unmittelbar, dass Kinder auf die eine oder andere Art viel Lärm vertragen. Doch das gilt nicht für alle Kinder. Wenn Kinder Schwierigkeiten mit Geräuschen haben, geht es oft nicht nur um die Lautstärke, sondern auch darum, dass ein Geräusch „aus sich heraus" stark ablenkt. In Schulklassen ist Stille beispielsweise nicht immer gleichermaßen selbstverständlich. Schulen sollten dafür sorgen, dass es ausreichend Räume mit Stille gibt. Manche Kinder haben die größte Schwierigkeit, sich wieder auf ihre Arbeit zu konzentrieren, wenn neben ihnen gesprochen wird, wenn ein Stift auf den Boden fällt oder wenn jemand hustet. Andere Kinder vergessen sich selbst oder werden durch den enormen Lärm in Fluren und Hallen von Schulen ganz apathisch. Sie können nicht mehr nachdenken, wenn zu viele Geräusche durcheinander auf sie einstürmen.

Eine aufgeregte lärmende Klasse ist für ein hochsensibles Kind selbstverständlich belastender als eine ruhige Klasse. Wundern Sie sich als Lehrkraft nicht, wenn ein hochsensibles Kind einen abwesenden Eindruck macht. Nicht zuzuhören ist kein Zeichen von Unwillen, sondern von Unvermögen.

Viele Kinder entwickeln eine Methode, dem Reizbombardement zu entkommen. Manche ziehen sich in eine eigene Fantasiewelt zurück.

Bei anderen sieht man deutlich, wie viel Mühe es ihnen macht nachzudenken und zu reden, sie scheinen unkonzentrierter, wenn das Geräuschniveau steigt.

Diskotheken und Popkonzerte sind besonders schädlich für die empfindlichen Ohren hochsensibler Jugendlicher; die meisten bekommen früher oder später Hörschäden, weil die Dezibels in den letzten zwanzig Jahren auf bizarre und schädliche Höhen aufgedreht wurden. Scheinbar ist ein Fest erst dann gemütlich, wenn man sich nicht mehr verstehen kann.

Es ist schade, dass so wenig Rücksicht auf die sensiblen Ohren und die Reizempfindlichkeit mancher Menschen genommen wird. Der Trend scheint im Gegenteil sogar zu sein, dass jeder Betriebsamkeit und Lärm einfach toll finden soll. Wenn Sie Ihrem Kind helfen möchten, sich vor übermäßigen Geräuschreizen abzuschließen, können Sie ihm (kleine!) Ohrstöpsel mitgeben.

Einmal ging ich zufällig in einen Supermarkt, als ich nicht nur diese gelben Ohrstöpsel im Ohr, sondern auch noch aus irgendeinem Grund die Brille nicht dabei hatte. Was für ein Genuss, weniger zu hören und zu sehen! Ich fühlte mich zwar ein bisschen merkwürdig, doch ich konnte viel besser in meinem eigenen Zentrum bleiben und fühlte mich nach dem Einkaufen deutlich weniger erschöpft als sonst. Ich kann mir vorstellen, dass sich so das Leben für einen weniger sensiblen Menschen anfühlt.

Es scheint am besten zu sein, einfach die eigene Lärmempfindlichkeit wie auch die Empfindlichkeit seines Kindes zu akzeptieren. Mann muss nur aufpassen, dass man es nicht übertreibt und eine rigide Form von Intoleranz entwickelt. Das passierte einer hochsensiblen Frau. Sie konnte kein einziges Geräusch mehr ertragen, und geriet bei jeder Kinderstimme, die in ihre Wohnung drang, völlig durcheinander. Sie schrieb mir einige Jahre später:

> *Ich litt schon immer unter allen möglichen Lärmquellen wie Musik, lauten Stimmen, monotonen Geräuschen von Staubsaugern oder Waschmaschinen. Ich wohne in einer netten*

Gegend, in der aber viele Menschen ziemlich nah beieinander leben, darunter Kinder und Studenten. An sommerlichen Nachmittagen und Abenden ist hier überall Lärm. Ich sitze gerne im Garten und schlafe gerne mit geöffneter Balkontür, doch das ging jahrelang nicht, weil mich jedes Geräusch so sehr störte, dass es mir geradezu wehtat.

Es war mir aber klar, dass ich an der konkreten Tatsache, dass es Lärm gab, nichts ändern konnte und dass ich mich also selbst ändern musste. Zuerst betrachtete ich deshalb meinen Ärger gegen die Nachbarskinder genauer. Ihre lauten Stimmen und ihr Geschrei erlebte ich als äußerst eindringlich und fordernd. Weil ich das Gefühl von Ärger als eine Projektion betrachte, entdeckte ich, dass ich selbst auch mal gerne herumschreien und andere ein bisschen ärgern würde. Diese Erkenntnis half schon mal. Der zweite Schritt bestand darin, mir selbst einzugestehen, dass Kinder mir einfach nicht liegen. Das akzeptierte ich als Gegebenheit, ohne meine Erfahrung zu verurteilen.

Seit einiger Zeit achte ich vor allem auf die Stunden, in denen es ruhiger ist. Ich habe gemerkt, dass es davon einige gibt und dass sie mir guttun. Indem ich meine Aufmerksamkeit bewusst auf die Stille lenke, ertrage ich auch die lärmigen Zeiten besser. Ich habe jetzt nicht mehr das Gefühl, dass mir die Stille geraubt wird.

Ist es hektisch und unruhig in Ihrer Familie? Fragen Sie sich einmal, welches von Ihren Kindern darunter leiden könnte. Man kann mit beruhigender Musik experimentieren oder mit dem Anschaffen von Kopfhörern für Fernsehen und Computerspiele.

Bei uns zu Hause nutzen sowohl Kinder als auch Erwachsene Kopfhörer, wenn sie fernsehen. Das wirkt in zwei Richtungen: Diejenigen, die nicht fernsehen, haben weniger unter nervigem Lärm zu leiden und diejenigen, die fernsehen, können sich besser vor störenden

Umgebungsgeräuschen abschirmen. Immer mehr Familien richten ein eigenes Fernseh- oder Medienzimmer ein, aber natürlich ist nicht in jedem Haus Platz dafür.

Wenn Sie mit Ihrer Familie in einer großen Stadt oder in einem geschäftigen Viertel wohnen, werden Sie oder Ihr sensibles Kind schneller überreizt sein, als wenn sie in einer ruhigen Umgebung oder in einem Dorf wohnen. Üben Sie deshalb, die eigene Toleranzgrenze und die Ihres Kindes zu erkennen und machen Sie sich klar, dass das Hirn auf Hochtouren laufen muss, um alle Reize zu verarbeiten. Beachten Sie, dass Kinder eine Überreizung häufig durch unruhiges und hektisches Verhalten äußern. Ein hochsensibles Kind kann manchmal nur sehr schwer wieder zur Ruhe kommen.

11.2 Einschlafen

Mein sechsjähriges Töchterchen hat Probleme beim Einschlafen. Die hatte sie eigentlich schon immer. Sie macht sich zu viele Sorgen, auch während des Tages ist sie manchmal unruhig und hektisch. Wir haben alles versucht, warme Milch, Duschen und Geschichten erzählen, aber nichts hat wirklich geholfen. Abends findet sie es gemütlich, wenn ich bei ihr bleibe, sie redet dann ohne Ende. Das ist zwar gemütlich, aber ich möchte auch einmal einen freien Abend haben.

(Doris, Mutter der sechsjährigen Cindy)

Weil hochsensible Kinder tiefgründiger nachdenken und Reize ausführlicher verarbeiten, macht es ihnen manchmal Mühe, abends einzuschlafen. Alle Eindrücke des Tages müssen noch verarbeitet werden. Körper und Geist haben Schwierigkeiten, die Dinge loszulassen und zur Ruhe zu kommen. Bei manchen Kindern treten die Sorgen besonders abends ins Bewusstsein. Mit Befürchtungen sehen sie dem Schulunterricht und anderen Aktivitäten des nächsten Tages entgegen. Trotzdem sind die Sorgen nicht immer die Ursache dafür, dass sie spät einschlafen.

Ein wichtiger Regelmechanismus beim Schlaf ist der natürliche Biorhythmus. Das erklärt, warum es Morgenmenschen und Abendmenschen gibt. Meine älteste Tochter ist ein Abendmensch, sie schläft spät ein und hat morgens Schwierigkeiten aufzustehen. Die ruhigen Abendstunden helfen ihr, die Gedanken zu ordnen. Wie Cindy möchte sie dann die wichtigen Dinge des Tages berichten. Das ist nicht immer praktisch, wenn man am nächsten Tag früh raus muss.

Meine Jüngste ist das komplette Gegenteil: Als Morgenmensch schläft sie abends schnell ein und ist morgens früh wach. Und dann ist sie auch gleich hellwach. Schulstunden passen sich leider nicht den natürlichen Vorlieben der Kinder an, und damit hat es meine Älteste in dieser Hinsicht bedeutend schwerer.

Was kann man daran ändern? Sorgen Sie dafür, dass Ihre Kinder vor dem Zubettgehen den Tag mit Aktivitäten abschließen, die sie angenehm finden und die sie entspannen. Für manche Kinder ist fernsehen vielleicht etwas zu aufregend, andere Kinder liegen einfach auf dem Sofa und finden gerade das beruhigend. Manche Kinder sind abends noch voller Energie und müssen Dampf ablassen.

Vermuten Sie, dass sich ihr Kind über alles Mögliche Sorgen macht und vieles in sich hineinfrisst? Dann können Sie mit ihm den Tag aufarbeiten durch das bereits erwähnte Frageritual: „Was fandest du heute am schönsten?" und „Was fandest du heute am wenigsten schön?" Wenn Sie vermuten, dass es bei Ihrem Kind ungünstig wirkt, wenn wichtige und schwierige Gespräche kurz vorm Zubettgehen anstehen, können Sie erwägen, diese Fragen beim Abendessen zu stellen. Oder diese Gespräche auf einen früheren Zeitpunkt verlegen, etwa auf den Nachmittag oder direkt nach der Schulzeit.

Machen Sie auf jeden Fall vorm Zubettgehen ein angenehmes Ritual, liebevoll und aufmerksam, doch auch mit klar abgesteckter Grenze: „So, jetzt ist es Zeit zum Schlafengehen." Bei jüngeren hochsensiblen Kindern, die wegen Ängsten nicht einschlafen können, kann man ein Lämpchen brennen lassen und dafür sorgen, dass sie Geräusche hören, die ihnen versichern, dass man in der Nähe ist. Sie könnten beispielsweise noch etwas Hausarbeit verrichten, bis Ihr Kind eingeschlafen ist.

Geht es um ein Kleinkind, das schlecht einschläft, sollte man sich fragen, ob es nicht tagsüber zu viel schläft, wodurch es abends noch nicht müde ist. Neben der weiteren Möglichkeit, dass tagsüber zu viele Reize unverarbeitet geblieben sind, gibt es manchmal auch eine körperliche Ursache: Allergie oder Schmerz.

Innere Unruhe und Nervosität kann man durch ein konsequentes und beruhigendes Bettritual in den Griff bekommen: vor dem Zubettgehen warm Baden oder Duschen, warme Milch, eine saubere Schlafumgebung und ein (nicht zu) abgedunkeltes Zimmer.

Bei ernsthaften Ein- oder Durchschlafstörungen kann man nach Rücksprache mit einem Arzt oder Therapeuten ein homöopathisches Mittel, eine pflanzliche Arznei (Baldrian, Hopfen) oder Bachblütentropfen (White Chestnut) wählen.

Wenn sich keine anderweitigen Probleme finden, bleibt nichts anderes als zu akzeptieren, dass das Kind ein Spät-Einschlafer ist. Sobald das Kind selbst lesen kann, kann es die letzten wachen Stunden im Bett mit einem Lesebuch zubringen. Vertrauen Sie darauf, dass Ihr Kind auf natürliche Weise seinen Schlafrhythmus findet. Solange es nicht ständig gähnt oder dunkle Ringe unter den Augen hat und tagsüber tatkräftig aktiv ist, wird es keinen Schlafmangel haben.

11.3 Verzagtsein

In dem Ferienpark, in dem wir ein Ferienhäuschen gemietet hatten, wurde ein Malkurs für Kinder organisiert.
Wir dachten: „Toll, Tom macht mit beim Malunterricht."
Er findet Zeichnen und Malen nämlich herrlich. Doch als wir im Kurs erschienen, sollten wir unseren vierjährigen Sohn im Kurs alleine zurücklassen. Tom wurde sehr schüchtern und wollte nicht mehr mitmachen. Er fand die anderen

Kinder bedrohlich und hätte sich am liebsten in mich ver-
krochen. Mein Mann findet Toms Angst irritierend; er wurde
ärgerlich und ging. Ich blieb allein zurück und musste nun
entscheiden, was zu tun sei. Ich hätte es natürlich Tom recht
machen können, dann wären wir einfach zusammen weg-
gegangen. Aber etwas in mir wollte dem nicht stattgeben.
Tom fühlte sich anfangs überhaupt nicht wohl. Bei ihm
drehte sich zuerst alles um die Tatsache, dass andere Kinder
ihn anschauten. Aber nachdem er seine Schürze um hatte,
eine Kappe auf und die Farbe dazu kam, sah ich, wie er sich
erholte und Stück für Stück löste. Nach einer halben Stunden
konnte ich weggehen, ohne dass Panik entstand.

(Antje, 36 Jahre alt, Mutter von Tom)

Inzwischen ist klar, dass hochsensible Kinder neue Situationen manchmal recht bedrohlich finden. Eltern eines sensiblen Kindes stehen
dann oft vor dem Dilemma, das Kind entweder zu ermutigen oder
zu behüten. Beide Eltern denken manchmal verschieden darüber und
das führt unter ihnen gelegentlich zu Meinungsverschiedenheiten.
Antje, Toms Mutter, berichtet weiter:

Mein Mann hält mir vor, dass ich Tom zu sehr behüte und
mich nicht traue ihn loszulassen. Leider hält er Toms Problem
für mein Problem. Unsere Meinungsverschiedenheiten sind
letztes Jahr ziemlich aus dem Ruder gelaufen und ich hätte
mich beinahe von ihm getrennt. Ich mag ihn trotzdem sehr,
er ist ein absolut guter Kerl.

Oft bilden Kinder einen Spiegel für Eltern und reflektieren eine
Eigenschaft, die ein Elternteil nicht gerne in sich selbst wahrhaben
möchte wie Verletzlichkeit, Unsicherheit oder Angst. Väter neigen
eher dazu, ihre Kinder mit einem Stups auf die Sprünge zu helfen –
Mütter nehmen häufiger die behütende Rolle ein. Beide Stile müssen
sich allerdings nicht ausschließen, sie können sich ergänzen, ohne

dass die Eltern darüber in Streit geraten. Das eine ist nicht per se besser als das andere. Es ist nicht immer einfach als Elternteil die Erziehungsmethode des Partners zu schätzen und zu erkennen, dass die etwas härtere Art auch Früchte abwirft. Oder dass Behütung manchmal eben das nötige Quäntchen Geborgenheit bietet, die ein Kind unter bestimmten Umständen noch braucht. Toms Mutter tat das Richtige, als sie sich durchrang, Tom nicht zu sehr zu behüten und ihn diese Herausforderung angehen ließ, ohne ihn gänzlich seiner Angst und Unsicherheit zu überlassen. Schließlich ging es dabei um ein vierjähriges Kind.

Wir brauchen hochsensible Kinder nicht zu zwingen, etwas zu sein, was sie nicht sind. Aber wir können sie sehr wohl liebevoll ermutigen, Stück für Stück ihre Grenzen zu erweitern. Als Eltern können wir dafür die idealen Voraussetzungen schaffen, indem wir unseren Kindern zur Seite stehen und über unseren eigenen Schatten springen. Das bedeutet, sich seinen eigenen Enttäuschungen, Ängsten und Erwartungen bewusst zu werden, und sich seine eigenen Unzulänglichkeiten zu vergeben.

Ein Stündchen später kamen Antje und ihr Mann zurück zum Malkurs und was sahen sie? Die Kinder durften auf einem Podium ein Bild malen. Tom stand vorn und strahlte. Er war ganz in seinem Element mit seinem Bild. Natürlich waren Papa und Mama stolz wie Oskar.

Antje berichtet weiter:

> *Im Nachhinein konnte auch mein Mann einsehen, dass mein Verhalten in dieser Situation der richtige Anschub gewesen war. Wenn wir ihn sofort alleine gelassen hätten, wäre Tom völlig unglücklich gewesen und hätte wahrscheinlich den Pinsel nicht einmal angerührt. Und hätten wir seinem Wunsch entsprochen, dann hätte er sich nicht überwunden und diese Gefühle von Stolz und Freude nie erlebt.*

11.4 Übersinnliche Wahrnehmungen

Unsere vierjährige Tochter ist besonders empfindlich gegen-
über Geruch, Geräuschen und Stimmungen anderer Menschen.
Sie hatte schon mit einem Jahr gesprochen und entwickelt sich
rasch. Sie erinnert sich auch an besonders viele Details von
Menschen, die sie beispielsweise vor einem Jahr getroffen hat.
Seit sie sich verständlich machen kann, berichtet sie oft über
einen „Mann", der weggehen soll und der sie erschreckt. Sie
kommt dann in Panik zu mir gelaufen und klammert sich
an mein Bein. Obwohl sie so bei mir Sicherheit sucht, findet
sie, dass ich ihr nicht helfen kann, diesen „Mann" zu ver-
jagen. Das macht sie deshalb selbst und er fliegt dann, wie
sie berichtet, durch die Luft weg, weil er nicht durch Türen
gehen kann. Es ist schwierig, meine extrem sensible Tochter
zu beruhigen, weil wir diesen Mann nicht sehen.

(Celine über Sylvia, 4 Jahre alt)

Derartige Erlebnisse können für Eltern und Kind belastend sein.
Manchmal ist ein Kind so offen und sensibel, dass man es paranormal
begabt nennen könnte. Vielleicht denken Sie als Erwachsener, dass
es solche Dinge nicht gibt und Sie halten das für eine Fantasie der
Kinder: „Alles Einbildung." Aber vielleicht glauben Sie als Elternteil
doch an diese Dinge? Ich möchte hier keine Überzeugungen aufdrän-
gen, nur berichten, dass dieses Thema bei manchen hochsensiblen
Kindern eine Rolle spielt, und dass man nicht umhin kann, Lösungen
dafür zu suchen.

In der Tat haben manche Kinder große Fantasie, und im Alter von
drei bis sieben oder acht Jahren gehen alle Kinder durch eine Phase, in
der die Welt von Feen und Zwergen so echt ist wie die normale Realität.
Nicht ohne Grund glauben Kinder gerne an den Weihnachtsmann.

Die Intensität und Angst, mit der manche Kinder vor Erscheinungen erschrecken, und die Tatsache, dass der „Geist" regelmäßig
zurückkehrt, können hingegen ein Indiz dafür sein, dass es sich nicht
um etwas Ausgedachtes handelt.

Nicht alle sensiblen Kinder sehen Geister von Verstorbenen. Aber manche Kinder, wie Sylvia, zeichnen sich in dieser Hinsicht aus und sind in ihrer Sensibilität besonders stark entwickelt. Manche Menschen gehen davon aus, dass eine stetig wachsende Zahl von Kindern paranormal begabt ist. Vermutlich bestimmt die Reaktion der Eltern, ob diese Gabe erhalten bleibt oder vom Kind unterdrückt wird. Auf jeden Fall kann man sich als Eltern ziemlich erschrecken und in Verwirrung geraten, wenn das eigene Kind Erscheinungen sieht oder mit jemanden redet, der nicht da ist. Was macht man dann und wie geht man damit um?

Am wichtigsten ist es, ruhig zu bleiben und so normal wie möglich damit umzugehen. Versuchen Sie offen, interessiert und entspannt zu reagieren und bieten Sie vor allem Unterstützung und Beruhigung an. Man will dem Kind doch nicht das Gefühl geben, dass man ihm nicht glaubt – denn dann wird es sich in Zukunft eher verschließen. Andererseits braucht man die Sache auch nicht aufzubauschen. Es ist nicht ratsam, dies mit Dritten beim Kaffeekränzchen ausführlich zu besprechen. Derartige Gespräche können das Kind verunsichern. Das Wichtigste ist, dass Kinder, die paranormale Erlebnisse haben, Beruhigung brauchen. Sie geraten durch diese Dinge nämlich oft in Panik. Bieten Sie also vor allem Schutz und schaffen Sie eine Pufferzone zwischen dem Kind und der Erscheinung. Nehmen Sie die Berichte ernst und versuchen Sie in kindgerechter Sprache eine Antwort darauf zu geben.

Manchmal wollen Kinder anschließend alles haarklein wissen. Ihre Neugierde ist geweckt, aber ihr Verstand braucht eigentlich noch mehr Zeit, um die Dinge zu begreifen. Dann heißt es für die Eltern abzuwägen, wie viel man erklären kann und wie viel man vereinfachen muss. Ein Erwachsener berichtete mir:

> Ich war früher auch so, ich sah Menschen in unserem Haus.
> Meine Eltern glaubten mir nicht, genauso wie die meisten
> Eltern ihren Kindern nicht glauben. Ich war zu Tode ver-
> ängstigt, vor allem nachts! Doch meine Eltern sagten immer,
> dass das nur ein Albtraum sei. Sie redeten auf mich ein mit

Geschichten über Gott. Ich glaube, wenn sie mir richtig zuge-
hört hätten, hätten sie erkannt, dass es sich nicht um etwas
Ausgedachtes oder um einen Albtraum handelte. Es ist gut,
wenn Eltern ihre Kinder darüber reden lassen. Dann schließt
man sich als Kind nicht völlig dagegen ab. Ich finde, dass
man dieses Thema nicht tabuisieren sollte. Als Eltern kann
man mehr darüber in Erfahrung bringen, aber man sollte
vor allem dem Kind zuhören. So hätte ich es gerne gehabt.

Für Eltern ist es auch wichtig zu verstehen, dass Gefühle da sein dürfen. Versuchen Sie nicht zu schnell, Ihr Kind zu beschwichtigen, sondern lassen Sie seinen Gefühlen Raum. Wenn die Angst gespürt werden darf, nimmt sie am schnellsten ab. Erlauben Sie Ihrem Kind, bei Ihnen zu schlafen, wenn es sich da am sichersten fühlt.

Man kann kleine Kinder bereits in jungen Jahren nach eigenen Lösungen fragen. Hochsensible Kinder wissen oft auffallend gut, was sie brauchen. Suchen Sie deshalb konkrete Lösungen zusammen. Auch ausgedachte Rituale können helfen, Ängste zu bannen. Und wenn sich Ihr Kind dazu sicher genug fühlt, kann es mit dem Verstorbenen Kontakt aufnehmen und ihn bitten, wegzugehen. Das gilt natürlich nur für etwas ältere Kinder.

Kinder finden es schön, wenn sich Eltern zu einem gewissen Maß in dieses Thema vertiefen. Es gibt dazu Bücher und Fernsehsendungen, die Hinweise und Erfahrungsberichte anbieten. Manchmal ist es sinnvoll, einen Therapeuten aufzusuchen, der das Kind und dessen Probleme zuerst einmal ernst nimmt und aus holistischer, spiritueller Warte mit Verstorbenen, Auras und Energien arbeitet.

11.5 Draußen spielen

Ich war ein liebes, artiges, argloses Kind. Wenn ich nach
draußen durfte, war ich glücklich. Dann vergaß ich mich
völlig und brauchte mich nicht anders zu geben als ich war.

Wenn ich das Gefühl benennen soll, das damals am häufigs-
ten vorkam, dann ist es wohl das Nichtverstandenwerden.
Ich fühlte mich merkwürdig, und das wurde mir auch so
gesagt. Ich verstand nichts von der Welt um mich herum.
Die Welt war überwältigend und ich konnte nur im Strom
mitschwimmen. Ich war regelmäßig traurig, weil ich Dinge
nicht begriff. Ich war liebenswürdig zu anderen Menschen,
doch es kam vor, dass sie dann plötzlich gemein zu mir
waren. Dann ging ich nach draußen, in die Natur. Ich konnte
früher stundenlang draußen spielen. Ich vergaß dann alles
um mich herum. Meine Mutter wusste manchmal nicht, wo
ich war, weil ich bei einem anderen Kind spielte, obwohl
abgemacht war, dass ich auf einem Spielplatz in der Nähe
spiele. Ich spürte zwar manchmal Angst vor Kindern, die
mich hänselten und die gemein waren, aber das Gefühl der
herrlichen Zeit, die endlos zu dauern schien, herrschte vor.
Wenn wir nicht draußen spielen konnten, durften wir drin-
nen Hütten bauen. Das fand ich auch toll. Manchmal, wenn
ich nach Hause kam und Dinge in meinem Enthusiasmus
erzählte, bekam ich das Gefühl, etwas Verkehrtes getan zu
haben. Häufig wurde ich bestraft, und ich verstand nicht
warum. Ich fand es verwirrend, dass ich meine Eltern oder
Schwestern nicht zufrieden stellen konnte. Dann versuchte
ich, es ihnen recht zu machen. Aber wenn ich wieder draußen
war, hatte ich glücklicherweise alles vergessen.

(Annabel, 37 Jahre alt, über ihre Kindheit)

Die Natur ist ein Ort, an dem sensible Kinder und Erwachsene Geborgenheit, Raum und Reinheit erfahren. Tiere und Pflanzen bilden keine
Bedrohung und stellen positive Energie zur Verfügung. Das Spüren der
Elemente: Wind in den Haaren, Regen im Gesicht, der Duft von Blättern, Blüten und Holz, das Erblicken aller Farben des Regenbogens …
das Erleben der Natur verbindet Menschenkinder mit ihrem Ursprung,

mit dem, wo alles begann, und dem, was nie aufhört zu sein. Das gilt auch für blühende Pflanzen oder Bäume in ihrer Verbindung zwischen Himmel und Erde oder für Tiere. Auch ein Hund oder eine Katze zu Hause können ein lieber Kamerad und Tröster für ein sensibles Kind sein. Ein Kind, das aufgehen kann im Spiel mit Sand, Blättern, Zweigen oder Hüttenbau, fühlt sich eins mit allem um sich herum.

Es ist ein Jammer, dass Kinder immer weniger draußen spielen, denn das Spiel an der frischen Luft, das Erleben des Reichtums der Natur, der Schönheit und Freiheit tut jedem Kind gut. Und für ein hochsensibles Kind ist all das lebenswichtig. Die Natur gibt Ruhe und bringt ein unruhiges Kind wieder ins Gleichgewicht. Die Natur erinnert uns auf tieferem Niveau an unseren Ursprung, an das unbeschreibliche Mysterium, welches das Leben ist. Darum ist eine natürliche Umgebung für ein Kind hervorragend geeignet, um wieder mit sich und der Welt in Kontakt und ins Gleichgewicht zu gelangen.

Sauerstoffreiche Waldluft lädt Kinder in wörtlichem und übertragenem Sinn auf und der Wind bläst Probleme und Sorgen im doppelten Sinn aus ihren Köpfen. Ein sensibles Kind kann sich von überschüssiger negativer Energie befreien, wenn es in Sonne, Wind und frischer Luft spielt. Achten sie allerdings darauf, dass ihr Kind ausreichend warm gekleidet ist, denn Kälte treibt einen empfindungsmäßig aus dem Körper, und das will man ja gerade nicht. Manche Jugendliche sind heutzutage eher zu dünn bekleidet. Für ein sensibles Mädchen oder einen Jungen ist das recht schädlich: Sie verlieren den Kontakt zum eigenen Kern. Normalsensible Kinder leiden bedeutend weniger unter der Kälte.

Draußen spielen fördert eine gute körperliche Kondition. Sich viel zu bewegen ist für sensible Kinder von vitalem Interesse und besonders Jugendliche können durch Mangel an frischer Luft und Bewegung unnötig launisch oder depressiv werden.

Letztendlich bedeutet draußen zu sein für ein Kind das Erleben von *Freiheit* und *Raum* und die Möglichkeit, für einen Moment den Zügeln und den wachsamen Augen der Erwachsenen zu entkommen.

12 Grundschulzeit

12.1 Empfindlichkeit

> *Sandra zieht so schnell es nur geht ihre Socken aus ... und*
> *ihr T-Shirt ... und am liebsten würde sie sich auch ihre Hose*
> *ausziehen. Wollpullover und Rollkragen kratzen ... und wenn*
> *die Socken an bleiben müssen, dann aber bitte mit der Naht*
> *an der richtigen Stelle. Sandras Mutter schneidet bereits vor-*
> *sorglich alle Etiketten aus Sandras Kleidung. Sandra möchte*
> *am liebsten jeden Tag frische Wäsche. Als ihre Mutter sie*
> *nach dem Grund fragt, antwortet Sandra mit ihrer Kinder-*
> *logik: „Ich bin doch allergisch gegen Staub!" [Wortspiel*
> *im Original, weil Staub und Stoff auf Niederländisch beide*
> *„stof" heißen, Anm. des Übers.] Ja, gegen Staub, aber doch*
> *nicht gegen Stoffe, erklärt ihre Mutter daraufhin, und ver-*
> *deutlicht die beiden unterschiedlichen Bedeutungen des*
> *niederländischen Wortes „stof".*

(Sandra, 8 Jahre alt)

Kleine Kinder können wegen aller möglichen Dinge Unwohlsein empfinden, was aus Sicht Erwachsener oft übertrieben scheint. Eltern hochsensibler Kinder kennen solche Diskussionen nur allzu gut. In den Augen anderer sind diese Kinder einfach nur pingelige Nörgler: die Kleidung kneift und die Schokostreusel müssen immer von derselben

Marke sein; der Käse stinkt, Papas Bart sticht, die Milch ist nicht warm genug, die Teddys stehen nicht in der richtigen Reihenfolge ...

Natürlich haben Kinder spezielle Wünsche und Sorgen, aber hochsensible Kinder sind in der Regel extremer und oft auch einseitiger, was ihre Bedürfnisse und Wünsche anbelangt. Alle Kinder verlangen auf diesem Gebiet viel Geduld und Einfühlungsvermögen, ob sie nun hochsensibel sind oder nicht. Es gibt zahllose Dinge, die kratzen oder stören können. Es kann auch sein, dass man sich schnell über ein Kind ärgert, das irritiert reagiert, wenn mal etwas nicht an seinem Platz ist.

Solche Empfindlichkeiten sind etwas anderes als echte allergische Reaktionen, die sensible Kinder ebenfalls haben oder entwickeln können. Allergie auslösende Stoffe können Juckreiz, Triefnasen, geschwollene Schleimhäute, Beklemmungen, Durchfall, Unruhe oder Hyperaktivität verursachen. Weil in unserem modernen Leben, vor allem in unserer Nahrung, immer mehr chemische Stoffe verarbeitet werden, leiden immer mehr Menschen und Tiere unter Allergien.

Hochsensible Kinder sind dafür besonders anfällig. Manchmal sind die Beschwerden vage und werden nicht bemerkt, weil sie ein allgemeines Gefühl von Unruhe und Irritation verursachen, sie können aber auch zu Ermüdung und Kraftlosigkeit führen, weil der Körper zusätzliche Energie zum Ausstoßen dieser körperfremden Stoffe benötigt.

Was können wir als Eltern tun? Wenn Sie sich fragen, ob es sich um eine Allergie handelt, kann ein Hausarzt mit einem Allergietest Klarheit bringen. Achten Sie außerdem auf eine gesunde häusliche Hygiene: Halten Sie die Zimmer sauber. Wählen Sie bei der Einrichtung lieber natürliche Materialien statt Teppichboden. Pflanzen helfen, die Luft im Haus zu reinigen, und eine grüne Umgebung ist für sensible Menschen in jedem Fall unentbehrlich. Auch aus diesem Grund ist es wichtig, dass Ihr Kind täglich ausreichend Zeit draußen verbringt, am besten natürlich in Garten, Parks, Wäldern oder am Strand. Bäume und Pflanzen geben positive Energie und sie reichern die Luft mit Sauerstoff an, während die Erde negative Energie aufnimmt. Im Haus kann auch ein guter Ionisator (Luftreiniger) helfen, die Luft rein zu halten. Lassen sie die Fenster aller Zimmer außerdem täglich eine Zeit lang offen.

Wenn es um unsere tägliche Nahrung geht, rate ich – solange das Haushaltsbudget es zulässt –, so viel wie möglich biologische und ungespritzte Nahrung zu nutzen, Gemüse und Früchte mit warmem Wasser zu waschen und Fleisch möglichst von biologischen Marken zu kaufen. Vermeiden Sie, dass Ihr Kleinkind im ersten Lebensjahr mit bekannten Nahrungsallergenen wie Erdnuss, Ei, Soja, Milch, Weizen und Nüssen in Kontakt kommt. Immer noch wird geraten, das Kind mindestens ein halbes Jahr zu stillen, damit es möglichst viele Abwehrstoffe aufbaut.

Manche Kinder sind besonders empfindlich gegenüber Umwelteinflüssen wie Neonlicht, Funkmasten, elektromagnetischen Feldern und der Strahlung tragbarer Telefone. Diesen Dingen kann man leider kaum noch entkommen, sie gehören zu unserem modernen Leben, ob man es will oder nicht. Neben diesen beunruhigenden industriellen Entwicklungen gibt es glücklicherweise auch positive Veränderungen, wie das Zurückdrängen des Rauchens in öffentlichen Gebäuden und der allmähliche Umstieg auf grüne, nachhaltige Energieformen. Lassen Sie uns hoffen, dass wir den Kindern von morgen eine gesündere Umwelt bieten können, als die, in der wir aufgewachsen sind. Jeder kann mit ein bisschen Aufmerksamkeit seinen kleinen Beitrag dazu leisten.

12.2 Den eigenen Weg entdecken

Ich wollte ab einem bestimmten Moment, ich glaube dass ich damals sieben oder acht Jahre alt war, keinen Gutenachtkuss mehr. Jedenfalls nicht aus Routine. Es fühlte sich heuchlerisch an, denn ich hatte nicht das Gefühl, dass diese Geste ein Ausdruck von Liebe war. Also begann ich, mich zu verweigern, und ab diesem Zeitpunkt war ich nicht mehr besonders zugänglich. Vermutlich konnten meine Eltern immer weniger zu mir vorstoßen, denn sie begannen einige Jahre später damit, gemeinsame „Gespräche" zu organisieren. Ich erlebte diese allerdings nicht als Gespräche, sondern als Einbahnstraße. Ich musste nämlich während dieser Redesitzungen immer mit ihnen übereinstimmen. Es lief darauf hinaus, dass sie erst dann zufrieden waren, wenn ich ihnen Recht gab. Irgendwann habe ich ihnen klar gesagt, dass ich mich einer Übermacht ausgeliefert fühle und dass es überhaupt nicht darum ginge, was ich zu sagen hätte. Es kam auch vor, dass ich mich völlig verschloss und gar nichts mehr sagen konnte. Es fühlte sich an, als wäre meine Kehle verschnürt, ich bekam kein Wort mehr heraus und hatte auch keine Idee mehr, wo ich war, was ich dachte oder fühlte. Dann war es nur noch fürchterlich beklemmend. Letztlich wurde ich dann weggeschickt – soweit ich mich daran noch erinnere.

(Corinna, 27 Jahre alt, über ihre Jugendzeit)

Erwachsene sind zwar älter und haben mehr Lebenserfahrung, doch dadurch wissen sie nicht per se besser, was in einem Kind vorgeht. Lebenserfahrung kann ein Vorteil, aber auch ein Nachteil sein. Eine der schmerzhaftesten und wichtigsten Lektionen meiner eigenen Kindererziehung war es, nicht immer sofort eine Antwort oder Lösung parat zu haben. Als ich davon einmal einer Freundin erzählte, berichtete sie mir, als Chefin von etwa vierzig Angestellten dasselbe gelernt zu haben:

Meine Angestellten haben eigentlich so viel Know-how, spezielle Kenntnisse und Erfahrung, dass ich nur bereit zu sein brauche, ihnen zuzuhören und sie dann zu fragen, welche Lösung ihnen vorschwebt. Von ihrer Seite aus müssen meine Mitarbeiter lernen, dass ihre Meinung zählt und dass sie Verantwortung tragen. Mehr noch: Manchen musste erst klar gemacht werden, dass sie ausreichend Erfahrung und Weisheit haben, um Probleme selbst zu definieren und zu lösen. Manchmal bleiben Angestellte wie

Kinder, die von ihren Eltern hören wollen, wie sie sich zu verhalten haben. Arbeitnehmer, die fortwährend Widerstand leisten und sich querstellen, folgen oft einem angelernten Verhaltensmuster.

Es war vor etwa vier Jahren: Meine Tochter kam am Freitag nachmittags von der Schule zurück, und an diesem Tag begannen die Herbstferien, die bei uns drei Wochen dauern. Schon am ersten Abend erinnerte sie sich an etwas, das sie in der Schule vergessen hatte und nach den Ferien abgeben sollte. Die Sorgen darüber kamen jeden Abend zurück. Ich schlug allerlei Lösungen vor, beschwichtigte wieder und wieder ihre Angst, mit dem Weitblick einer Mutter, die gelernt hat, dass Probleme eines sechsjährigen Kindes meist von kurzer Lebensdauer sind. Ich erkannte allerdings, dass dieses Problem für meine Tochter dramatische Ausmaße angenommen hatte. Nachts konnte sie nicht mehr ruhig schlafen. Eines Abends war ich so müde, dass ich auf ihr Bett fiel und mir nichts Gescheites mehr ausdenken konnte, um sie zu beruhigen. Ich fragte: „Was würdest du selbst jetzt tun wollen?"

Mein Satz war noch nicht zu Ende gesprochen, als ein tiefer Seufzer aus den Tiefen ihres Wesens hervorsprudelte. Sie breitete ihre Arme aus und sagte „Mami, ich rufe meine Lehrerin an uns sage ihr, dass ich es vergessen habe. Wenn ich nach den Ferien wieder in die Schule komme, hole ich es sofort aus dem Schrank und mache es fertig. Ich sage meiner Lehrerin, dass ich es so mache."

Diese Lösung unterschied sich eigentlich kaum von meinen Lösungsvorschlägen. Der große Unterschied war, dass sich das meine Tochter selbst ausgedacht hatte. Sie hatte nur noch darauf gewartet, dass ich sie nach ihrer Lösung fragte. Der Rest der Ferien wurde das Thema nicht ein einziges Mal mehr angesprochen, und sie schlief prima. Am ersten Schultag nach den Ferien fragte ich aus Neugierde: „Und, ist dein Problem gelöst?" Sie berichtete, dass alles so gelaufen war, wie sie es sich vorgenommen hatte.

12.3 Zuckerspiegel im Sinkflug

Manchmal fühlte ich mich durch meine Hochsensibilität auf-
gedreht. Ich fühlte mich gehetzt und nervös, obwohl ich von
Natur aus eher ruhig bin. Ich glaube, dass ich früher in der
Schule ziemlich überreizt wurde. Die Geräusche, die Kinder,
die Hektik ... Ich konnte zwar konzentriert arbeiten und gab
immer mein Bestes. Der Preis dafür war, dass ich abends im
Bett noch lange wach lag und nachdachte. Ich schlief immer
sehr spät ein. Ich konnte den Tag einfach nicht loslassen.
Wenn ich überreizt war, war ich schnell gekränkt und emp-
findlich gegenüber Kritik. Was habe ich doch viel geweint
als Kind und wach gelegen. Nun weiß ich, dass ich eine
Kleinigkeit essen muss, weil mein Zuckerspiegel zu schnell
sinkt. Auch abends oder nachts kann mir das helfen, um ein-
zuschlafen und durchzuschlafen.

(Anneliese, 15 Jahre alt, Schülerin)

Hochsensible Kinder und Erwachsene leiden gelegentlich unter Hypo-
glykämie, einer leichten Zuckerspiegelstörung, die bewirkt, dass der
Zuckerspiegel plötzlich fällt, wenn längere Zeit nichts gegessen oder
getrunken wird. Achten Sie also gut darauf, ob Ihr Kind hungrig ist,
wenn es gereizt ist, denn Hunger lässt das Toleranzniveau schnell
sinken. Vielen Gefühlsausbrüchen kann man zuvorkommen oder sie
sogar auflösen, indem man dem Kind eine Kleinigkeit zu essen gibt,
damit der Zuckerspiegel wieder steigt. Warten Sie fünf Minuten ab
und Sie werden sehen, dass Sie es mit einem ganz anderen Kind zu
tun haben.

Sorgen Sie vor, wenn Sie sich mit kleinen Kindern auf den Weg machen
oder irgendwo zu Besuch sind, indem Sie immer etwas Essbares
in der Tasche haben. Da sensible Kinder nicht selten schwierige
Esser sind, ist es zusätzlich praktisch, etwas Passendes für das Kind

dabeizuhaben, statt die Gastgeber mit allzu speziellen Wünschen in Verlegenheit zu bringen.

Schicken Sie hochsensible Kinder deshalb auch nie ohne Frühstück in die Schule. Vor allem morgens gilt es, den Zuckerspiegel auf das erforderliche Niveau zu bringen. Andere häufige Tiefpunkte des Tages sind um zehn oder elf Uhr vormittags und um drei, vier Uhr nachmittags. Besonders, wenn sensible Kindern länger in der Schule bleiben, sollte man darauf achten, dass sie genug zu essen bei sich haben von dem sie in den letzten Schulstunden zehren können. Manche sensiblen Kinder sind mager, weil ihre Verdauung sehr empfindlich auf Stress reagiert. Es ist dann besonders wichtig, dass ausreichend Ruhe da ist, um zu essen – und dass das Essen lecker ist. Manche Kinder nehmen sich kaum Zeit zum Essen, so sehr sind sie mit dem Spielen beschäftigt. Das sind Aspekte, mit denen man als Eltern eines sensiblen Kindes etwas bewusster umgehen muss.

Dass Kinder Zucker brauchen, bedeutet übrigens nicht: Süßigkeiten essen! Es dauerte ein bisschen, bis meine Töchter das begreifen *wollten*! Banane, Butterbrot, Apfel oder Fruchtsaft sind letztlich genauso zuckerhaltig, denn der Körper setzt Kohlehydrate selbst in Zucker um. Darum liefert ein Butterbrot mit Käse oder ein Apfel besser Zucker als Süßigkeiten. Natürlich kann zur Not ein Stück Schokolade ab und zu nicht schaden. Wenn der Zuckerspiegel zu tief gesackt ist und sich nichts anderes in Reichweite befindet, ist ein Schokoriegel natürlich eine bessere Lösung als gar nichts.

Meine Tochter, die weiß, dass sie manchmal unter einem abfallenden Zuckerspiegel leidet, sagte einmal nach einem ermüdenden Spaziergang durch Stockholm zu meinem Mann: „Papi, ich brauch Zucker." Er kaufte unmittelbar einen Marsriegel für sie im nächsten Imbiss. Bei ihrer schwedischen Tante, einer großen Verfechterin gesunder Nahrung, kam dieses Verhalten gar nicht gut an. Sie machte sofort klar, dass sie das völlig falsch finde, und es waren einige langwierige Erklärungen nötig, um sie zu beschwichtigen.

Bringen Sie einem etwas älteren Kind bei, selbst auf seinen eventuell sinkenden Zuckerspiegel zu achten. Sobald Kinder sieben oder acht Jahre alt sind, können sie selbst bemerken, ob sie hungrig sind oder sich zittrig fühlen. Symptome, die auf eine leichte Unterzuckerung hinweisen, sind: Müdigkeit, Benommenheit, Zittrigkeit, Mattigkeit, nicht mehr klar denken können, sich im Kopf schwindelig und gehetzt fühlen, schlechte Laune bekommen und sich gereizt fühlen. Ein Kind kann zusätzlich bleich werden und sich in sich zurückziehen, übertrieben böse oder aggressiv reagieren, sehr traurig oder besorgt werden oder auf eine andere Art aus dem Gleichgewicht geraten. In solchen Fällen ist es gut, ihm ein zuckerhaltiges Getränk anzubieten und danach ein Butterbrot oder eine Frucht. Wenn man nichts anderes hat, helfen auch Plätzchen. An Tagen, an denen Klassenarbeiten anstehen, gebe ich in Absprache mit der Lehrkraft meiner Tochter etwas Traubenzucker mit. Diese leichte Zuckerspiegelempfindlichkeit hochsensibler Personen ist etwas ganz anderes als (erbliche) Diabetes und meines Wissens führt das eine nicht zum anderen. Es gibt allerdings einen Zusammenhang zwischen Stress und der Bildung von Glukose: Je ruhiger und ausgeglichener das Leben eines Kindes ist, desto gleichmäßiger kann die Bauchspeicheldrüse den Zuckerspiegel mittels Insulinausschüttung halten. Ruhe ist eine wichtige Voraussetzung, um Nahrung gut verdauen zu können.

12.4 Hänseln

Ich wurde auf der Grundschule sehr viel gehänselt. Als ich nach der Grundschule als Einzige zu der neuen weiterführenden Schule kam, dachte ich, dass das jetzt aufhören würde. Ein neuer Start, ohne frühere Klassenkameraden. Ich war eine zurückhaltende, etwas schwache Schülerin, die ihren Realschulabschluss machen wollte . Daran war doch nichts falsch. Meine Eltern waren stolz auf das, was ich konnte, und sie sind es immer noch, ebenso wie ich selbst und meine anderen Familienmitglieder. Doch das Gehänsel ging weiter. In den ersten beiden Jahren wurde ich wieder beschimpft

oder ignoriert. Ich war ein einfaches und williges Opfer. Ich
wusste nicht, was ich dagegen machen sollte. Ich hatte kaum
Freundinnen und war viel allein. Allein sein tat und tut mir
immer noch gut. So finde ich Ruhe und kann mich wieder
aufrappeln.

(Mascha, 23 Jahre alt)

Die Art und Weise, wie sich hochsensible Kinder verhalten, wird von anderen Kindern oft intuitiv bemerkt, aber falsch verstanden und vor allem als *verletzlich* empfunden. Ein Kind, das sich nicht gegen Hänseleien und Gewalt wehren kann, wird eine leichte Zielscheibe für andere. Es entwickelt sich zum Prügelknaben der Klasse und dient als Ventil für die Frustrationen der anderen Kinder. Aggression und Frustration konzentrieren sich, einer natürlichen Gesetzmäßigkeit folgend auf das verletzlichste Kind einer Gruppe. Es ist also gar nicht so ungewöhnlich, dass sensible Kinder öfter die Rolle des *Blitzableiters* übernehmen. Das ist physikalisch vielleicht logisch und sinnvoll, doch für denjenigen, der die Rolle einnimmt, bedeutet es oft einen jahrelangen Leidensweg.

Lang anhaltendes und prinzipielles Hänseln und Ausschließen mit entsprechender Einsamkeit hat dramatische Folgen für die emotionale und soziale Entwicklung eines Kindes. Durch meine Arbeit als Coach und Beraterin von Hochsensiblen ist mir klar geworden, dass das Problem, gehänselt zu werden, im täglichen Leben vieler hochsensibler Kinder einen roten Faden darstellt. Manchmal kommen die gehänselten Kinder aus liebevollen Familien, manchmal aus Problemfamilien. Manchmal werden die Kinder wegen ihres Aussehens gehänselt, manchmal wegen ihrer sexuellen Veranlagung, ein Grund findet sich immer. Gehänselte Kinder sind oft sanftmütig, still, sie sehen auffallend oder anders aus und sind außerdem nicht gegen aggressives Verhalten gewappnet. Es ist aber nicht so, dass alle hochsensiblen Kinder automatisch gehänselt werden. Es stimmt auch nicht, dass hochsensible Kinder nie andere hänseln – aber es ist wohl eine Tatsache, dass hochsensible Kinder öfter gehänselt werden als weniger sensible Kinder. Manche Kinder nehmen sowohl in der Schule als auch zu Hause die Rolle des Schwarzen Schafs ein, andere Kinder nur in der Schule, und zu Hause erzählen sie oft nichts davon.

2012 gab es in den Niederlanden mehrere Vorfälle, bei denen gemobbte Kinder Selbstmord begingen, weil sie den Druck und die Hänseleien nicht mehr ertragen konnten. Das schreckte das Land auf und führte zu einer intensiven Diskussion in den Medien. Der zwanzigjährige Tim Ribberink nahm sich das Leben und ließ folgenden Abschiedsbrief für seine Eltern zurück: „Ich wurde mein ganzes Leben lang verspottet, schikaniert, gehänselt und ausgeschlossen. Ihr seid fantastisch. Ich hoffe, dass ihr es mir nicht übel nehmt." Das Schlimme an solchen Situationen ist, dass Kinder keine Wahl haben: Sie *müssen* zur Schule. Sie wissen nicht mehr weiter und müssen dennoch Jahr für Jahr quälend lange Stunden mit ihren Peinigern zusammen verbringen.

Es ist zuerst einmal die Aufgabe von Lehrkräften und Eltern, eine Stimmung von Akzeptanz und Respekt unter den Kindern zu schaffen. Gruppendynamik kann man nicht immer beeinflussen, aber Fertigkeiten wie Mitgefühl, Respekt und Verantwortung kann man einüben und trainieren. Es gibt erstaunliche Beispiele von Unterrichtsprojekten, bei denen einem warm ums Herz wird. Dort wird Kindern einfühlsam Respekt, Sensibilität und Mitgefühl gegenüber anderen Kindern beigebracht. Für das Leben mancher Kinder bedeutet das einen Unterschied von Tag und Nacht.

Kinder können auch bis zu einem gewissen Grad lernen, wie man passend auf Plagegeister reagiert, wie das folgende Beispiel eines hochsensiblen Jungen zeigt:

Ein Junge hänselte mich seit meinem sechsten Lebensjahr, er schimpfte mich eine Heulsuse. Davon wurde ich ziemlich giftig und rannte auf dem ganzen Schulhof hinter ihm her, wonach ich zu hören bekam, dass ich eine Giftschlange war. Dadurch wurde ich nur noch wütender. Wochen später bekam ich den Tipp, ihn einfach zu missachten, und das funktionierte letztendlich: Er hörte auf.

Bei Gesprächen mit früher gehänselten hochsensiblen Erwachsenen bemerkte ich zwei Dinge: Sie hatten als Kind meist nicht die geringste Idee, warum sie gehänselt wurden (ihnen blieb der Code zur Festlegung der Hackordnung verborgen), noch verstanden Sie, wie sie auf ihre Klassenkameraden wirkten.

Als Eltern braucht man nicht gleich in Panik zu geraten. Das knifflige an der Sache ist allerdings, dass ein gehänseltes Kind mit großer Wahrscheinlichkeit nicht darüber spricht. Lehrkräfte könnten mehr Rücksicht auf die besonderen Bedürfnisse hochsensibler Kinder nehmen und für diese unter bestimmten Umständen Ausnahmen machen. Manchmal muss man ein Kind beschützen, indem man die Gruppendynamik steuert, wie folgendes Beispiel zeigt:

> *In der fünften Klasse durfte ich mit Erlaubnis des Lehrers in der Pause drinnen bleiben, um etwas zu schreiben. Ich hatte einen netten Lehrer. Ich schrieb eine Geschichte über Kinder, die in einem Bus herumreisten. Ich wurde zu der Zeit gehänselt und ich glaube, dass ich gerne eine Welt herbeifantasierte, in der Freundschaften positiv verliefen. Ich verbrachte viele Pausen in unserem Klassenzimmer, an meinem Schultisch, und schrieb.*

Lehrkräfte sollten einmal darüber nachdenken, wie ruhige Zonen geschaffen werden können, damit hochsensible Kinder sich geborgener fühlen. Manche Lehrer gehen hier mit gutem Beispiel voran. Herausragend finde ich in diesem Zusammenhang den bereits erwähnten Einsatz von Meditationen, zum Anfang und zum Ende des Schultags jeweils fünf Minuten. Meditation fördert die innere Ruhe und stärkt Gefühle von Harmonie, Mitgefühl und (Zu)Frieden(heit). Teil 3 des Buches beschreibt einige Meditationen, die Kinder recht einfach lernen können. Die meisten davon helfen bei Problemen des Selbstvertrauens.

12.5 Klassenreise

Ich war zwölf Jahre alt und in der sechsten Klasse. Am Ende des Schuljahrs wurde eine Klassenreise zu einem Schulland-heim gemacht. Wir mussten mit dem Rad zu einem Ort fah-ren, der an einem kleinen Moorsee lag. Anfangs war das sehr gesellig. Ich hatte mich inzwischen den Verhaltensweisen der anderen Kinder angepasst und machte tapfer mit. Manchmal fühlte ich mich zwar unverstanden, aber indem ich mich den Erwartungen anpasste, kam ich ganz gut durch. Es sollten drei Übernachtungen sein. aber nach der ersten Nacht hatte ich bereits so fürchterlich Heimweh, dass ich am liebsten sofort abgeholt worden wäre. Das wagte ich aber nicht zu sagen. Es wurden sehr schwierige, sich endlos hinziehende lange Tage und Nächte. Es schien wirklich kein Ende zu nehmen.

Wir schliefen in einem Schlafsaal mit dreißig Jungen und Mädchen. Ich schlafe schlecht, das ist schon immer so gewesen – also hatte ich Angst vor der Nacht. Es wurde bis tief in die Nacht gelacht, gequatscht und gelästert.

Vorher hatten wir am Lagerfeuer gesungen. Mir war kalt geworden, und ich war müde. Ich wollte nach Hause und schlafen. Ein Nachtfalter flog ins Feuer und schrumpfte zusammen, ich musste fast weinen, so bedauerlich fand ich es für den Falter, dem niemand Beachtung schenkte. Die ganze Zeit dachte ich an meine Mutter und unser Wiedersehen. Wie sie mir entgegenlaufen würde, voller Freude, mich wiederzu-sehen. Und wie sie mich in ihre Arme nehmen würde! Aber in Wirklichkeit wurde es dann eine totale Enttäuschung. Sie kam zu spät, sah müde und unglücklich aus und fasste mich gar nicht an, gab mir noch nicht einmal einen Kuss. Die ganze Klassenreise war für mich ein einziges schreckliches Erlebnis.

(Sabrina, 34 Jahre alt)

Auf Klassenreise zu gehen, ist immer noch eines der *Highlights* des ganzen Schuljahrs. Leider trifft das für manche Kinder aus den bereits genannten Gründen ganz und gar nicht zu: Weil hochsensible Kinder meistens in Eins-zu-Eins-Kontakten besser zurechtkommen als in Gruppenaktivitäten, weil sie Überraschungen und Veränderungen nicht mögen und manchmal ziemlich schlecht in fremden Umgebungen schlafen, kann die Klassenreise eine sehr unangenehme Erfahrung für ein hochsensibles Kind sein. Eine Klassenreise soll dazu dienen, das Zusammengehörigkeitsgefühl zu stärken, doch in der Regel wird dieses „Gefühl" von den größten Wichtigtuern bestimmt.

Seien Sie also darauf vorbereitet, dass Ihr Kind nicht mit auf die Klassenreise möchte.

> *Meine schlimmste Jugenderinnerung war das Schulland-heim in der sechsten Klasse. Der Brausekopf einer Dusche wurde unter der Tür durchgehalten, wodurch ich völlig nass wurde; eine Parfümflasche wurde in mein Bett über mein Schmusetier geschüttet, wo ich doch ganz stark am Geruch meines Schmusetiers hing, vor allem, wenn ich weit weg von zu Hause war. Meine Sachen wurden geklaut und ich wurde dafür auch noch ausgeschimpft. Ich fühlte mich völlig allein und verloren. Aber im Innern von mir selbst, in meinem Kopf, fühlte ich mich sicher. Mein Körper erschien mir wie eine Art Barrikade gegen die Außenwelt.*

Natürlich bedeutet dieses Beispiel nicht, dass jedes hochsensible Kind Klassenfahrten und Schullandheime als etwas Fürchterliches erlebt. Vielleicht fühlt sich Ihr Kind dort pudelwohl! Manchmal scheint mir zu Hause bleiben allerdings die mit Abstand beste Alternative. Wenn ein Kind partout nicht mitwill, ist es nicht ratsam, es zu zwingen. Betrachten Sie das Schullandheim aus gesundem Abstand: Wie wichtig ist eine Klassenreise letztendlich für ein Kind, das nicht mitwill? Soziale Aktivitäten sind Lerngelegenheiten auf vielerlei Gebiet, aber in Schullandheimen lernen Kinder auch durchaus verzichtbare Dinge:

über andere herziehen, andere hänseln, sich daneben benehmen. Fraglich, ob Ihr Kind diese Dinge für seine Charakterentwicklung wirklich benötigt.

Für Eltern: Versuchen Sie auf jeden Fall, offen und ehrlich darüber zu sprechen – und lassen Sie Ihr Kind entscheiden. Nochmals, vielleicht geht Ihr Kind ja sehr gerne mit und fühlt sich sicher in seiner Klasse? Man kann sein Kind darauf vorbereiten, indem man es zur Übung anderswo übernachten lässt. Übernachtet es gerne bei Freunden oder nicht? Leidet es stark unter Heimweh? Fühlt es sich dabei wohl in seiner Haut? Klassenreisen werden zunehmend früher angesetzt, auch das kann für das eine Kind gut, für ein anderes fatal sein. Schätzen Sie also zusammen mit Ihrem Kind ein, ob es schon bereit ist für den Aufenthalt in einem Schullandheim.

Was sollte man beachten, wenn das Kind relativ gerne mitgeht – oder wenn eben doch kein Weg daran vorbeiführt? Sorgen Sie auf jeden Fall dafür, dass Ihr Kind weiß, woran es die Symptome einer Überreizung erkennen kann. Von Kindern im Grundschulalter kann man noch nicht erwarten, dass ihre selbstregulierenden Fähigkeiten so weit entwickelt sind, dass sie die Bremse ziehen können, wenn sich die ersten Anzeichen einer Überreizung bemerkbar machen. Darum werden sie der Situation weitestgehend ausgeliefert sein. Man kann den Lehrer auf jeden Fall für das Thema Hochsensibilität sensibilisieren, was allerdings noch nicht heißt, dass er auch eingreifen wird, wenn Ihr Kind sich unglücklich fühlt. Vielleicht gibt es auch einen Weg, den Kontakt nach Hause aufrechtzuerhalten. Wobei hier erneut abgewägt werden sollte, ob das Heimweh sich dadurch nicht noch verstärkt.

Rechnen Sie jederzeit mit einem emotionalen Rückschlag: einem heftigen Tränenausbruch, depressiven Gefühlen, Widerspenstigkeit, einem Wutausbruch. Seien Sie in dieser Hinsicht milde und verständnisvoll, dann wird sich die Situation von selbst entschärfen. Eine kurze Klassenreise mit ein oder zwei Übernachtungen wird Ihr Kind natürlich leichter überwinden als eine ganze Woche fort von zu Hause. Je mehr Nächte, desto mehr Schlafmangel und desto mehr Reize.

Für Lehrkräfte: Hochsensible Kinder wagen häufig nicht, ihr Problem mitzuteilen und zu sagen, wenn sie Heimweh haben oder sich unglücklich fühlen. Sie können sehr gut etwas vorspielen, indem sie sich hinter derbem Verhalten verstecken oder sich so unsichtbar wie möglich machen. Ein hochsensibles Kind wird auf einer Klassenfahrt garantiert überreizt. Auch ein Lehrer sollte sich fragen, wie wichtig die Klassenreise wirklich ist und ob das sensible Kind, das nicht mitwill oder sich nicht traut, gezwungen werden sollte. Im Interesse dieser Kinder können Klassenfahrten auch kürzer konzipiert werden. Mein Rat ist, bei den geplanten Aktivitäten unbedingt Wahlmöglichkeiten zu lassen mit der Option, nicht überall teilnehmen zu müssen. Ich muss an den Bericht einer hochsensiblen Frau denken, die sich an eine Klassenreise erinnert, bei der sie einen Koffer voller Bücher dabei hatte. Dann stellte sie erschrocken fest, dass außer ihr niemand die Absicht hatte, gemütlich zu schmökern. Die Klassenreise wurde für sie ein Reinfall.

12.6 Einsamkeit

Es war ein warmer Mittwoch im Sommer. Nachmittags hatten wir frei. Schon seit einiger Zeit war die Stimmung in der Klasse gedrückt: Mal wurde der oder die eine ausgeschlossen, mal der oder die andere. An dem Mittwoch beschlossen meine Klassenkameraden, nachmittags zum Schwimmen zum See außerhalb des Dorfes zu gehen. Ich war zu der Zeit ausgeschlossen und wurde dementsprechend auch nicht eingeladen mitzukommen. Ich fühlte mich sehr einsam. An diesem brüllend heißen Nachmittag gab es draußen kaum Kindergeräusche, weil jedes Kind sich entweder im Schwimmbad oder am See aufhielt. Ich hingegen saß zu Hause! Meine ältere Schwester war im Schwimmbad, mein Vater war auf der Arbeit und meine Mutter beschäftigte sich im Garten. Ich hatte die Sache zwar erzählt, aber meine Mutter nahm

mich nicht richtig ernst. Wohl, um das Problem zu relativie-
ren, denke ich. Ständig sah ich in Gedanken meine Klassen-
kameraden vor mir, johlend, lachend, Wasser spritzend,
knutschend, Butterbrote und Süßigkeiten essend. Und über
mich redend und mich auslachend. Das trieb das Gefühl von
Einsamkeit und Verlassenheit auf die Spitze.

(Yvette, 45 Jahre alt, über ihre Kindheit)

Einsamkeit ist ein Wort, das ich recht häufig von hochsensiblen Erwachsenen höre, die über ihre Kindheit reden. Gefühle von Einsamkeit sind meines Erachtens ziemlich universell und nehmen nicht ab, trotz all der sozialen Medien, die uns zur Verfügung stehen. Im Gegenteil, die ganze Daddelei mit Chats, SMS, Facebook und Youtube scheint das Bedürfnis nach Aufmerksamkeit nur noch zu verstärken.

Wenn ich meine eigene Kindheit betrachte, dann gab es da auch Einsamkeit, aber gleichzeitig fühlte ich mich am glücklichsten, ja sogar geborgen, wenn ich allein war. Ohne es so zu bezeichnen, meditierte ich als Kind häufig, wenn ich allein war, und ich ging dazu am liebsten in den Wald oder auf ein Feld. Und wie gerne denke ich an die Spaziergänge mit unserem Hund zurück! Sich auf sich selbst zurückgeworfen zu fühlen, ist meines Erachtens nicht an und für sich ein schlechter Zustand, ebenso wie „sich langweilen" nicht per se negativ sein muss. Kinder haben immer weniger Zeit, sich zu langweilen und sich dabei in einen natürlichen meditativen Zustand zu begeben.

Einsam sein und allein sein sind zwei verschiedene Dinge. Es wird erst problematisch, wenn man sich ausgeschlossen fühlt. Ich denke, dass jedes Kind, jeder Erwachsene – hochsensibel oder nicht – sich schon einmal ausgeschlossen gefühlt hat. Jedes Kind leidet darunter. Sensible Kinder haben schon aufgrund ihrer Charakterart ein prinzipiell höheres Risiko, ausgeschlossen zu werden oder sich selbst auszuschließen. Und Eltern kann es passieren, dass sie das Gefühl der Einsamkeit beim Kind übersehen, weil sie blind davon ausgehen, dass das Kind aus freien Stücken gerne allein spielt.

Es ist nicht immer leicht, das richtige Gleichgewicht zu finden zwischen Zeiten, die man alleine verbringt, und Zeiten, in denen man mit Freunden zusammen ist. Sich zu viel zurückzuziehen ist genauso ungesund wie sich zu wenig zurückzuziehen, deshalb sollten Eltern den goldenen Mittelweg anregen. Im Lauf der Zeit lernen Eltern meistens, die typischen Erscheinungen von Überreizung bei ihrem Kind zu erkennen. Und wenn man darauf achtet, wird man auch erkennen, wann das Kind sich einsam fühlt und dabei unglücklich ist.

Beachten Sie, dass hochsensible Kinder oft ihre wahren Gefühle hinter der Rolle des angepassten, unauffälligen Schülers oder zurückgezogenen Kindes verstecken. Deshalb bemerken Eltern oder Lehrkräfte Hänseleien und Einsamkeit oft zu spät. Kinder wollen Vater oder Mutter nicht mit Problemen belasten, sie schämen sich, oder sie fürchten heftige Reaktionen der Eltern. Sie möchten lieber keine Aufmerksamkeit auf sich gerichtet wissen und ziehen sich aus diesem Grund zurück. Und wenn Eltern sich in Probleme einmischen, geschieht das nicht immer auf die Art, die ein hochsensibles Kind angenehm findet: zu laut, zu aggressiv. Man darf nicht vergessen, wie viel Wert hochsensible Kinder auf Details legen. Auf ein einziges Wort, einen einzigen Blick, eine bestimmte Bemerkung. Manchmal verschweigen Kinder Gefühle von Einsamkeit vor den Eltern – aus Angst, auch noch die Eltern zu verlieren, denn in ihrer Kinderlogik fürchten sie, dass dann auch die Eltern denken, dass sie nichts wert oder verkehrt sind. Man muss erfinderisch sein, um dahinter zu kommen, ob das eigene Kind etwas bedrückt.

Machen Sie Ihrem Sohn oder Ihrer Tochter verständlich, dass nichts dabei ist, regelmäßig gern allein zu sein; und dass es dennoch dann und wann wichtig ist, sich mit einem guten Freund oder einer guten Freundin auszutauschen. Es ist nicht nötig, den beliebtesten Kindern hinterherzujagen. Ein guter Spielkamerad, das ist bereits eine gesunde Basis. Um so einen zu finden, kann Ihrem Kind ein Hobby oder ein Sport, bei dem es sich glücklich fühlt, gute Dienste leisten.

Wirkliche Einsamkeit entsteht erst dann, wenn das Kind das Gefühl hat, die Eltern nicht mehr um Rat fragen zu können. Dann bleibt niemand mehr, um zuzuhören und Vertrauen zu schenken. Paradoxerweise sorgt gerade unser Wunsch, für das Kind da zu sein, dafür, dass wir aufhören zuzuhören. Wir wünschen uns dann so sehr das Beste für unser Kind, dass sich klammheimlich die Tendenz zum Zwang einschleicht. Dann sind wir aufgefordert, den Griff wieder behutsam zu lockern und uns ins Bewusstsein zu rufen, dass unser Kind alles Recht der Welt hat, so zu sein, wie es ist.

Schau den Problemen, die du
mit deinen Kindern hast, ins Gesicht,
solange die Kinder noch klein sind.
Wenn du dich ihnen ganz
und ohne Vorbehalte widmest,
sind deine Probleme
auf einmal kein Problem mehr.
Dinge sind vielleicht nicht ganz das, was sie scheinen.
Wie geht es in diesem Moment deinen Kindern?
Bist du dir dessen sicher?
Oder sind es nur Vermutungen?
Erkenne, dass auch in den schönsten Gegebenheiten
Schatten verborgen liegen.
Erkenne, dass auch unter einer ruhigen Oberfläche
das Meer wüst toben kann.
Versuche, im Gleichgewicht zu bleiben.

(William Martin, *Das Tao Te King für Eltern*)

12.7 Auseinandersetzung mit dem Tod

Als ich etwa sieben Jahre alt war, starb meine Lieblingsoma.
Ich fand das sehr schlimm und konnte überhaupt nicht mit
der Trauer umgehen. Ich wurde zu Hause zwar unterstützt,
doch ich konnte der Trauer keinen rechten Platz geben. Meine
Eltern gingen manchmal zu Omas Grab, aber da wollte ich
nicht mit. Es fühlte sich schrecklich an und ich konnte nur
noch heulen. Meine Eltern erlaubten mir, im Auto sitzen zu
bleiben, und eine Zeit lang brauchte ich nicht mitgehen.
Es gab also keine Verpflichtung. Wir haben eine Form des
Trauerns gefunden, die zu jedem passt.

(Sara, 17 Jahre alt)

Die Trauer kann überwältigend sein, wenn ein geliebter Opa oder eine geliebte Oma plötzlich nicht mehr da ist. Vor allem wenn es gerade die Großeltern waren, bei denen die Kinder sich geborgen gefühlt haben. Natürlich ist das nicht anders für normalsensible Kinder, alle Kinder können sich durch den Verlust eines geliebten Familienmitglieds und die darauf folgende plötzliche Einsamkeit machtlos fühlen oder depressive Gedanken entwickeln. Das gilt genauso für Erwachsene, die Verlust erfahren.

Ist jemand in der Familie ernsthaft krank, hat man vielleicht den Wunsch, die Kinder vor der Wahrheit zu verschonen. Oder man ist als Elternteil selbst von der Trauer dermaßen in Beschlag genommen, dass man der Trauer der Kinder keine Aufmerksamkeit widmen kann. Damit nimmt man in Kauf, dass sie sich auf das große Thema „Sterben" nicht vorbereiten können. So kommt manchmal ein regelrechter Schockeffekt zustande, der für sensible Kinder noch einmal um einiges härter ist.

Ich war zehn, als mein geliebter Opa starb. Das war für mich
wirklich ein großer Verlust: Er mochte mich vorbehaltlos.
Außerdem liebten wir dieselben Dinge: Zeichnen und seine

Modelleisenbahn, damit konnten wir den ganzen Nachmit-
tag beschäftigt sein. Ich war betrübt und weinte allein in
meinem Zimmer. Meine Mutter machte im Haus sauber. Sie
hörte mich zwar, aber reagierte nicht. Was mir in dieser Zeit
am meisten fehlte, war das gemeinschaftliche Erleben der
Trauer, das Teilen der Gefühle, den gegenseitig gespendeten
Trost.

Tod und Leben sind große Lebensthemen, bei Kindern rufen sie ganz natürlich existenzielle Fragen auf: Was passiert, wenn man stirbt? Gibt es einen Himmel? Wird Opa wiedergeboren? Kann ich über den Tod hinaus mit geliebten Personen kommunizieren? Sensible Kinder können sich durch den Gedanken sehr getröstet fühlen, dass das Leben mit dem Tod nicht endet und dass Kontakt mit lieben Groß-eltern oder anderen verstorbenen Familienmitgliedern über den Tod hinaus möglich ist.

Bis zum dritten Lebensjahr haben Kinder noch kein Verständnis vom Tod, sie können sich nichts darunter vorstellen. Trotzdem spüren sie sehr wohl, dass es Spannungen und Trauer bei Eltern und anderen Erwachsenen um sie herum gibt. Und sie reagieren mit den Mitteln, die ihnen zur Verfügung stehen: weinen, quengelig werden, Bauchschmerzen, usw. Zwischen dem vierten und sechsten Lebensjahr entwickeln sich beim Kind langsam Konzepte von Leben und Tod. Kinder dieser Altersgruppe können einen mit Fragen löchern und begeistern sich für das Thema Tod. Seien Sie darauf vorbereitet und machen Sie sich bewusst, dass in dieser Lebensphase das elterliche Konzept von Leben und Tod als ultimative Wahrheit aufgefasst wird. Vielleicht haben Sie und Ihr Partner verschiedene Sichtweisen oder Glaubensüberzeugungen? Nehmen Sie sich dann die Zeit für eine Diskussion, bei der Sie Ihren Kindern erklären, dass niemand mit Sicherheit weiß, was nach dem Tod passiert und woran Sie selbst *glauben*, ob das nun ein Himmel, eine Wiedergeburt, das Nichts oder ein anderes Konzept ist.

Kinder im Alter von sechs bis zehn sind besonders verletzlich. Auch hier ist das Interesse am Thema Tod ungebremst (man kann sich also noch immer auf viele Fragen gefasst machen), doch die Idee der Endlichkeit beginnt auch, Ängste hervorzurufen. Hochsensible Kinder sind für Angstgefühle überdurchschnittlich anfällig und können in diesem Lebensabschnitt in eine existentielle Krise geraten, wenn ihre Gefühle nicht anerkannt werden. Miteinander reden und eine Vertrauensbasis legen sind in diesem Lebensabschnitt unabkömmlich. Geben Sie Ihrem Kind Halt durch (persönliche) Rituale, einen tröstenden Blick auf das Leben nach dem Tod und viel Unterstützung. Auch wenn Sie selbst unsicher sind, wird Ihr Kind Trost finden in dem Gedanken, dass es sich auf Sie als Elternteil verlassen kann. So wird eine einschneidende Familiensituation gerade eine Chance, den Zusammenhalt innerhalb der Familie zu stärken und sich des unzertrennlichen – den Tod hinter sich lassenden – Bandes zwischen Eltern und Kind zu versichern.

Die Pubertät ist eine Zeit, in der sich Jüngere manchmal etwas aufspielen und so tun, als würde ihnen der Tod nichts ausmachen. Versuchen Sie, diese Fassade zu respektieren und gleichzeitig ein Gespür zu entwickeln, ob sich dahinter nicht doch eine unverarbeitete Angst oder Trauer verbirgt. Auch in dieser Lebensphase benötigt das sensible Kind überdurchschnittlich viel Trost und Unterstützung. Seien Sie offen für alle Themen und geben Sie Ihrem Kind die Gelegenheit, eigene Ideen im Hinblick auf den Tod zu entwickeln. Unterschätzen Sie Ihr hochsensibles Kind nicht, und bedrängen Sie es vor allem nicht mit Ihren Ideen und Gedanken: Das Kind hat vermutlich schon viel mehr nachgedacht, als Sie annehmen.

12.8 Gefühllosigkeit

Manchmal fühle ich überhaupt nichts. Wenn andere Kinder gemein zu mir sind oder wenn mein Bruder mir wehtut, fühle ich oft rein gar nichts. Eigentlich schon komisch. Ich tue so, als würde es mir nichts ausmachen. Ich bin dann ganz eisig und kann auch richtig gemein werden.

Bei solchen Momenten mag ich meinen Bruder überhaupt nicht. Er könnte tot umfallen, das würde mir nichts ausmachen. Ich bin dann wie ein Roboter ohne Gefühl und mache gemeine Sachen.

(Sandra, 9 Jahre alt)

Es scheint auf den ersten Blick vielleicht merkwürdig, ein Kapitel über Gefühllosigkeit in ein Buch über Hochsensibilität aufzunehmen. Trotzdem ist das nötig, denn bei Gefühllosigkeit handelt es sich um einen Schutzmechanismus, den viele hochsensible Kinder entwickeln, um sich zu behaupten. Gefühllosigkeit ist wahrscheinlich die allerletzte Schutzmethode eines Menschen, sich an seine Umgebung anzupassen, wenn alles andere nicht geholfen hat. *„Augen zu und durch"* lautet dann die Devise. Dass der Mensch die Fähigkeit besitzt, Schmerz (in allen Formen) nicht zu empfinden, wissen wir aus der Hypnose.

Gefühllosigkeit ist ein *passiver* Selbstschutz, der unter gewissen Umständen durchaus nützlich sein kann. Wenn Opfer eines Unglücks berichten, dass sie sich an nichts mehr erinnern, dann hat dieser Mechanismus erfolgreich gewirkt. Doch in tagtäglichen Stresssituationen ist dieser Mechanismus ein fragwürdiger Schutz, der es Kind und Betreuer unmöglich macht, an den Kern eines Problems heranzukommen. Ein sensibles Kind, das aufgrund der Umgebung sein Gefühl ausschaltet, um zu überleben, entwickelt womöglich einen duldsamen Charakter. Es schaut passiv und leidend zu, wie Unglücke wieder und wieder sein Leben aus der Bahn werfen. Es hat nicht gelernt, entsprechend zu reagieren. Mit anderen Worten: Ihm fehlt im späteren Leben die Fähigkeit, Probleme zu lösen. Es denkt: „Wenn ich mich nur still und ruhig verhalte, geht die Sache schon von selbst vorbei."

Gefühllosigkeit kann andererseits auch in Aggression und Machtmissbrauch umschlagen. Denn wenn man nichts mehr fühlt, ist es auch nicht mehr schwierig, zu anderen gemein zu sein. In diesem Fall lebt man seine Frustration und Machtwollust an anderen aus. Wie gemein ein hochsensibles Kind sein kann, hängt nicht nur von seinen

Charaktereigenschaften ab, sondern auch von seiner Position und Rolle in der Familie, von der familiären Atmosphäre und von seinen bisherigen Erfahrungen. Ich selbst gehörte als Kind manchmal zu den gehänselten Kindern und manchmal zu den hänselnden. Auf die eine oder andere Art wusste ich immer dem Joch meiner Verfolger zu entkommen. Meistens sind es Frustration und Gefühle ungerechter Behandlung, die Erwachsene und Kinder motivieren, andere zu hänseln oder herabzusetzen.

Länger anhaltende Gefühllosigkeit kann auch Ausdruck von Depressivität sein. Eines der frühesten Kennzeichen einer Depression ist emotionale Verflachung. Ein depressiver Mensch erlebt fast keine Glücksgefühle mehr. Ein depressives Kind kann zwischendurch noch ab und zu fröhlich sein und Spaß machen, aber die Grundstimmung ist ein eingeebnetes Gefühl und ein Mangel an Freude. Seien Sie gewarnt, wenn sich Ihr Kind stundenlang in sein Zimmer verschanzt, endlos fern sieht oder Computerspiele spielt und Zeichen von Schlaflosigkeit aufweist. Das können Anzeichen von Depressivität sein. Natürlich sind Computerspiele erst einmal spannend und süchtig machend, und man sollte nicht hinter jeder Leidenschaft oder Getriebenheit ein unglückliches Kind vermuten. Einige Signale sollte man in Hinblick auf Depression in jedem Fall beachten:

- Geht das Kind getrieben oder leidenschaftlich seinen Hobbys nach oder eher lustlos und abwesend?
- Gelingt es Ihnen, außerhalb der Computer-, iPad- oder X-box-Stunden noch Kontakt mit Ihrem Kind zu erlangen?
- Ist das Kind missmutig und irritiert, und das über eine längere Periode (zwei Wochen oder mehr)?
- Beschäftigt sich das Kind viel mit dem Tod?
- Empfindet es sich als wertlos, und bemerken Sie, dass es in Gesprächen ziemlich negative Ansichten gegenüber sich selbst und seinem oder dem Leben überhaupt hat?
- Bekommt es noch Besuch von Freunden?

- Werden die schulischen Leistungen geringer? Oder hat das Kind Auseinandersetzungen mit Lehrern oder Klassenkameraden?
- Kann es sich schlecht konzentrieren?

Nochmals, ein depressives Kind ist von der Grundstimmung her schwermütig, aber zwischendurch kann es auch zu Späßen aufgelegt sein. Das macht die Diagnose schwieriger. Reden Sie im Zweifel mit Ihrem Hausarzt. Eine zu späte Diagnose kann die Behandlung deutlich erschweren. Manchmal hilft aber auch bereits eines der Selbstsicherheitstrainings, die an immer mehr Orten angeboten werden. Bei der Behandlung einer kindlichen Depression wird die Umgebung mit einbezogen. Ein Selbstsicherheitstraining allein hilft freilich nicht, wenn Probleme in der Familie an der Tagesordnung sind oder wenn die Eltern sich regelmäßig aggressiv oder autoritär aufführen. Es gibt auch zunehmend mehr Online-Beratungsangebote für Jüngere. Dadurch gibt es eine unbürokratische Möglichkeit, per E-Mail seine Probleme Fachleuten darzulegen. Eltern und Kindern kann dort geholfen werden. Und natürlich gibt es auch immer noch die Telefonseelsorge. Nicht zuletzt erweist sich eine ganz einfache Methode als äußerst hilfreiche Strategie gegen Depressivität: Sport und Bewegung! Ermutigen Sie Ihr Kind, in Bewegung zu kommen und Sport zu treiben.

12.9 Hochbegabung

Mein Vater muss noch heute lachen, wenn die Rede darauf kommt, wie wir früher das Ritual einer „Fragestunde" einführten. Dabei konnte ich alle Fragen, die ich über das Entstehen der Planeten und des Weltall hatte, in Ruhe loswerden. Ich war ein Kind, aus dem die Fragen nur so heraussprudelten. Am Anfang der Pubertät begann ich dann, Menschen um mich herum Tipps zu ihrem Gefühlsleben zu geben.

Manchmal sagte ich zu mir selbst, dass ich mich mal nicht so aufplustern solle. Ich war hypersensibel und sah mich ständig gedrängt, Menschen einen Rat zu ihrem Leben zu geben. Es ist komisch, wie ein Wust von Erkenntnissen einen überwältigen kann und man nicht weiß, was man damit tun soll. Man will allen und jedem gleichzeitig helfen. Ich sage manchmal zu meiner Freundin, dass ich unter „Wörterherauskotzen" leide. Als wäre ein Buch voller Informationen und Lösungen in meinen Kopf gesteckt worden.

(Dirk, 25 Jahre alt)

Manche hochsensible Kinder sind ausgesprochene Philosophen, sie haben schon von klein auf endlos viele Fragen und fallen durch altkluge Bemerkungen auf. Schon in jungen Jahren haben sie eine erstaunliche Sprachbeherrschung und verfügen über einen ausgedehnten Wortschatz. Viel und tiefgehend zu reflektieren, ist wie gesagt ein typisches Kennzeichen von Hochsensibilität.

Wir dürfen nicht unterschätzen, wie sehr *persönliches Interesse* sich auf die Charakterentwicklung jedes Kindes auswirkt. Manche Wissenschaftler und auch viele Eltern halten die Vorliebe für das Spielen mit Lego, für Schach oder das Durchführen von Experimenten typisch für Hochsensible. Typisch ist daran in erster Linie die Vorliebe für ruhige Hobbys, bei denen sich das Kind zurückziehen kann, um sich vor der Flut täglicher Reize abzuschirmen. Die meisten Jungen und Männer (natürlich gibt es Ausnahmen!) haben von Natur aus bereits ein überwiegend praktisches oder technisches Interesse und vertiefen sich weniger in soziale Angelegenheiten. Der typische hochsensible Junge wird sich lieber mit seinem Mechanikbaukasten oder Computerspiel zurückziehen, statt eine Runde Fußball mit Freunden zu spielen.

Viele hochsensible Jungen finden im späteren Leben einen Arbeitsplatz, wo nicht so viel Wettbewerb herrscht, zum Beispiel in Bereich von Technik, Forschung, Konstruktion oder Wissenschaft – und sind damit zufrieden. Sie selbst leiden oft kaum unter ihrer Hochsensibilität. Es sind eher Partner oder Kinder, die es als problematisch erleben, dass diese hochsensiblen Männer so zurückgezogen und wenig mitteilsam sind, keine Karriere machen wollen oder kaum am Familienleben teilnehmen können. So seufzte meine Mutter oft: „Wie häufig ich ihn auch bitte, er ist einfach nicht zu ändern!" Vermutlich wird man heutzutage vielen hochsensiblen Männern die Diagnose „Autismus" oder „Asperger" geben wollen. Ein Rat für Eltern hochsensibler Jungen ist: Reden Sie viel und benennen Sie Gefühle und körperliche Empfindungen. Stellen Sie auch regelmäßig *offene* Fragen, die das Kind einladen, positive Emotionen zu verbalisieren:

Wie fühlt es sich an, wenn du bei so einem Spiel gewinnst?
Was ist nun so toll an diesem und jenem Spiel?
Wie gut du das hinkriegst! Sag mal, wie machst du das genau?

Versuchen Sie, wirkliches Interesse aufzubringen und sich einigermaßen in das entsprechende Hobby zu vertiefen, selbst wenn dieses Hobby eigentlich nicht so Ihr Ding ist. Es ist gut, wenn Eltern so einem Jungen einerseits den Raum geben, sich mit seiner Lieblingsbeschäftigung zurückzuziehen, aber andererseits auch umfassende Aufmerksamkeit auf die Entwicklung sozialer Fertigkeiten lenken. Und zwar nicht nur mit Blick auf dessen momentanes Wohlbefinden, sondern auch auf spätere Liebesbeziehungen und die Familie. „Was man in der Jugend gelernt hat, nutzt einem ein Leben lang" stimmt auch hier, denn soziale Fertigkeiten sind bei diesen Jungen oft eine Frage des Erlernens automatischer Verhaltensmuster.

Das Einbeziehen von sensiblen Jungen in Hausarbeit, die über das eigene Zimmer und die eigene Hygiene (Staubsaugen, Fenster putzen oder Keller aufräumen) hinausgeht, sorgt dafür, dass diese Kinder lernen, über den eigenen Tellerrand hinauszublicken. Man kann ihnen zum Beispiel soziale Aufgaben geben wie: Sorge dafür, dass jeder eine wöchentlich wechselnde Aufgabe im Haushalt bekommt – und kontrolliere die Ausführung.

Selbstverständlich interessiert sich nicht jeder hochsensible Junge ausschließlich für Mathematik und Wissenschaft. Dirk, der junge

Mann mit den gut gemeinten Ratschlägen, hat eindeutig nicht nur technisches Interesse, sondern auch einen großen Drang, Menschen mit seinen Einsichten zu helfen. Oft geht so ein psychologisches Interesse Hand in Hand mit einer ausgeprägten Fähigkeit zu analysieren und abzuwägen. Diese Jungen sind manchmal sehr intellektuell begabt mit einer Tendenz, verkopft zu leben. Hochsensible Jungen, die durch ihr Verhalten auffallen, erhalten gelegentlich die Diagnose „Störung innerhalb des autistischen Spektrums". Manchmal ist das aber nur eine Frage der Perspektive. Was als „atypischer Autismus" und damit als Störung diagnostiziert wird, kann aus meiner Perspektive ein gesunder hochsensibler Charakter sein, eventuell auch eine Hochbegabung.

Eine Mutter erzählte mir einmal, wie sie im Rahmen eines Buchprojekts einige Wochen mit ihrem Sohn und ihrer Tochter bei einem Indianerstamm im brasilianischen Amazonasgebiet verbrachte. Durch diesen Aufenthalt veränderte sich ihre Betrachtungsweise der Kinder völlig: Ihre Tochter, die sich normalerweise in der Großstadt wie ein Fisch im Wasser fühlte, stellte sich fürchterlich an und hatte ständig Angst vor Spinnen und anderen „Gefahren" – sie fühlte sich todunglücklich, während ihr Sohn, bei dem eine autistische Störung diagnostiziert worden war, sich von der ersten Stunde an bestens mit den Indianern verstand und unmittelbar aufgenommen und akzeptiert wurde. Er fühlte sich total wohl und genoss großes Ansehen.

12.10 Sensible Jungen

Ich sitze hinter dem Haus auf einer Schaukel. Es scheint, als würde ich fröhlich schaukeln, doch ich fühle mich auch ein bisschen einsam. Ich traue mich nicht, richtig hoch zu schaukeln, weil meine Mutter und meine Oma Angst haben, dass ich von der Schaukel falle. Ich fühle mich gebremst, aber mache vorsichtig weiter. Meine Oma hat eine ängstliche und gleichzeitig harte Ausstrahlung. Sie bringt mich rasch zum Weinen, wenn sie etwas gegen mich sagt. Und dann werde

ich noch bestraft oder es wird ermahnend auf mich einge-
redet. Ich will nicht Omas Trottel sein. Die Jungen der Nach-
barschaft spielen Fußball auf dem Feld, aber ich mache nicht
mit. Ich mache nie mit. Ich habe Angst vor den großen Nach-
barsjungen, denn die rufen hässliche Worte und schubsen
mich. Ich vermisse meinen Opa und meinen Vater. Wenn die
nicht da sind, fühle ich mich sehr einsam. Ich muss weinen,
aber ich achte darauf, dass das niemand sieht. Ich scheine
fröhlich, doch hinter dieser Fröhlichkeit fühle ich mich ver-
ängstigt, gebremst und allein.

(Daniel, 45 Jahre alt, über seine Kindheit)

Jungen, die sehr sensibel sind, haben es in gewisser Weise schwerer als
Mädchen. Sie werden ziemlich oft gehänselt oder sie werden gezwungen, bei Hänseleien und jugendlichem Imponiergehabe mitzumachen.
Glücklicherweise werden Jungen heutzutage weniger Vorhaltungen
gemacht, dass sie „wie ein richtiger Mann" reagieren sollen: aggressiv,
entschlossen, stark und Meister jeder Situation. Obwohl immer mehr
Eltern die andere Seite fördern, ist das Verhaltensmuster von Jungen
untereinander keineswegs weniger männlich als früher. Sobald Jungen aus dem Muster fallen oder bewusst anders reagieren, begeben
sie sich noch immer in Gefahr, von Freunden, Brüdern und Vätern
erniedrigt und lächerlich gemacht zu werden. Es kommt auch vor,
dass sensible Väter, die in ihrer Vergangenheit selbst gehänselt wurden
und „anders" zu sein hatten, ihren Sohn gerade davor schützen und
ihn deshalb abhärten wollen.

Es kann auch passieren, dass eine Schwester oder Mutter Druck
auf den hochsensiblen Jungen ausübt und subtil oder offen den Glau-
benssatz verstärkt, dass Jungen nicht weinen. In den meisten Fällen
wird ein hochsensibler Junge selbst versuchen, weniger sensibel zu
reagieren und unsensibles Verhalten an den Tag zu legen.

Das soll natürlich nicht heißen, dass alles Verhalten, das zum
männlichen Stereotyp gehört, nur angelernt ist. Wir wissen, dass
Testosteron, das männliche Geschlechtshormon, bei männlichen

Tieren Imponiergehabe, Kampflust und die Eroberungsbereitschaft (meistens im Dienst des Paarungstriebes) verstärkt. Das Testosteron sensibler Jungen steht dem in nichts nach, sie können sich als richtige Kampfhähne entpuppen. Für hochsensible Jungen ist es schwieriger als für hochsensible Mädchen, ein positives Selbstbild anzunehmen und stolz auf sich zu sein.

Letztens sah ich eine Mutter mit ihrem fünfzehnjährigen Sohn im Gespräch. Er lehnte sich gemütlich bei ihr an. Das sah völlig natürlich und liebevoll aus. Sie hatten sehr viel auszutauschen und die Mutter zeigte eine offene, interessierte und nicht aufdringliche Haltung. Sohnemann fand es völlig selbstverständlich, seine Mutter in den Arm zu nehmen. Trotzdem sah er männlich aus, nicht wie ein Muttersöhnchen. Ich dachte mir: „Was wäre es doch toll, wenn alle Fünfzehnjährigen so eine natürliche körperliche Zuneigung zeigten und so natürlich und intensiv mit ihren Eltern ein Gespräch führen würden."

Als Eltern kann man es vorleben und akzeptieren, dass der Sohn genauso viele Gefühle und Mitgefühl hat wie die Tochter, und man kann das Austauschen von Erfahrungen, Meinungen und Gefühlen immer wieder anregen.

Ted Zeff schrieb einige Bücher über sensible Jungen und macht sich für deren spezielle Probleme und Herausforderungen stark. Er fordert sensible Männer und Väter auf, ihre Sensibilität nicht zu verstecken, sondern, im Gegenteil, dazu zu stehen. Sensible Männer können andere Männer und Jungen unterstützen und ermutigen, stolz und selbstbewusster zu sein. Nach Ted Zeff werden sensible Männer in der heutigen Zeit der Veränderungen und Probleme in Umwelt und Ökonomie besonders gebraucht, weil sie allgemein eine weniger selbstsüchtige und wettbewerbsorientierte Haltung gegenüber Gesellschaft und Mitmenschen einnehmen, in vielen Fällen eine Begabung für kommunikatives Geschick haben und eher bereit sind, aus Mitgefühl und Mitmenschlichkeit heraus zu denken und zu handeln.

12.11 Verantwortung schultern

Meine Eltern hatten richtig viel Streit miteinander. Das reichte von Schimpfen und Schreien bis hin zu wochenlangem Anschweigen. Als Kind ging ich abends absichtlich meistens zur Gästetoilette nach unten, weil ich wusste, dass sie im Wohnzimmer dann kurz still sein würden. Eines Tages ging meine Mutter während so eines Streits nach oben, und wir, meine Schwester und ich, hörten danach nichts mehr. Wir waren damals um die zehn Jahre alt. Als wir nach oben gingen, fanden wir meine Mutter auf dem Bett mit einem Schal um ihren Hals, sie atmete fast nicht mehr. Glücklicherweise kam sie nach einiger Zeit wieder zu sich. Wir wagten es nicht, unserem Vater etwas davon zu erzählen. Aber von da an ging ich immer direkt von der Schule nach Hause. Ich wollte mich nicht mehr mit Freundinnen verabreden, denn ich musste für meine Mutter sorgen. Ich stellte mir vor, es würde wieder passieren, und ich käme zu spät! Meine Schwester lebte einfach ihr Leben normal weiter, aber ich konnte das nicht. Ich spürte die Last der Verantwortung. Ich habe viel geweint wegen der Tatsache, dass meine Eltern so viel Streit hatten. Aber ich behielt das für mich, weil ich mich schuldig fühlte, und immer in großer Angst lebte.

(Lieke, 55 Jahre alt, über ihre Jugend)

Extremsituationen wie in diesem Beispiel kommen glücklicherweise nicht häufig vor, aber sie sind auch keine Ausnahme. Häusliche Gewalt in Familien hat nicht immer die Form tätlicher Gewalt, sondern beispielsweise auch die von Geschrei, Gezänk, allen möglichen Arten von Drohung und Manipulation. Selbstverständlich leidet jedes Kind bei elterlichem Streit, häuslicher Gewalt oder Missbrauch. Gefühle von Angst und Unsicherheit, die durch solche traumatischen Erfahrungen entstehen, machen hochsensiblen Kindern besonders zu schaffen.

Außerdem besitzen sie im Vergleich zu ihren normalsensiblen Geschwistern ein übermäßig entwickeltes Verantwortungsgefühl, das sich aus dem Bedürfnis nach Harmonie speist. Sie können nicht begreifen, dass Menschen aus Machtlosigkeit brutal werden. Das sensible Kind, das dauerhaft Streit und Gezänk ausgesetzt ist, wird innerlich schnell von Angst, Trauer, Verantwortungsgefühl, Schuld und Schamgefühlen zerfressen.

Ein gesundes Gefühl von Verantwortlichkeit, das die meisten Kinder von Natur aus mitbringen, kann sich zu einem ängstlichen entwickeln, in dem Kinder glauben, in ständiger Wachsamkeit auf die Eltern aufpassen zu müssen. Die Kinder können dann nicht mehr unbekümmert spielen, verfallen manchmal in Grübeleien und leiden an Schlaflosigkeit; ihre schulischen Leistungen können sinken und ihr Sozialleben wird eingeschränkt. Ein junger Erwachsener beschreibt es so:

> Ich hatte immer das Gefühl, dass ich meine Eltern
> beschützen musste statt andersherum.

Wenn Kinder das Gefühl haben, ihre Eltern nicht ausreichend vor sich selbst oder anderen beschützen zu können – was in solchen Situationen meistens der Fall ist –, dann denken sie schnell, dass sie persönlich versagen. „Siehst du, ich hätte eher nach Hause kommen müssen." Oder: „Es ist meine Schuld, dass mein Brüderchen geschlagen wird und jetzt weint."

Sensible Kinder haben von Natur aus ein niedriges Selbstbild und sind oft sehr sorgend und beschützend. Schmerzliche, unsichere und bedrohliche Erfahrungen können dazu führen, dass sie übermäßig hart mit sich selbst ins Gericht gehen und hohe Forderungen an sich stellen. Dadurch können sie großes Misstrauen – oder gar Abscheu – dem Leben gegenüber entwickeln. Probleme, die sich im häuslichen Kreis abspielen, haben ihren Ursprung oft in der psychischen Labilität eines oder beider Elternteile. Möglicherweise ist auch das niedrige Selbstbild und die Problematik der Eltern auf Sensibilität zurückzuführen. Das Wissen über Hochsensibilität ist darum sehr wichtig. Es hilft nicht nur den Kindern, auch die Eltern können sich durch ein Verständnis der eigenen Sensibilität gegenseitig helfen.

Geschädigte sensible Kinder tragen eine große Last und wiederholen, wenn sie einmal erwachsen sind, dieselben und andere Fehler. Sie entwickeln Angststörungen oder Depressivität, geraten in Beziehungen, die ihr Selbstvertrauen untergraben, oder werden von Alkohol oder Drogen abhängig. Sie haben große Mühe, sich anderen zu öffnen oder andere an sich heranzulassen, und fühlen sich oft sich selbst gegenüber entfremdet. Das sind Probleme, denen fast nur noch in einem therapeutischen Rahmen beizukommen ist, und oft scheint medikamentöse Unterstützung nötig.

12.12 Blitzableiter sein

Meine Eltern hatten eine schlechte Ehe. Von außen hätte man das nicht vermutet, denn mein Vater ist ein stiller, introvertierter Mann. Aber ich spürte die unausgesprochenen Spannungen. Es gärte an allen Ecken und Enden im Haus. Weil ich das mitbekam, entwickelte ich mich zu einem schwierigen Kind, das die Aufmerksamkeit auf sich zieht. Ich diente als Blitzableiter. Mein Bruder und meine Schwester waren viel nüchterner, sie akzeptierten einfach die Gegebenheiten und gingen ihren eigenen Weg. In mein Tagebuch schrieb ich verzweifelt: „Es ist fast so, als gehörte ich nicht zu unserer Familie. Ich brauche Aufmerksamkeit und die bekomme ich nicht. Was soll ich tun?" Meine Eltern ritten immer wieder auf meinem schwierigen Charakter herum. Sie fanden, dass ich zu nichts tauge und sprachen das auch immer häufiger deutlich aus. Obwohl ich doch eigentlich nur Aufmerksamkeit und einen aufrichtigen Kontakt brauchte! Ich reagierte vor allem auf die Stimmungen meiner Mutter und träumte außerordentlich viel. In den Träumen stieß ich auf eigenartige Bilder und Informationen, auf die ich mir als Kind keinen

Reim machen konnte. Dadurch dachte ich zunehmend, dass
ich verrückt sei. Nach einer Zeit der Selbstabhärtung und des
Bemühens, normal zu sein, begann ich, mit Drogen zu expe-
rimentieren. Ich probierte alles aus. Im Nachhinein glaube
ich, dass ich dabei vom Wunsch getrieben war, nicht so viel
fühlen zu müssen. Ich wollte weniger sensibel sein.

(Sylvia, 21 Jahre alt)

Das Kind mit dem empfindlichsten Temperament hat in einer explo-
siven Situation oft die Rolle des Blitzableiters inne. Es zieht negative
Energie unbemerkt an. Aus einem Gefühl der Verantwortung heraus
nehmen sie Schmerzen anderer auf sich und ziehen Negativität wie
ein Magnet an.

Das hat zwei ungünstige Folgen:

1. Sie entwickeln starke Selbstzweifel und wollen der Situation
   entkommen, indem sie sich abhärten.
2. Sie geraten in einen Zustand chronischer Überreizung.

Alles strömt in solche Kinder hinein, weil ihre Aura (als Schutzlage)
sehr offen ist. Die Aura ist ein Energiekörper, ein energetisches Feld,
das jeden von uns umgibt. Alle lebenden Organismen verfügen über
eine solche Aura, die uns wie ein Energiekranz umringt. Die Aura
speichert Informationen auf subatomarem Niveau: Gedanken, Gefühle,
sogar Krankheiten sind in der Aura sichtbar. Das berichten Menschen,
die Auras sehen oder spüren können. Die Aura ist somit eigentlich ein
pulsierendes Archiv an Erfahrungen.

Den Einfluss der Aura kann man seinem Kind so erklären:

Wenn du einem anderen Kind begegnest, kommen eure
beiden Aurafelder miteinander in Kontakt. Wie stark du
dich von dem anderen angezogen fühlst, wird durch eure
Auras bestimmt. Vielleicht magst du das andere Kind gleich,
vielleicht auch nicht – ohne, dass du genau sagen kannst,
warum.

Manche Leute sprechen auch davon, dass man die gleiche Wellenlänge hat, wenn man sich gut oder sicher bei dem anderen fühlt und den Eindruck hat, dass man die Gedanken des anderen lesen kann. Dann ist man miteinander befreundet, noch bevor man miteinander gesprochen hat. Oder man fühlt sich im Gegenteil sofort unwohl, unbeholfen oder unruhig bei jemandem, mit dem man die Wellenlänge nicht teilt und mit dem man nicht mitschwingt.

Das wird alles durch die Aura bestimmt. Entweder passt das Schwingungsniveau der subatomaren Teilchen zueinander oder nicht.

Je unsicherer sich das Kind über sich selbst ist, desto mehr Negativität nimmt es aus der Aura von anderen auf. Es kann daran nichts ändern, das passiert automatisch.

Das Kind kann allerdings lernen, besser in sich selbst geerdet zu sein und mehr Selbstvertrauen aufzubauen. Übungen wie „Boxen", „Der Holzhacker", „Der Stern", „Stampfen" und „Stehe wie ein Baum" aus Teil 3 helfen dabei. Außerdem können sie lernen, sich bewusst mittels Visualisierungen und positiver Gedanken zu schützen. In Teil 3 werden einige Visualisierungen beschrieben, die speziell zum Schutz der Aura geübt werden können. Kinder können sich nur bis zu einem gewissen Grad schützen, ganz und gar vollständig oder für immer gelingt es in der Regel nicht. Darum ist es so wichtig, dass sie in einer angenehmen Umgebung leben und aufwachsen. Und nette, gesunde und sympathische Kinder und Erwachsene um sich herum haben.

Denn wenn Reize chronisch zu negativ sind, gerät die gesunde geistige, emotionale und körperliche Entwicklung eines Kindes in Gefahr. Wenn es zu viel Streit und Spannung in der häuslichen Situation gibt, wenn Vater oder Mutter krank werden, wenn – aus welchem Grund auch immer – ungenügend für das Kind gesorgt wird oder es häusliche Gewalt erfährt, geht das Kind in der Menge an negativer Energie unter.

12.13 Weltschmerz

Als ich etwa zehn war, sah ich mit meinen Brüdern eine Dokumentarsendung, in der äußerst drastisch dargestellt wurde, wie Tiere durch das Handeln der Menschheit nach und nach aussterben. Ich fühlte mich tief von dem Film berührt und erinnere mich noch heute, wie das lederne auberginefarbige Sofa roch, auf dem ich saß, als wir das Programm anschauten. Ich war ganz ergriffen – eine Art Wiedererkennungseffekt, wie ein Schock. Egal, ob andere Spezies kommunizieren können oder nicht – ich wusste auf einmal ganz sicher, dass wir – die Menschheit – deren Sprache niemals verstehen. Ich musste weinen. Meine Brüder und meine Mutter fingen wegen meiner starken Reaktion an zu lachen. Ich versuchte, ihnen klar zu machen, warum ich so ergriffen war, wurde aber wieder nur ausgelacht, und sie erklärten mir, dass das alles doch nichts als eine Fernsehsendung sei. Ich spürte eine enorme Trauer, etwas, das ich später als „Weltschmerz" bezeichnete.

(Carolina, 35 Jahre alt, über ihre Pubertät)

Hochsensible Kinder und junge Erwachsene sind sich oft sehr des Leids anderer Wesen bewusst, ob es nun Tiere, Menschen oder Pflanzen sind. Diese Kinder haben oft ein starkes Gerechtigkeitsgefühl und leiden enorm unter der Machtlosigkeit und Nichtigkeit, die sie den Problemen der Welt gegenüber empfinden. Manche setzen sich schon in jungen Jahren aktiv und voller Begeisterung für Gerechtigkeit, Umweltfragen und Themen wie nachhaltige Energie ein.

Der Begriff *Weltschmerz* wurde vom Schriftsteller Jean Paul (1763-1825) geprägt und bezeichnet ein intensives Ohnmachtsgefühl angesichts der Unzulänglichkeit der Welt und des eigenen Lebens. Sie führt beim Einzelnen zur Melancholie und der Einsicht: Die Welt ist kein Garten Eden, kein Utopia. Ein sensibles Kind wird nach und nach erkennen – einhergehend mit körperlichen Reaktionen wie

Ermüdung und Antriebslosigkeit –, dass es nicht innerhalb seiner Möglichkeiten liegt, die Welt in ein Paradies zu verwandeln. Es gibt auch sensible Kinder, die nie aufhören zu glauben, dass sie auf jeden Fall alles in ihrer Macht stehende tun müssen, um das große Leid ein wenig zu mindern. Sie entwickeln sich ziemlich oft zu Therapeuten, Entwicklungshelfern oder Umweltaktivisten.

Etwas aus dem Verlangen heraus zu unternehmen, die Welt zu verbessern, scheint mir die beste dieser Möglichkeiten. Freuen Sie sich also, wenn Ihr Kind einen derartigen Tatendrang an den Tag legt. Lachen Sie es nicht aus, wie in obigem Beispiel, und werten Sie seine Gefühle nicht ab, indem sie etwas sagen wie „Ach was, so schlimm ist die Lage doch gar nicht" oder „Was glaubst du eigentlich, wer du bist?" Akzeptieren Sie Ihr Kind lieber als vollwertigen Diskussionspartner, wie jung es auch sein mag, und lassen Sie es seine seelisch empfundenen Sorgen offen darlegen. Vergessen Sie nie, dass Sie Ihr Kind nur bis zu einem gewissen Grad kennen; sie können nicht bis ins letzte Detail wissen, was es alles bereits mitgemacht und gelernt hat.

Ein gutes Mittel gegen die Machtlosigkeit ist es, die Kinder Erfahrungen in der Natur machen zu lassen. Man kann einen auf Kinderbesuch ausgerichteten Bauernhof besuchen und gemeinsam entdecken, wie Tiere, Bäume und Pflanzen zusammen in Harmonie leben. Die Erkenntnis, dass alles, vom winzigen Atom bis zum planetaren Kosmos, miteinander verbunden ist, gibt dem eigenen Dasein Sinn. Wenn die Kinder älter sind, können Sie sie auf die Möglichkeit hinweisen, selbst aktiv zu werden und sich für Organisationen wie WWF oder Greenpeace zu engagieren.

In Japan wird von einem neuen Trend unter Jüngeren berichtet. Das betrifft vorwiegend Jungen, die sich weigern, am gesellschaftlichen Leben teilzunehmen. Sie werden *Hikikomori* genannt, was wörtlich „sich einschließen, sich abschließen" bedeutet. Sie weigern sich, das elterliche Haus zu verlassen und schließen sich Monate oder gar Jahre lang in ihrem Zimmer ein. Viele von ihnen sind schon über dreißig. Man schätzt, dass sich in Japan über 50.000 junge Menschen für diese Lebensweise entschieden haben. Geht es hier um eine moderne Form von *Weltschmerz*? Hikikomori beginnt meistens ganz unscheinbar mit dem Schwänzen des Unterrichts. Nach Meinung von Tamaki Saito, dem Psychologen der das Phänomen als erster beschrieb, können manche Jüngere nicht mit den hohen Erwartungen umgehen, die die Gesellschaft an sie stellt. Das Schulsystem in Japan ist stark auf Prestige ausgerichtet und der Druck ist viel höher als in europäischen Schulen. Genauso wie bei sensiblen Kindern gibt es nach Saito auch hier oft eine tiefe Kluft zwischen der nach außen gespielten Rolle und dem wahren Selbst. Dadurch wird der Schritt von der Kindheit zum Erwachsenenleben unüberwindbar groß und sie bleiben – wortwörtlich – in der Sicherheit ihres Kinderzimmers stecken.

13 Pubertät

13.1 Bauchschmerzen

Schon als ich klein war, hatte ich schwache Nerven. Oft litt ich unter Angstzuständen, die mir auf den Magen schlugen. Weil meine Mutter voller Ängste war, wollte ich ihr nicht auch noch meine Schwierigkeiten aufbürden. Dazu kam, dass ich schon früh auf eine Förderschule geschickt wurde. Dort wurde ich von einem Therapeuten untersucht. In seinem Bericht stand, wie fasziniert ich von Blättern an einem Baum sein konnte, oder von Vögeln, die herumhüpften – und wie ich mich um jeden in der Klasse kümmerte, nur nicht um meine Schulaufgaben. Das erklärte meine enormen Lernrückstände und warum mir mein Gefühl von Selbstwert schon früh abhandengekommen war. Ständig war ich dabei, anderen zu helfen. Ich war fasziniert davon, wie andere Menschen reagierten, ebenso vom Universum, von den Planeten, von den Bäumen.

Die Nervosität im Bauch ist das Schlimmste, das macht mir auch heute noch zu schaffen. Die Beschreibungen von Überreizung in Ihrem letzten Buch erkannte ich sofort wieder. Letztens war ich bei IKEA und fühlte mich nach zwanzig Minuten nicht mehr wohl. Alles flirrte vor meinen Augen, ich spürte Angst und sagte zu mir selbst: „Das kann ich nicht, das kann ich nicht." Ich spürte Panik und Angst.

(Romeo, 18 Jahre alt)

Romeo beschreibt, wie intensiv er auf alles um ihn herum reagiert, und dass er sich schlecht von negativen Erfahrungen abschirmen kann. Dadurch hat er Schwierigkeiten, sich auf Lerninhalte zu konzentrieren. Jemand, der nervös ist, leidet unter überaktiven Sinnen und Nerven, und das geht häufig mit negativen Gedanken und Gefühlen einher. Nervosität erhöht das Energieniveau im Körper, man wird aufmerksamer und wachsamer. Wenn allerdings die unteren Chakren, die einen erden, nicht gut geöffnet sind, kann aus der Nervosität ein ungerichtetes Unruhegefühl entstehen. Viele sensible Kinder haben einen schlechten Kontakt zu ihrem Unterkörper, wodurch es nicht einfach für sie ist, ihre Energie über Beine und Füße zu entladen. Die gesamte Energie bleibt im oberen Körper, der Sympathikus ist sehr aktiv und die Augen sind aufgeschreckt und wachsam. Ein Kind mit einem gesunden dritten Chakra zeigt sich nach außen selbstbewusst, es hat einen gesunden Eigenwillen und schreckt nicht von vornherein vor neuen Situationen und neuen Umgebungen zurück. Es strahlt von innen heraus, ist kreativ und unternehmungslustig. So ein Kind kann auch über die eigenen Dummheiten und Fehler lachen und nimmt das Leben nicht übertrieben ernst. Es schämt sich nicht, Fehler zu machen, sondern erfreut sich des Lebens und dessen verborgener Geheimnisse.

Ein ununterbrochenes Gefühl von Nervosität, wie oben beschrieben, weist darauf hin, dass die unteren Chakren in einem permanenten Ungleichgewicht sind. Da sollte ein(e) Therapeut(in), etwa eine Kinesiologin oder eine Kinderspezialistin hinzugezogen werden. Manchmal ist ein bestimmtes Erlebnis, ein traumatischer Moment, als unbewusste und verdrängte Erinnerung im Körper gespeichert, was zu einer Energieblockade geführt hat, aus der sich extreme Angstgefühle, Nervosität, Schlaflosigkeit oder Unsicherheit entwickeln können. Manchmal übernehmen Kinder sogar Traumata der Eltern.

Übungen wie „Der Holzhacker" und „Nein-Boxen" (siehe Teil 3) können die Behandlung in diesen Fällen unterstützen.

13.2 Man selbst sein

*Ich finde es angenehm, wenn jemand ganz er selbst ist und
habe meine Probleme, wenn ich merke, dass jemand so tut
als ob. Dann weiß ich nicht mehr, wie ich mit ihm umgehen
soll. Die Person fühlt sich dann unheimlich oder eigenartig
hart an, selbst wenn sie versucht, lustig zu wirken. Ich kann
solche Personen nicht in meiner Nähe ertragen und möchte
ihnen aus dem Weg gehen. Leider ist das nicht so nett und
auf Dauer manchmal recht unpraktisch.*

*Ich will einfach vollständig ich selbst sein, und dass der
andere das auch ist. Manchmal wünsche ich mir, ich wäre
ein Ritter in einer Ritterrüstung, in der ich nicht so viel fühle.
Doch dann denke ich wiederum, dass ich dann ja so wie die
anderen wäre, denn ich würde mich ja hinter etwas verstecken. Ich möchte ich selbst sein, aber nicht ständig so viel
fühlen. Wie mir das gelingt, weiß ich noch nicht genau.*

(Jan, 12 Jahre alt)

Jan fühlt die Panzerungen anderer Menschen. Jeder trägt in größerem
oder kleinerem Ausmaß Spannungen in sich, als Schutz gegen (frühere) negative Erlebnisse. Jan vergleicht das mit einer Ritterrüstung.
Er stört sich daran, aber sieht auch die Vorteile und fragt sich, ob er
selbst lieber mit oder ohne Rüstung durch die Welt gehen möchte. Eine
„Teflon-Schicht", wie es mal jemand so schön auf den Punkt brachte.

Jan wird Methoden erlernen müssen, die ihm helfen, sich wohler
in seiner Haut zu fühlen, sich besser zu erden und Negativität besser
abzuleiten. Für sensible Kinder ist das Erlernen einer asiatischen
Kampfkunst oft hilfreich. Die alten taoistischen und buddhistischen
Weisen wussten fast alles über positive und negative Energie und
entwickelten Kampfmethoden und Bewegungskünste wie Tai Chi,
Qi Gong, Kung Fu und Karate, die den Umgang mit Energie schulen.
Sie lehrten ihre jungen Schüler, gerade nicht wie ein Ritter in seiner

Rüstung die Kraft aus einer „militärischen Haltung" zu schöpfen (angespannt mit Brust und Kinn nach vorn), sondern durch ein tiefes Einsinken in Bauch und Füße. Mit vorgestellten Wurzeln in der Erde steht man fest und entspannt, wie ein Baum, den der Wind nicht umwirft.

Ein Meister der Kampfkunst weiß, wie er ohne Widerstand gewinnt. Wenn der Gegner angreift, bewegt er sich mit dem Angriffsimpuls, er ist nicht dort, wo der Gegner ihn erwartet – und doch bleibt er an seinem Platz. Er lässt sich nicht aus dem Feld prügeln, sondern sinkt tiefer in seinen eigenen Körper und schwingt mit den Energien des Augenblicks mit. Außerdem lernt man bei asiatischen Kampfsportarten, mittels Meditation und Konzentration innerliche Kraft aufzubauen. Das sind wesentliche Werkzeuge für ein sensibles Kind, das vor allem lernen muss, klar zu sich selbst zu stehen, konzentriert und ruhig zu bleiben und Negativität über den Boden abzuführen.

Kindern wie Jan rate ich, solche Prinzipien zu Hause einzuüben. Je stabiler er sich (mit seinem Körper verbunden) fühlt, desto leichter kann er in Zukunft gemeine Bemerkungen, negative Stimmung oder Streit verkraften. Wenn man in so eine schwierige Situation gerät, kann man nicht immer weglaufen, aber man kann sich sehr wohl gedanklich von der Person, die die Negativität ausstrahlt, lösen.

Zuerst sollte Jan die Verbindung zu der Person lösen, wie bei der Übung „Fäden durchschneiden" aus Teil 3. Er sollte Augen und Ohren nach innen richten, indem er etwas nach unten schaut und dem eigenen Atem lauscht. Jan kann sich dann auf das, was er in seinem Bauch, seinen Beinen und seinen Füßen spürt, konzentrieren. Es ist egal, was er im Einzelnen spürt. Wichtig ist, dass er seine Aufmerksamkeit aus dem Kopf in seinen Körper lenkt.

So kann Jan beispielsweise auch ein paar Mal auf den Boden stampfen und spüren, dass er mit der Erde verbunden ist. Und zum Schluss kann er an etwas denken, das ihm Kraft gibt und die Negativität „auffrisst", verbrennt oder verjagt. Jan hat vielleicht ein Lieblingstier, einen Drachen, der mit seinem Feuer sprühenden Schlund alle Negativität in

Flammen aufgehen lässt. Wenn er sich das vorstellt, dann hat er die Verbindung mit dem anderen unterbrochen, ist in seinem eigenen Zentrum angekommen und hat die Negativität transformiert.

Die Energien, die Jan von anderen fühlt, werden immer da sein. Es wird täglich Situationen geben, die sensible Kinder herausfordern. Energien zu trennen ist ein bisschen vergleichbar mit einer Mischung aus Wasser und Öl, die man zuerst gut schüttelt und eine Weile stehen lässt. Beide Substanzen trennen sich mit der Zeit.

Nur mit viel körperlicher Übung, Erdung, Bewusstwerdung und mentaler Vorstellungskraft können Kinder inneren Halt wiederfinden und Strategien erlernen, um mit Negativität von außen umzugehen. Weiterhin bleibt es natürlich wichtig, mit dem Kind viel über die Schwierigkeiten zu reden, die es erlebt.

13.3 Den eigenen Kern schützen

Ich fühle Angst und Schmerz von Menschen. Ich fühle auch, ob sie wütend oder glücklich sind. Ich fühle fast immer etwas, für mich ist das ganz normal. Ich gehe in den Super-markt und sehe dort einen Mann und denke: Seine Hüfte schmerzt. Keine Ahnung, woher das kommt, aber ich fühle es deutlich. Ich sehe auch Flecken, schwarze oder farbige. In der Schule ist auch immer was los. Die Kopfschmerzen meiner Lehrerin, die fühle ich auch. Das lenkt mich ab. Vor mir sitzt Leon, dessen Schwester krank war. Sie war im Krankenhaus und kam dann wieder nach Hause, durfte aber vorerst nicht zur Schule. Ziemlich oft beschäftigte ich mich mit ihr, oder ich fühlte, dass Leon traurig war. Ich finde diese Fähigkeit schon gut, aber sie ist auch störend, denn manchmal weiß ich nicht, ob ich etwas selbst habe oder ob es von einem anderen kommt.

(Jonas, 12 Jahre alt)

Das hochsensible Kind fühlt durch seine Offenheit viel von anderen. Ängste, Trauer, Schmerz und negative Emotionen machen sich ungefragt in ihnen breit – und das nimmt ihnen die Sicht auf ihre eigene Innenwelt. Bei Erziehung und Betreuung hochsensibler Kinder sollte mit Nachdruck auf die Stärkung des inneren Kerns geachtet werden und auf das Finden des Gleichgewichts. Ein sensibles Kind muss lernen, Anspannung und Entspannung auf gesunde Art abzuwechseln, denn nur in Momenten von Entspannung und Ruhe hat es die Möglichkeit, sich völlig in sich selbst zurückzuziehen und zum eigenen Kern zurückzugelangen.

Was ist nun dieser eigene Kern außer einem vagen Begriff? Unter dem eigenen Kern verstehe ich das authentische Wesen, die Persönlichkeit, die nicht durch Äußeres beeinflusst wird. Ein hochsensibles Kind muss von klein auf lernen, diesen Kern, dieses eigene Zentrum zu stärken, auch wenn es dabei immer wieder zu Rückschlägen kommt. Wenn der Kern schwach bleibt, wird der negative Einfluss von Außen im Lauf der Jahre immer stärker und schwächt zunehmend des Selbstvertrauen.

Die Außenwelt ist bestimmt nicht nur negativ, glücklicherweise nicht, aber wenn der Kern geschwächt ist, dann reagieren Menschen schneller und stärker als sonst auf negative Bemerkungen und Geschehnisse. Bevor man sich dessen bewusst wird, ist ein Teufelskreis entstanden, in dem die Aufmerksamkeit des Kindes an Negativität und Kritik klebt.

Das Fühlen von Stimmungen und Energien anderer ist eine Gabe, eigentlich eine schöne Gabe. Es kann praktisch sein, wenn man sich in andere versetzen kann und gerne Menschen mit Problemen hilft. Es macht einen fürsorglich, achtsam und liebevoll. Es kann leider aber auch zur zweiten Natur werden, sich ständig mit Sorgen und Problemen anderer zu beschäftigen.

Eltern sollten ihrem hochsensiblen Kind beibringen, wie es die Energie, die es durch die Außenwelt aufnimmt, abends wieder loswird, beispielsweise indem es nach einem hektischen Tag duscht und andere Kleidung anzieht. Lassen Sie das Kind merken, dass es ihm hilft, einen Moment alleine in seinem Zimmer zu sein (falls es diese Angewohnheit nicht ohnehin bereits hat), ein Tagebuch zu führen oder Erlebnisse beispielsweise durch Zeichnen zu verarbeiten. Experimentieren Sie zusammen, um dahinterzukommen, was bei Ihrem Kind am besten funktioniert, um all die aufgesammelten Reize loszulassen. Für das eine Kind ist es ausgelassenes Herumtollen, für ein anderes eine Fußmassage oder Tanzen zur Lieblingsmusik. Manche sensiblen Kinder verlangen nach Körperkontakt und können durch körperliche Anstrengung, etwa beim Sport, den aufgebauten Stress loswerden. Andere entladen sich durch Reden oder indem sie sich auf andere Aktivitäten wie Lesen, Musik hören oder etwas Schöpferisches konzentrieren. Finden Sie heraus, was die beste Methode für Ihr Kind ist.

Wasser reinigt, sorgen Sie deshalb für viele Aktivitäten mit Wasser wie regelmäßiges Schwimmen, viel Trinken oder täglich wiederkehrende gemütliche Baderituale. Geben Sie Ihrem Kind konkrete Möglichkeiten, sich regelmäßig kurz zurückzuziehen. Es gibt viele Techniken, durch die Kinder spielerisch lernen können, sich gegenüber der Außenwelt zu schützen oder, anders gesagt, ihre „Teflon-Schicht" zu stärken. Eine Auswahl stelle ich Ihnen im dritten Teil dieses Buches vor.

13.4 Umgang mit Kränkungen

Menschen können unbedacht kränkende Dinge sagen. Damit habe ich ziemliche Schwierigkeiten, und ich brauche viel Zeit, um gemeine Bemerkungen zu verdauen. Ich weiß wohl, dass Menschen es oft nicht so böse meinen und mir nicht absichtlich wehtun wollen. Ihnen ist oft nicht einmal klar, was sie da sagen. Es ist oberflächliches Gerede. Manchmal wollen Menschen einem aber wirklich so richtig wehtun, weil sie selbst unglücklich sind. Wenn ich das sehe, ist es nicht ganz so schlimm für mich. Dann schicke ich in Gedanken Liebe zu der Person.

(Sylvia, 15 Jahre alt)

Hochsensible Kinder werden recht stark von verletzenden Worten berührt. Und sie spüren oft sehr gut den Schutz, die Panzerung, den die Menschen im Sozialkontakt nutzen. Menschen haben oft Angst, Gefühle miteinander zu teilen. Vielleicht erlauben sie es sich nicht, wegen Erinnerungen an Erlebnisse, bei denen sie selbst verletzt wurden. Oft gibt es alte Verletzungen, an die sie sich selbst nicht einmal mehr bewusst erinnern.

Die ältere Generation hat gelernt, nicht offen zu sein und keine „schmutzige Wäsche zu waschen". Früher wurde auch gesagt, dass es wichtig sei, „Hornhaut auf der Seele" zu entwickeln. Von dieser Denkweise verabschieden sich zum Glück immer mehr Menschen, auch wenn diese Programmierung nach wie vor mitunter auf subtile Weise in uns wirkt. Obwohl das Reden über Gefühle schon lange kein Tabu mehr ist, fühlen hochsensible Kinder sich manchmal immer noch zu verletzlich um tiefe Seelenregungen zu zeigen. Und die Kommunikationsgepflogenheiten auf Schulhöfen laden dazu leider nicht immer ein. Hier gibt es noch einiges zu tun für künftige Generationen. Wenn man seine Ängste und Gefühle einfach betrachten und aussprechen kann, dann ist das von Vorteil im persönlichen und kollektiven Lernprozess.

Mein Rat für Sylvia ist, sich umzuschauen und in ihrer Umgebung so viele Gleichgesinnte wie möglich zu suchen. Manchmal bietet der Familien- und Freundeskreis nur ungenügend Anerkennung, Verständnis und Ermutigung. Wenn man sensiblen, bewussten Kindern oder Erwachsenen aber wirklich begegnen will, dann findet man diese auch, davon bin ich überzeugt. Dabei kann es hilfreich sein, Vereine auszuprobieren, die den Interessen entsprechen. So ging ich mit fünfzehn zum Tanzunterricht und folgte einem Theaterkurs; nicht etwa, weil ich in diesen Bereichen so unglaublich viel Talent hatte, sondern um in Kontakt mit Gleichgesinnten zu kommen. Sensible Kinder haben ein großes Bedürfnis, mit Menschen zusammenzukommen, zu denen sie eine positive Resonanz spüren.

Sensible Kinder sollten von ihren Eltern regelmäßig gesagt bekommen, dass sie sich nicht mit der normalsensiblen Mehrheit zu vergleichen brauchen. Und dass sie ihrem eigenen Weg mit Stolz folgen sollen, auf die eigene Intuition vertrauend. Erst *danach* – wenn das also gelungen ist und eine gute Wachstumsgrundlage besteht – können sie den Schritt zu einem befriedigenden Kontakt vollziehen, zu Menschen, die noch stark aus ihren Panzerungen heraus leben. Ich habe Erwachsene in der Therapie begleitet, die diesen ersten Schritt nie gewagt hatten und erst mit fünfzig oder sechzig dazu kamen, sich bewusst eine *nährende* soziale Umgebung auszuwählen. Das Mitarbeiten und Überleben in der – teilweise harten – Welt erfordert eine solide, nährende Grundlage.

Das Encasing©-Programm ist eine gute Grundlage für diesen Entwicklungsschritt. Darüber hinaus kann man älteren Kindern, beibringen,

- wie man sich aus Beziehungen löst,
- in klaren Ich-Formulierungen denkt und spricht,
- nicht auf Diskussionen eingeht und sich für Entscheidungen nicht entschuldigt.

13.5 Über die Stränge schlagen

Ich bin in einem einfachen Vorort außerhalb einer großen Stadt aufgewachsen, zwischen, wie ich es nenne, „gewöhnlichen" Menschen. Ich wollte immer irgendwie eigen, anders, besonders und echt sein ... doch in meiner Umgebung ging es überhaupt nicht um so etwas. Ich fühlte mich deshalb bald ziemlich extravagant. Irgendwann hatte ich den Satz gelesen: „Stolz und mitreißend will ich leben", den fand ich toll. Ich liebte Gedichte, Bücher und alternative Musik. Zu Weihnachten wünschte ich mir leere Bücher, die man selbst vollschreiben kann. Was ich anschließend auch tat, mit Gedichten, Gedanken und Beobachtungen. Ich fand es zum Beispiel herrlich, mit ungestümer und emotionaler Musik im Hintergrund zu schreiben. Oder vor dem Spiegel zu tanzen,

als wäre ich eine moderne Tänzerin. Die Zimmertür zu, so
war ich in meiner eigenen Welt. Und sehr oft dachte ich über
die Welt nach, und wie diese verbessert werden könnte.

(Sara, 23 Jahre alt)

Sensible Jugendliche entwickeln mit der Zeit einen eigenen Geschmack und Lebensstil, der sich manchmal stark vom elterlichen unterscheidet. Wenn der Musikgeschmack eines Kindes alternativ ist und das Kind sich außerordentlich für Kunst, Bücher und extravagante Freunde interessiert, ist das oft ein Zeichen dafür, dass es sich seiner selbst und der umgebenden Welt sehr bewusst ist. Es sinniert viel über das Leben und möchte dem Innenleben Ausdruck verleihen. Unter solchen Kindern finden sich recht oft Hochsensible.

Kinder in der Pubertät distanzieren sich von elterlichen Normen, das ist für hochsensible Kinder wohl nicht anders als für normalsensible. Bleiben Sie in dieser Phase offen und kommunikativ, das wird Ihr Kind zu schätzen wissen. Manche sensiblen Kinder fürchten sich vor der großen weiten Welt, andere wiederum können es kaum erwarten auszuziehen. Der Wunsch, ins wirkliche Leben einzutreten und als Erwachsener zu gelten, wird bei den meisten Jugendlichen nach und nach stärker.

> *„Ich will dort mitmachen, wo ich etwas verändern kann.*
> *Ich will mich mit aufrichtigen Menschen umgeben, die nicht*
> *verurteilen, sondern mich inspirieren"*, sagt Sara aus dem
> einleitenden Beispiel.

Die Intensität und der Eifer, mit dem sensible Kinder ins Leben gehen, können manchmal in Konflikt geraten mit der Menge an neuen Erfahrungen, die sie verarbeiten können - vor allem bei Kindern mit einem offenen, kreativen und unternehmungslustigen Charakter. Wenn der Drang zu leben, zu erfahren, mitzumachen, zu schmecken, zu riechen, zu sehen und gesehen zu werden viel größer ist als es der Organismus eigentlich verarbeiten kann, besteht früher oder später die Gefahr eines Rückfalls. Oft sind Depressionen die Folge einer langen Phase von Überreizung. Betrachten Sie es wie eine Balkenwaage oder wie ein Pendel: Nach einem starken Ausschlag zu einer Seite (Reize oder Aktivität), folgt ein starker Ausschlag zur anderen Seite (Erschöpfung, Depression). Ich habe diese Erfahrung selbst häufig genug machen müssen. Durch die Kombination einer großen Faszination für das Leben in all seinen Facetten und meine sensible Ader, bin ich anfällig und hatte mehrmals im Leben einen solchen Rückfall in Form einer leichten Depression.

Man kann junge Erwachsene oft nur schwer bremsen und kaum zügeln, aber man kann sie sehr wohl warnen und frühzeitig mit ihnen über die Gefahr sprechen. Auf jeden Fall hilft es, wenn sie wissen, dass sie hochsensibel sind (was ich damals nicht wusste) und darum weniger Eindrücke verkraften können als der durchschnittliche Teenager oder Heranwachsende.

Das heißt: Selbstregulation ist *das* essenzielle Thema im Leben eines hochsensiblen Kindes. Wie groß ist das Selbstregulationsvermögen Ihres Kindes? Manche Kinder spüren recht gut, wann sie sich bremsen müssen und Ruhe brauchen, andere gehen über die Warnsignale ihres Körpers hinweg. Sie sind häufig zu beschäftigt, um auf diese Signale zu hören oder fühlen sich wie Abtrünnige, wenn sie ihren Freunden ein „Nein" auftischen müssen. Manche sensiblen Kinder mussten sich dermaßen an implizite oder explizite häusliche und schulische Erwartungen anpassen, dass sie sich, wenn sie das Elternhaus verlassen, kaum noch beherrschen und anpassen können, so sehr wollen sie endlich ihr „echtes Ich" verkörpern.

Das kann dazu führen, dass sie vor allem in die Ferne streben, in eine ferne Stadt oder in ferne Länder. Für Eltern kann das beunruhigend sein, auch wenn sie das Verhalten ihrer Kinder und deren Entschlüsse selbst herbeiführen, ohne es zu merken. Und wenn das sensible Kind seine Flügel zu schnell und zu weit ausbreitet, lauern Gefahren. Die Welt entpuppt sich manchmal als deutlich komplexer, als Kinder es vermuten, wenn sie nur ein beschütztes Zuhause kennen. Der wichtigste Rat ist: Sorgen Sie dafür, dass Ihr Kind weiß, dass es hochsensibel ist – und versuchen Sie stets, mit Ihrem Kind in Kontakt zu bleiben. Bemühen Sie sich, es anzuhören und zu verstehen. Seien Sie nicht vorschnell mit Ihrem Urteil, Ihren Meinungen und Erfahrungen, sondern bringen Sie Interesse für die Erlebniswelt Ihres Kindes auf. Achten Sie darauf, in positivem Kontakt zu bleiben, sodass die Tür einen Spalt offen bleibt, falls etwas schiefzulaufen droht.

13.6 Sich selbst akzeptieren

In der Schule bin ich hauptsächlich damit beschäftigt, mich zu schützen. Ich will nicht gehänselt werden. Zu Hause sagen sie schon oft genug, dass ich komisch sei. In der Schule versuche ich, genauso zu sein wie die anderen. Was ich aber nicht bin. Das fühle ich ganz stark in mir, und ich glaube, dass andere das auch fühlen. Ich gebe mein Bestes, um nicht allzu streberhaft zu wirken. Eine Eins wird von meinen Klassenkameraden nicht geschätzt, deshalb mache ich absichtlich ein paar kleine Fehler, damit ich eine schlechtere Note kriege. Kinder sind ziemlich grausam zueinander. Es gibt Kinder in meiner Klasse, die wegen der merkwürdigsten Dinge gehänselt werden. Ein Klassenkamerad hat gemeine SMS und Einträge bei Facebook erhalten. Um zu verhindern, dass ich gehänselt werde, freunde ich mich mit den beliebtesten Mädchen der Klasse an. Glücklicherweise finden mich die meisten Mädchen in meiner Klasse ganz nett.

(Annelotte, 16 Jahre alt)

Ich merke, dass ich andere Interessen und Bedürfnisse als Gleichaltrige habe. Ich liebe meine Ruhe. Meine Freunde gehen gerne aus, aber ich lese lieber ein gutes Buch oder gucke eine schöne Sendung im Fernsehen. Meine Schulfreunde finden mich ein bisschen langweilig, aber ich ziehe mich einfach lieber zurück auf mein Zimmer. Ich denke viel nach und stelle hohe Forderungen an mich selbst. Diese Forderungen finde ich eigentlich ziemlich ermüdend und würde sie lieber etwas herunterschrauben. Indem ich sauber mache oder aufräume, hoffe ich, etwas Ruhe in meinem Kopf zu schaffen. Das hat aber nur wenig Wirkung. Inzwischen weiß ich, dass erst dann wirklich Ruhe in meinen Kopf einkehrt, wenn ich lerne, mich selbst so zu akzeptieren, wie ich bin – mit meiner Hochsensibilität.

Nachdem ich jetzt mit dem Studium angefangen habe, ist es für mich noch wichtiger geworden, rechtzeitig „Nein" zu sagen. In meinem Studienfach wird der Kontakt zu Menschen eine Hauptrolle spielen, was ich an sich herrlich finde. Aber deshalb wird das Alleinsein für mich ein wichtiges Gegengewicht. Ich ziehe mich weiterhin gerne auf mein Zimmer zurück, um ein bisschen zu kramen, zu träumen und zu schreiben oder auf dem Sofa zu sitzen mit einem Tässchen Tee.

(Alisha, 19 Jahre alt)

Kinder von heute sind selbstbewusster denn je. Umso wichtiger ist es für Eltern und Lehrer, mit der Erlebniswelt von Kindern auf Tuchfühlung zu bleiben. Man kann auf dem Laufenden bleiben, indem man viele Fragen stellt. Manchmal kann man über einen Umweg leichter ein schwieriges Thema ansprechen, als wenn man direkt danach fragt, etwa mit den Worten: „Hey, ich habe von jemandem gehört, der bei Facebook gemobbt wurde. Kennst du auch Kinder, denen das passiert ist? Hast du selbst schon einmal so etwas erlebt?"

Anders zu sein und sich anders zu fühlen, braucht keine Last zu sein. Es ist hilfreich, wenn Kinder verstehen, dass *jedes Kind* und *jeder Mensch* im Wesen einzigartig und verschieden ist. Die häufig angetroffene „ich gegen den Rest"-Idee stimmt in Wirklichkeit nicht. Viele Kinder fühlen sich auf bestimmte Art anders oder außerhalb der Gruppe stehend – das kommt häufiger vor, als man denkt. Bringen Sie Ihrem Kind bei, stolz auf sich selbst zu sein, und verstricken Sie sich als Elternteil nicht in die abwärtsgerichtete Spirale von Kritik, Manipulation und Drohungen, um aus Ihrem Kind einen „angepassten, normalen Erwachsenen" zu machen. Der Psychotherapeut und Redner Robert Betz fragt seine Zuhörer zu Recht: „Wollen sie normal sein oder glücklich?" Wollen sie, dass Ihr Kind normal ist? Oder, dass es glücklich ist?

Geben Sie Ihren Kindern den Raum, sie selbst zu sein und mit eigenen Hobbys und Interessen zu experimentieren. Wenn Sie bei allem, was Ihr Kind tut, fortwährend aufpassen, ob es das auch gut macht, wird es letztendlich einfach nur an sich selbst zweifeln. Gönnen Sie Kindern Fehler, um daraus zu lernen, und machen Sie sich jedes Mal wieder klar, dass es möglicherweise einen ganz anderen Lebensweg auswählt als den, den Sie ihm bewusst oder unbewusst zugedacht haben. Manchmal ist Ihr Kind wirklich anders als Sie es sind, hat andere Vorlieben und andere Bedürfnisse, um glücklich und voller Selbstvertrauen zu sein.

13.7 Verbunden mit allem und jedem

Ich fühle mich für alles verantwortlich. Wenn sich jemand wehtut oder traurig ist, geht mir das nicht aus dem Kopf. Ich muss mich um ihn kümmern und ihm Rat geben. Ich habe mal eine Zeit lang als Babysitter gejobbt, Kinder finde ich ja ganz süß. Aber ich wurde dabei so müde: Ständig wachsam sein, gucken, aufpassen, mitfühlen, Vorsichtsmaßnahmen treffen. Uff, ich frage mich, ob ich es später überhaupt schaffe, selbst Kinder großzuziehen. Überhaupt bin ich, wenn ich mit meinem Freund oder mit Freunden Zeit verbringe, davon anschließend todmüde! Nun habe ich die „Fäden durchschneiden"-Methode gelernt. Fand ich beim Lesen erst mal seltsam. Nix für mich, dachte ich, die Methode wirkte auf mich asozial: Ich muss doch eigentlich immer für andere da sein, statt mich dem Leid anderer gegenüber zu verschließen! Habe die Methode dann aber doch ausprobiert, und das war schon merkwürdig! Zum ersten Mal in meinem Leben hatte ich das Gefühl, ein eigenständiges Individuum zu sein und gleichzeitig andere auch ein Individuum sein lassen zu können – und aus dieser Haltung heraus in Kontakt zu treten. Für mich galt vorher immer: entweder völlig offenstehen oder eine Mauer hochziehen. Ich hatte keine Idee, dass es diesen Zwischenweg gibt, dass es auch anders geht. Ich hab das dann öfter gemacht, auch bei anderen Menschen, oder wenn ich durch die Stadt gehe, und es funktioniert klasse.

(Sylvia, 21 Jahre alt)

Sylvia ist ein fröhliches Mädchen, selbstbewusst, und noch auf der Suche nach ihrem Platz in der Welt. Sie mag Kinder liebend gern, hat aber Angst, dass sie später das Muttersein nicht durchhält wegen ihrer Sensibilität und Fürsorglichkeit. Sie fühlt sich durch ihre Haltung und Sensibilität schnell überlastet.

Fäden durchschneiden ist nicht nur für hochsensible Kinder eine nützliche Methode, sondern auch für hochsensible Eltern. Mit Menschen, die wir lieben (unseren Kindern, Partnern und Eltern) verbinden wir uns unbewusst sehr stark. Wir denken beispielsweise viel an die geliebte Person oder machen uns Sorgen, wenn wir nichts von der Person hören oder sehen. Und wenn wir zusammen sind, achten wir ständig auf das, was der andere tut. Manchmal fühlt sich dieses (unbewusste) Verbinden für die fragliche Person wie eine Neigung an, sich in alles einzumischen, aber es kann genauso gut auch als angenehm empfunden werden.

Wenn man viel an jemanden denkt, den man mag, stellt sich die Frage, ob das der Person oder uns selbst immer guttut. Denn unsere Gedanken bestehen nicht immer aus reiner Liebe! Gedanken an jemanden kann man sich vorstellen wie Fäden, die einen mit der Person verbinden. Viel von dem *Material* dieser unsichtbaren Fäden besteht aus

Ängsten, Erwartungen, Unsicherheiten, Sorgen, Verantwortungsgefühlen, Scham, Verlangen, Hoffnungen, usw. Im Wesentlichen werden während eines Menschenlebens Millionen von Gefühlen projiziert und so verlaufen auf der ganzen Welt zwischen Personen Millionen, Milliarden unsichtbarer Fäden. Die Quantenphysik legt nahe, dass Gedanken Materie formen können. Indem man nur oft genug an etwas denkt, wächst die Chance, dass sich diese Gedanken bewahrheiten. Das gilt für positive wie auch für negative Gedanken. Mit anderen Worten: Zu viel negative Gedanken sind nicht nur für einen selbst belastend, sondern auch für die Person, an die man denkt. Sich über jemanden Sorgen zu machen, kann sich somit sogar ungünstig auf diese Person auswirken!

Als Hochsensibler ist man natürlich für diese Gedankenfäden besonders empfänglich, man spürt sie sozusagen stärker als andere. Ich rate deshalb Hochsensiblen, während des Tages ab und zu zu visualisieren, dass die Gedankenfäden zwischen einem selbst und anderen Personen wie Mutter, Partner oder Kind durchgeschnitten werden. Noch einmal: Mit dieser Visualisierung zerschneidet man nicht die Liebe, die man für das Kind, den Partner oder die Eltern spürt, denn Liebe ist etwas Unauflösliches, das nicht vergehen kann. Wahre Liebe kann nicht aufgelöst werden, nicht durch einen selbst noch durch den anderen. Im dritten Teil dieses Buches wird diese äußerst effektive Technik weiter erläutert.

Fäden zu trennen, ist besonders in negativ belasteten Beziehungen zwischen Eltern und Kindern sinnvoll; Ihr Kind kann diese Methode selbstverständlich ebenfalls gegenüber Kindern anwenden, die es hänseln. Oder gegenüber anderen Menschen, die auf die eine oder andere Art einen negativen Einfluss ausüben. Ich möchte ausdrücklich anmerken, dass diese Übung sehr tief geht und dass dabei Schmerz, Trauer und Wut nie überhandnehmen dürfen. Pubertierende können manchmal sehr starke Gefühle hegen; Gefühle wie Hass, Trauer oder Wut müssen erst ausreichend entladen werden, bevor man sich der Übung „Fäden durchschneiden" widmet.

Auch wenn es ein bisschen mühsam erscheinen mag, rate ich doch allen hochsensiblen Jugendlichen, unbedingt regelmäßig Zeit für Visualisierung und Meditation einzuplanen. Durch diese Übungspraxis werden Jugendliche mehr über sich als Individuum erfahren. Im dritten Teil stelle ich verschiedene Übungen vor. Das Wesentlichste und Aufbauendste, was ein sensibler Junge oder ein sensibles Mädchen für sich tun kann, ist, an einer in sich zufriedenen, gesunden und harmonischen Persönlichkeit zu arbeiten, die sich nicht von Urteilen anderer abhängig macht. Bedenken Sie als Eltern sensibler Kinder, dass diese unbedingt stimuliert werden sollten, sich von Urteilen, Gewohnheiten und Gruppenzwängen zu lösen, damit sie ihrem eigenen inneren Weg folgen können.

13.8 Klare Grenzen setzen

Boah! Ich habe richtig was gelernt von der männlichen Strategie, die du mir beigebracht hast und die wir zusammen geübt haben. Seitdem ich die männliche Kommunikationsform nutze, kann ich mich besser gegen meine Brüder durchsetzen und fühle mich weniger überwältigt von ihrer Übermacht. Sogar meine Eltern sind erstaunt, dass ich so selbstbewusst geworden bin. Meine Mutter kommuniziert übrigens vertikaler als mein Vater. Manchmal werde ich allerdings noch überrumpelt. Also weiter üben, Susanne, sage ich mir dann.

(Susanne, 17 Jahre alt)

Durch Argumente anderer überwältigt zu werden, keine passende Erwiderung zu finden oder zu freundlich sein zu wollen, das sind Fallstricke für hochsensible Kinder. Dem liegen zwei Prozesse zugrunde. Zuerst versetzt sich ein Hochsensibler leicht und gerne in den anderen. Dadurch kommt die Idee nicht in ihm auf, selbst vielleicht einen anderen – in Konflikt stehenden – Wunsch zu haben.

Ein Hochsensibler muss nämlich stets aufs Neue daran erinnert werden, dass überhaupt entgegengesetzte Bedürfnisse bestehen. Der zweite Prozess, der dieses Überrumpeltwerden begünstigt, ist die sekundäre Reaktionsweise sensibler Kinder. Das heißt, sie denken erst bedachtsam Dinge durch, bevor sie reagieren. Sie sind noch mit der Verarbeitung aller Reize beschäftigt, während ihr normalsensibler Gesprächspartner schon wieder eine neue Antwort oder Frage parat hat. Das Kommunikationstempo ist eindeutig zu hoch für hochsensible Kinder, mit der Folge, dass sie nicht schlagfertig genug sind und anschließend oft das Gefühl haben, ihnen sei eine Auswahl, ein Plan oder eine Entscheidung aufgedrängt worden.

Ich bringe sensiblen Erwachsenen bei zu beobachten, ob jemand die vertikale oder horizontale Kommunikationstechnik nutzt, wie in Teil 1 (Kapitel 7) erklärt. Ich finde es sinnvoll, auch Kindern diese Unterschiede verständlich zu machen. Außerdem sollte man ihnen erklären, dass das eine nicht besser als das andere ist, und dass die eine Person die andere nicht dominieren sollte.

Eltern haben ihre jeweiligen Vorlieben bei der Kommunikationstechnik. Häufig gibt es Konflikte, wenn Eltern vertikal eingestellt sind, während das Kind horizontal kommuniziert. Manchmal kommunizieren die Eltern auch untereinander mit verschiedenen Strategien, wodurch viele Missverständnisse entstehen, unter denen nicht nur die Eltern, sondern auch die Kinder leiden. Es ist also nützlich zu erkennen, auf welche Weise wir miteinander in Kontakt treten. Hochsensible Personen neigen, wie im ersten Teil erläutert, eher zur horizontalen (weiblichen) Kommunikationsform, obgleich es natürlich Ausnahmen gibt. Kinder ahmen auch das Verhalten andere Kinder nach und können sich so bestimmte Techniken zu eigen machen. Wie etwa ein Pubertierender, der plötzlich überheblich oder aggressiv wird und auf Krawall gebürstet scheint, während er früher doch so nachgiebig und schüchtern war. Es hilft Kindern sehr, wenn sie verstehen lernen, welche Methode ihre Freunde, Klassenkameraden, Eltern, Geschwister nutzen, und es hilft auch sehr, wenn die Kinder selbst die vertikale Kommunikationsmethode einüben.

Möchten Sie lernen, vertikal zu kommunizieren oder dies Ihrem Kind beibringen? Dann üben Sie die folgenden Grundregeln ein:

- In Ich-Mitteilungen reden,
- kurze, klare Sätze,
- keine Erklärungen, Rechtfertigungen oder Entschuldigungen – lassen Sie sich nicht dazu verleiten, Ihre Entscheidungen zu verteidigen,
- auf Körpersprache achten – könnten Sie selbstsicherer stehen?,
- schweigen, wenn Sie keine Antwort geben wollen,
- versuchen, sich bewusst vom verbindenden Gefühl zu lösen, indem sie tatsächlich einen Schritt zurücktreten und in Gedanken die Fäden durchschneiden,
- das Gespräch beenden, nachdem Sie alles gesagt haben.

Vergleichen Sie die folgenden beiden Dialoge:

Frage: Warum machst du nicht beim Handballturnier mit?

Antwort (seufzt): Ich finde es auch doof für euch, aber ich bin einfach kaputt. Ich schaff es nicht …

F: Ach, komm, du bist aber auch immer kaputt!

A: Ja, ich fühle mich auch schlecht deswegen, vielleicht komme ich doch noch, aber nur kurz …

F: Los, mach doch einfach mit! Du wirst sehen, dass es ganz toll ist!

A (seufzt, zweifelt)

F: Gib dir einen Ruck, ich melde dich an, okay?

A: Wenn du meinst …

Oder

F: Warum machst du nicht mit bei Handballturnier?

A: Weil ich darüber nachgedacht habe und lieber nicht hingehe!

F: Was ist denn los? Warum nicht, das macht doch Spaß!

A: Ich mache lieber nicht mit. Ich mache lieber was anderes, aber ich finde es schön für euch, dass es stattfindet.

F: Bist du etwa wieder müde?

A: Ja.

F: Warum?

A: Das ist einfach so, aber ich bin zufrieden. Ich wünsche euch ein tolles Turnier. Tschüs.

Hochsensible Kinder können sich auch ein Beispiel an selbstbewussten Familienmitgliedern nehmen. Das gelingt aber erst richtig, nachdem sie sich der Kommunikationsmechanismen bewusst sind.

Es gibt keinen Grund, die horizontale Kommunikation völlig zu verbannen. Versuchen Sie als Eltern, beide Formen zu nutzen und Ihre Kinder zu lehren, ebenfalls beide nach Belieben einzusetzen. Stimulieren Sie sie vor allem, sich der Methoden bewusst zu werden, die andere nutzen. Im Idealfall nutzt man eine gesunde, ausgewogene Mischung von vertikalen und horizontalen Kommunikationsformen.

13.9 Psychische Probleme

Ich bin 21 Jahre alt, hochsensibel und habe Ihr Buch gelesen. Ich bin schon immer eher melancholisch gewesen und stecke voller Angstgedanken. Ich habe Drogen genommen und alles Mögliche gemacht, sogar ein Jahr im Gefängnis habe ich schon hinter mir. Glücklicherweise wohne ich jetzt in einer ruhigen WG, und in meinem Leben geht es wieder voran nach einem tiefen Tal. Ich bin echt total offen und hab richtig heftige Sachen mitgemacht. Die Energie ist mir auch schon mal zu Kopfe gestiegen, wodurch ich Stimmen gehört habe. Mein Problem ist, dass ich so viel höre. Wenn ich in Arnheim durch die Stadt gehe, höre ich Stimmen von

Leuten, die aus dem Nichts zu kommen scheinen. Als ich
Gras rauchte, hatte ich das nicht. Da war ich eben in so
einer Art Koma.

(Arno, 21 Jahre alt)

Manchmal geraten Kinder so sehr unter Druck und in physische,
psychische und emotionale Not, dass ihr Körper Stress und lang anhaltende Überreizung für den Normalzustand hält. Das parasympathische
Nervensystem, das für Regeneration und Ruhe zuständig ist, arbeitet
dann zunehmend schlechter. Das sympathische Nervensystem, das
dafür sorgt, dass man wach und aufmerksam ist, hat keinen richtigen
Gegenspieler mehr und bleibt voll aufgedreht.

Für Kinder ist es schwierig, gesund von krank zu unterscheiden,
weil ihnen dazu die Erfahrung fehlt. Manche Kinder haben – es ist
traurig, aber wahr – keine Erinnerung an glückliche Zeiten, und selbst
wenn sie die noch haben, fehlt ihnen die Reflektionsfähigkeit, um ihre
depressive Stimmung zu relativieren – oder sie haben schlichtweg
weder Mittel noch Möglichkeiten, sich besser zu fühlen.

Eine konstante Spannung bewirkt, dass der Körper keinen Stress
mehr abbauen kann und chronische Ermüdung, Burn-out, Angststörungen und Depressivität entstehen. In solchen Fällen erscheinen
Alkohol, Drogen oder Esssüchte als brauchbarer Ausweg, um endlich zur Ruhe zu kommen – schließlich sind das *Betäubungsmittel.*
In solchen Fällen ist die Erkenntnis, dass das Kind hochsensibel ist
und chronischen Stress erlebt, äußerst wertvoll. Ich habe mit vielen
Menschen gesprochen, die süchtig waren und später erkannten, dass
sie hochsensibel sind.

Von Haschisch weiß man, dass es die Wahrnehmung dämpft, es
wirkt schmerzstillend. Partydrogen haben ebenfalls einen Einfluss
auf die Wahrnehmung: Alles wird plötzlich heiter, bunt und froh.
Partydrogen geben also einen angenehmen Reiz. Für einen sensiblen
Jugendlichen in der Pubertät kann das verlockend sein, vor allem,
wenn er das normale Leben als zu stressig, zu schwierig, zu leistungs-
orientiert oder einfach zu langweilig erlebt.

Der Gebrauch von Alkohol und weichen Drogen bringt immer die Gefahr des Abgleitens in harte Drogen mit sich. Die sensibelsten Jugendlichen, die in einer beschützenden Familie aufwachsen, sind sich allerdings sehr der Risiken der Drogen bewusst und gehen meist relativ vernünftig mit diesen Verlockungen um. Schicksalsgenossen, die in weniger stabilen Situationen heranwachsen und nicht ausreichend sie selbst sein können, geraten schneller in Versuchung, mit diesen Mitteln zu experimentieren, vor allem, wenn sie keine Methode erlernt haben, mit ihrer Sensibilität umzugehen. Das gilt auch für Kinder, die von Natur aus Spannung und Aufregung lieben. Eine Frage in diesem Kontext ist immer: Welches Gefühl genau oder welche Realität versucht das Kind zu vermeiden?

Ich möchte hier noch auf die Beziehung zwischen Hochsensibilität und der Psychiatrie eingehen. Es ist nicht untersucht, wie viele hochsensible Kinder und Jugendliche später (ernsthafte) psychische Probleme entwickeln und in der Psychiatrie landen. Doch ich vermute, dass es da einen Zusammenhang gibt, und dass verschiedene Diagnosen wie Angststörungen, (manisch-)depressive Störungen, psychotische Störungen, Borderlinesyndrom und ernste Suchtprobleme mit nicht erkannter Hochsensibilität einhergehen können. Oft spielen eine frühkindliche unsichere Bindung, Gewalt- oder Missbrauchserfahrungen oder andere Traumata eine Rolle. Das ist natürlich nicht in allen Fällen so, erbliche Faktoren oder Krankheit können auch ein wichtiger Faktor sein.

Ich behaupte auch nicht, dass jede psychiatrische Störung durch einen hochsensiblen Charakter verursacht wird. Aber es ist für ein hochsensibles Kind schwieriger, sich im Leben zu behaupten. Ohne konkreten Halt und positive Unterstützung gelingt es dem Kind häufig kaum, sich in dieser komplexen Welt gesund, sicher und glücklich zu fühlen. Je mehr wir über die Hochsensibilität wissen, desto eher können wir möglicherweise dafür sorgen, dass es nicht so weit kommen muss, dass sensible Kinder Angststörungen entwickeln und dadurch letztendlich in einer psychiatrischen Klinik landen.

Lassen Sie uns nicht vergessen, dass Hochsensibilität eine Qualität ist, die nur dann aufblühen kann, wenn ausreichend Rücksicht darauf genommen wird. Wenn sich sensible Kinder Herausforderungen ausgesetzt sehen, können Sie mit passender Förderung und Fürsorge auch lernen, Mut zu sammeln, die eigenen Ängste zu relativieren oder sich weniger schuldig zu fühlen. Sie können ermutigt werden, sich im passenden Moment zurückzuziehen und zu schützen, um von einer sicheren Basis aus anschließend für soziale Herausforderungen gewappnet zu sein. Hochsensible Kinder haben ein höheres Risiko, verletzt zu werden, Traumata zu erfahren und aus dem Gleichgewicht zu geraten. Das ist eine Tatsache, die wir unbedingt ernst nehmen müssen. Aber sensible Kinder reagieren andererseits auch außerordentlich gut auf Therapie, ehrliche Aufmerksamkeit und Fürsorge. Sie können, *wenn sie auf Verständnis stoßen*, außerordentlich weise mit Problemen umgehen, sie sind gewissenhaft und auf das Finden dauerhafter Lösungen bedacht. Hochsensible Kinder haben eine gute Intuition und können gut Lösungen entwickeln, die im Interesse aller sind.

13.10 Den Stand-by-Modus entdecken

Ich finde es widerlich, wenn Menschen einander ins Wort fallen und jede Denkpause im Gespräch nutzen, um das Wort zu ergreifen. Eine gute Stille kann so viel mehr sagen, und sie gibt einem wirklich die Chance über das, was man sagt oder hört, nachzudenken. Wenn jemand die Stille fortwährend mit endlosem Nörgeln und Meckern über alles Mögliche füllt und ich keine Gelegenheit bekomme, dass, was ich höre, zu verarbeiten, geschweige denn zu vertiefen, dann gerate ich schnell in eine Art Stand-by-Modus. Ein Zustand, in dem ich Dinge völlig passiv erdulde und kaum noch mitkriege, was der andere genau sagt, selbst wenn ich mich noch so sehr bemühe. Ich finde das schrecklich, aber scheinbar lieben es andere Menschen, wenn man keinen Mucks von sich gibt und ganz Ohr ist, denn an Freunden habe ich keinen Mangel.

(Daniela, 18 Jahre alt, Schülerin)

Ein alter Freund von mir sagte mir früher gelegentlich, ich würde von Zeit zu Zeit etwas dösig drein schauen. Das drückt recht exakt aus, was im Hirn hochsensibler Kinder und Erwachsener passiert, die zu viele Reize zu verarbeiten haben. Ein Schleier fällt über das bewusste Denken und sie fallen in eine gewisse Apathie. Meine neunjährige Tochter gibt Bemerkungen von sich wie: „Mami, meine Augen bleiben lange an einem Punkt hängen. Ich bin also wohl müde." Wegschauen (Blickkontakt vermeiden) ist dann auch eine Methode, die viele sensible Kinder und Erwachsene anwenden, um die Reizmenge zu reduzieren.

Eine sensible Person ist oft freundlich und einfühlsam und kann nicht so gut ein unangenehmes Gespräch abbrechen. In meinen Workshops höre ich immer wieder, dass sensible Menschen es grob und unfreundlich finden, nicht weiter zuzuhören. Aber das kann so anstrengend und überreizend sein, dass die sensible Person davon völlig apathisch wird. Apathie ist eigentlich das Entgegengesetzte von Sensibilität. Es ist ein Zustand von (äußerer) Gefühllosigkeit, eine passive, nicht hilfsbereite und nicht einfühlsame Haltung. Entsprechend dieser Beschreibung erscheint dieses Verhalten aus Sicht normalsensibler Menschen wie Unwillen. Hochsensible Menschen erscheinen ihnen dann desinteressiert zu sein. Doch das ist eine komplett falsche Interpretation der äußeren Anzeichen. Die aktiven Teile des Gehirns gehen auf Sparflamme, um sich so zu schützen. Es dauert danach oft ein bisschen, bevor die sensible Person wieder in Gang kommt. Im Gegensatz zu einem Computer kann man nicht per Knopfdruck den Denkapparat wieder in Gang bringen.

Eltern sollten bei ihren Kindern die Stand-by-Phasen akzeptieren und nicht erstaunt sein, wenn das Kind regelmäßig abwesend, desinteressiert, lustlos oder verträumt wirkt. Dieses Stand-by ist ein sehr notwendiger Zustand, um Batterien zu schonen und die Reizflut einzudämmen oder zu verarbeiten. Hochsensible Kinder neigen dazu, passiv, träge und scheinbar faul zu sein. Ihre größte Aktivität findet im Innern statt, im „Oberstübchen". Sobald Sie für ausreichend Pausen sorgen, kommt wie von selbst wieder mehr Schwung in die Bude.

Wenn Ihr Kind sich angewöhnt hat, wegzuschauen oder nicht zuzuhören, sollten Sie sich zuerst einmal fragen, ob das Leben Ihres Kindes vielleicht zu ruhelos ist. Reden Sie vielleicht zu viel? Ist dieser Redeschwall für sie wichtig? Reden und tun Sie nicht zu viel. Geben Sie nicht zu viele Anweisungen und pädagogische Korrekturen. Wenn Sie wirklich Aufmerksamkeit für etwas Wichtiges wollen, bitten Sie Ihr Kind, Sie anzuschauen und kurz mit seiner Beschäftigung innezuhalten, damit es Ihnen zuhören kann.

Stimulieren Sie Ihr Kind andererseits auch, selbst in Worte zu fassen, was es denkt und fühlt. Das eine Kind redet mehr als das andere, aber die meisten sensiblen Kinder haben die Tendenz, Dinge in sich hineinzufressen, und sie denken eher visuell. Sie denken in Formen, Farben, Bewegungen und Richtungen. Man hilft diesen Kindern, wenn man ihnen Aufgaben mit dem Ziel gibt, sich selbst und die umgebende Welt sprachlich zu beschreiben. Fangen Sie damit schon in jungem Alter an, und lassen Sie Kinder lieber Hörspiele hören als Fernsehen zu schauen. Unsere Bilderkultur fördert das Schauen zu stark, wodurch bildhafte Denker zu wenig auditiv stimuliert werden.

Manche Wissenschaftler gehen davon aus, dass sensible Kinder bildhafte Denker sind und dass bei ihnen vor allem die rechte Hirnhälfte aktiv ist. Diese Kinder erfühlen alles gut, aber denken weniger in Sprache und logischen Strukturen. Deshalb geraten sie bei Gesprächen ins Hintertreffen und hinken dem letzten Gedankengang hinterher.

Weil sensible Kinder oft Schwierigkeiten haben, sich freimütig zu äußern, können Verspannungen in Kehle, Nacken und Schultern entstehen. Außerdem beschränkt sich die Atmung häufig auf den Oberkörper. Der Brustraum bleibt beim Atmen flach und der Atem auch. Im Allgemeinen besteht dann eine hohe Muskelspannung. Im folgenden Teil finden Sie auch einige Übungen, die man mit seinem Kind durchführen kann, um die Spannung im Kehlbereich zu mindern und den Atem zu vertiefen.

Teil 3:

Übung macht den Meister

Vierzehn Übungen, Spiele und Meditationen für Eltern und Kinder

Gerne möchte ich Eltern und Betreuern hochsensibler Kinder zum Abschluss einige praktische Hilfsmittel geben. In diesem dritten Teil finden Sie Übungen, die Kinder entweder selbständig oder mit Eltern, Betreuern oder Lehrern durchführen können. Auch in Therapiesitzungen haben die Übungen sich bewährt. In diesem dritten Teil gründe ich mich auf die von mir entwickelte Encasing©-Methode, die das Ziel hat, Kindern beim Entwickeln einer geeigneten inneren Haltung zu helfen, um sie stärker und selbstbewusster zu machen.

Encasement bedeutet wörtlich Umhüllung. Man lädt das Kind in einer zwanglosen Atmosphäre dazu ein, sich seiner Ausstrahlung und Haltung bewusst zu werden und seine Aufmerksamkeit in Körperteile fließen zu lassen, die weniger stark sind, die das Kind für verletzlicher hält, derer es sich in seinem Alltag weniger bewusst ist. Dadurch können Kinder (und natürlich auch Erwachsene) Zugang zu neuer Kraft und einer anderen (Lebens-)Haltung finden. Durch einfache Übungen können sie auf schnelle und angenehme Weise Selbstbewusstsein und Selbstvertrauen entwickeln und die eigenen Grenzen besser spüren.

Die Idee hinter Encasing© ist, dass der Inhalt der Form folgt. Im therapeutischen Setting wirkt Encasing© natürlich am effektivsten, weil ein(e) ausgebildete(r), energetische(r) Therapeut(in) beim Kind spezielle Blockaden wahrnehmen kann (unter anderem in den Chakren). Doch mit unten stehenden Übungen kann ein Kind (mit oder ohne Eltern/Betreuer) auch alleine einiges bewirken. Darum sind die Übungen so beschrieben, dass Kinder sie selbst lesen können.

Viel Spaß beim Üben!

14.1 Schmetterlingsschraube

Für Kinder, die nicht gut loslassen oder nicht gut einschlafen können.

Dies ist eine am Sehsinn orientierte Methode, mit der man Meditieren lernen kann. Du kannst dabei sitzen oder stehen. Komme zuerst so gut wie möglich zur Ruhe, indem du deine Aufmerksamkeit einen Moment auf den Atem richtest und bewusst etwas tiefer atmest.

Du kannst Dir auch einfach eine schöne Farbe in deinem Bauch vorstellen.

Meditieren ist ein Nicht-Denken. Für die meisten Menschen ist das gar nicht so einfach. Manchmal gelingt es für ein paar Augenblicke, aber dann sind die Gedanken schon wieder irgendwo anders hingeflogen. Stelle dir vor, dass all deine Gedanken Schmetterlinge sind, die unruhig um dich herum flattern. Sehe deine Gedanken lebhaft und ungerichtet herumflattern. Gelingt dir das?

Nimm nun in Gedanken einen Schmetterlingskescher in die Hand und versuche, die Gedanken damit zu fangen, wie man Schmetterlinge fängt. Bringe die Schmetterlinge dann alle unten in deinen Bauch. Das geht am besten wenn du dir vorstellst, sie mit einer schraubenförmigen Bewegung nach unten bis in deinen Bauch zu bringen, wie bei einer Wendeltreppe.

Dann versuche, die Schmetterlinge in deinem Bauch zu halten, als hättest du sie unter einer Glocke oder in einem Glas mit Deckel gefangen. Nimm in deiner Vorstellung das, was für dich am besten funktioniert.

Um diese Übung gut zu meistern, brauchst du ein bisschen (Willens-)Kraft, Konzentration und eine ruhige Atmung. Denn sonst steigen die Schmetterlinge wieder hoch, ruhelos wie sie sind, dann fliegen sie wieder herum. Experimentiere einmal damit. Vielleicht findest du, dass dies eine angenehme Art zu meditieren ist. Fliegt noch ein Schmetterling herum? Dann fange auch ihn mit dem Kescher und bringe ihn mit der schraubenförmigen Bewegung in deinen Bauch.

14.2 Boxen

Für Kinder mit schwachem Selbstvertrauen.

Diese Übung hilft Kindern, die dazu neigen, sich übermäßig an andere anzupassen, die sich machtlos fühlen oder die es nicht wagen, zu ihrer eigenen Meinung zu stehen.

Stampfe ein paar Mal kräftig mit den Füßen, sodass du gut den Boden spürst. Um sich gut zu erden, macht man sich am besten bewusst, dass man auf der Erde ist und nicht irgendwo in der Luft schwebt! Wenn du spürst, dass es genug ist, stelle dich breitbeinig hin und balle deine Hände zu Fäusten. Halte deine Hände vor das Zwerchfell und stoße erst die eine und dann, während du die Faust wieder zum Zwerchfell zurückziehst, die andere Faust kräftig nach vorne.

Diese Boxübung bringt Energie zum dritten Chakra, dem Energiezentrum in der Mitte deines Bauchs, das dir hilft, dich selbstbewusster und stärker zu fühlen. Dieser Körperbereich wird auch Solar Plexus genannt. Wenn du dich kräftiger und willensstärker fühlen möchtest, musst du dieses Gebiet ein bisschen energetisieren.

Eine Variante dazu ist die Übung „Nein-Boxen", wobei du zusätzlich deine Stimme nutzt, um ganz laut „Nein!" zu rufen. Wenn du Schwierigkeiten hast, „Nein" zu sagen, oder wenn du das Gefühl hast, dass andere dich oft manipulieren, wenn du zu unsicher bist oder wenn du aus einen bestimmten Grund am liebsten zu jemandem „Nein" sagen möchtest, dann hilft es wirklich gut, das vorher schon für sich geübt zu haben. Die Bewegung ist dieselbe wie in der obigen Boxübung.

14.3 Der Holzhacker

Für Kinder aller Altersklassen, deren Gefühl, Macht und Einfluss zu haben, blockiert ist; die unter Nervosität und geringem Selbstvertrauen leiden; die Wut loswerden möchten.

Zu dieser Übung gehört ein kräftiger „Aaaah!"-Ruf. Sorge also dafür, dass du irgendwo bist, wo du richtig laut schreien kannst (oder gleichzeitig laute Musik abspielen darfst).

Mitten in deinem Bauch sitzt das dritte Chakra, beziehungsweise der Solar Plexus. Du findest diese Stelle, wenn du deine Hände an die Unterseite deiner Rippen über dem Nabel legst. Dieser Bereich hängt mit dem Gefühl der eigenen Stärke zusammen.

Stelle dich schön stabil auf den Boden und stampfe ein paar Mal. Falte dann die Hände über deinem Kopf zusammen. Stelle dir vor, du seist ein Holzhacker, mit einem Beil in den Händen. Das Beil saust mit hoher Geschwindigkeit kraftvoll nach unten zwischen deine Beine und wieder zurück nach oben. Du beugst also kräftig den ganzen Rumpf, wodurch das dritte Chakra massiert wird und viel Energie erhält.

Die Bewegung ist schnell und fließend und sieht aus wie Holzhacken, daher der Name der Übung. Wenn du Wut oder Ärger fühlst, kannst du diese Gefühle einfach rauslassen. Richte diese Emotionen nicht auf eine bestimmte Person, wie gemein du diese auch finden magst. Lasse Wut und Ärger lieber in den vorgestellten Holzblock hinein- und wegfließen.

14.4 Der Stern

Für alle Kinder, die Selbstvertrauen gewinnen wollen.

Jeder Mensch, jedes Kind ist in seinem Wesen ein Stern. Wenn du abends nach draußen schaust und den Sternenhimmel siehst, mache dir einmal klar, dass du denselben Ursprung hast wie all die Millionen Sterne da draußen. Weißt du, dass deine Existenz mit dem Sternensystem verbunden ist und dass du aus denselben Stoffen bestehst wie das Weltall? Höchste Zeit, dass du deine Sternnatur wieder etwas aufmöbelst! Das geht mit folgender Meditation. Du kannst sie liegend oder stehend durchführen.

Breite deine Arme weit aus, spreize deine Finger. Stehe breitbeinig oder, falls du liegst, spreize deine Beine. Mache dich so groß und frei wie du nur kannst, und schließe deine Augen. Stelle dir vor, dass du ein Dreieck formst, welches von der Kopfspitze zu beiden Füßen verläuft. Das ist das stehende Dreieck, das himmlische, schöpferische Element.

Stelle dir nun ein zweites Dreieck vor, das von der Erde zu deinen beiden ausgestreckten Händen verläuft. Das steht für das irdische, weibliche Element.

Diese beiden Dreiecke bilden zusammen einen Stern, ein Hexagramm. Genieße deine Großartigkeit strahlend, leuchtend, stark. Nimm all den Raum ein, den du als strahlender Stern benötigst.

Vielleicht fühlst du dich sonst im Alltag ganz anders. Vielleicht fühlst du dich dort klein, ängstlich und eingeschüchtert. Sei dir bewusst, dass du dich auch so *strahlend wie ein Stern* fühlen kannst. Mache diese Meditation, um dich daran zu erinnern, so oft du es angenehm und nötig findest.

14.5 Das Männchen Bo im Bauch

Eine Übung, die Eltern zusammen mit ihren Kindern praktizieren können. Die Kinder stärken ihr Gefühl für den eigenen Körper und die eigenen Grenzen. Das Ziel dieser Übung ist es, Kindern beizubringen, sich nach innen zu richten – und nicht immer auf die Außenwelt fokussiert zu sein. Manche sensiblen Kinder haben dabei mehr Schwierigkeiten als andere. Man kann als Elternteil natürlich der Geschichte einen eigenen Dreh geben und sie nach Herzenslust variieren. Beispielsweise könnten Sie Ihr Kind fragen, welchen Namen es seinem Männchen geben möchte.

Bo ist ein Männchen, das gerne in deinem Bauch wohnt. Er wohnt am liebsten gemütlich in seinem komfortabel eingerichteten Zimmer, tief in deinem Kinderbauch. Dort hat es einen behaglichen Sessel, eine Stehlampe, Bücher und auch

Spielsachen, mit denen es sehr gerne spielt. Es hat ein Bett mit ganz vielen Kissen und eine kleine Küche, wo es seine Schokomilch trinkt. Hunger hat es keinen, denn es bleiben ja immer genug Reste von den Mahlzeiten über.

Bo findet es herrlich, in deinem Bauch zu leben, und ihm wird dort nie langweilig. Er hat nämlich einen wichtigen Job: Jeden Abend, bevor er schlafen geht, macht er eine Runde durch deinen Körper, um zu sehen, ob alles in Ordnung ist und um alle Lichter auszuschalten. Er macht immer dieselbe Runde: vom Magen zur Leber, danach durch die Därme und die Nieren zur Blase.

Bo schaut anschließend ins Innere des linken Beines und inspiziert danach auch das rechte Bein. Dasselbe macht er mit den Armen und dem Kopf, und schließlich geht er noch ein bisschen in seinen Garten, der sich in deinem Herz befindet. Dort gießt er die Blumen, zieht etwas Unkraut heraus und schneidet manchmal einen Strauß Rosen für seinen Esstisch. Oft bleibt er auch noch eine Weile auf seinem Bänkchen im Garten sitzen, um den Vögeln zu lauschen oder um einfach nur ein bisschen nachzusinnen. Danach geht er ruhig und frohgemut in sein Häuschen zurück, tief unten in deinem Bauch. Dort stellt er seine Blumen auf den Tisch und macht sich dann fertig, um ins Bett zu gehen.

14.6 Stampfen

Für alle Kinder, in jedem Lebensalter, immer wieder sehr zu empfehlen!

Sich gut zu erden ist eine wichtige Voraussetzung, um fest im Leben zu stehen und Einflüssen und Druck von außen trotzen zu können. Wenn man nicht gut verwurzelt ist, können andere einen leicht vom Sockel pusten!

Kräftige Beine, Knie, Fußgelenke und Füße bekommst du, indem du elastisch auf beiden Beinen, mit fest auf den Boden gedrückten Fußsohlen stehst. Spüre wie jeder Bereich deiner Fußsohle Verbindung zum Boden herstellt. Du kannst auch ein bisschen von links nach rechts auf den Füßen schwanken, bis wirklich der ganze Fuß mit der Erde in Kontakt steht. Und jetzt darfst du herrlich stampfen. Lasse dabei Arme und Rumpf so entspannt wie möglich herunterhängen.

14.7 Ha – hi – hi

Für schüchterne Kinder, die sich nicht zu äußern trauen.

Zusammen mit seinem Kind durchzuführen. Das Hals-Chakra sorgt dafür, dass man gut sprechen kann, ausreichend gehört wird und dass die Kreativität strömt. Bei schüchternen und stillen sensiblen Kindern kann in diesem Bereich viel Spannung sein, weshalb Entspannung in diesen Zonen besonders wichtig ist. Diese Übung richtet sich vor allem an Eltern, um sie zusammen mit dem hochsensiblen Kind durchzuführen. Ich habe sie zusammen mit meinen Töchtern entwickelt, und sie sorgt bei uns zu Hause für eine Menge Spaß.

Vielleicht kennst du das Gefühl, dass sich deine Kehle wie zugeschnürt anfühlt? Vielleicht stotterst du oder spürst viel Spannung in Schultern und Nacken? Diese Übung kann man nur mit einem Partner durchführen, bitte also jemand, dem du vertraust, mitzumachen.

Lege dich entspannt aufs Bett, aufs Sofa oder auf eine Matte auf den Boden. Lass einen „Haaaaa!"-Laut aus deiner Kehle rollen. Halte deine Kehle dabei so entspannt wie möglich. Du wirst merken, dass die Tonhöhe deiner Stimme rasch sinkt je mehr du dich entspannst. Mache den Klang breit und laut während du der Ausatmung folgst.

Während du damit beschäftigt bist, diesen Laut auszustoßen, macht sich dein Partner an einen „Angriff" auf deinen Bauch, indem er dir mit beiden Händen einmal kräftig in die Lenden oder an den Bauch greift.

Das darf nicht zu stark, aber auch nicht zu sanft sein. Eine kurze, kneifende oder kitzelnde Bewegung ist perfekt! Es darf weder wehtun noch in Durchkitzeln ausarten. Aber es kann durchaus so kräftig sein, dass du unvermittelt in Lachen ausbrichst. Wenn du nicht lachen musst, kann das ein Zeichen sein, dass du noch nicht ausreichend entspannt bist.

Nach dem „Haaaaa!"-Laut kannst du den „Hooooo!"-, den „Hiiiii!"-, den „Heeeee!"- und den „Huuuuu!"-Laut ausprobieren. Ein Heidenspaß, diese Übung.

14.8 Kuckuck

Für kleine, unsichere Kinder.

Zusammen mit seinem Kind durchzuführen. Ein Klassiker: Das alte „Kuckuck"-Spiel ist immer noch effektiv. Es schenkt vor allem unsicheren kleinen Kindern viel Freude und stärkt das Band zwischen Mutter (Vater) und Kind.

Verstecken Sie sich hinter einer Tür oder einer Decke und kommen Sie mit einem fröhlichen Kuckuck wieder zum Vorschein. Sich verstecken und wieder auftauchen hilft kleinen Kindern, Vertrauen aufzubauen, dass Mama oder Papa immer wieder zurückkehren.

14.9 Barbapapa

Für Kinder, die Geborgenheit brauchen.

Viele sensible Kinder sind stark auf die Außenwelt gerichtet und finden es schwierig, sich auf sich selbst zu besinnen und das eigene *Ich* zu spüren. Je früher ein Kind dabei unterstützt wird und je früher es sich daran gewöhnt, regelmäßig zum eigenen Zentrum zurückzukehren, desto einfacher wird es, sich wieder ins Gleichgewicht zu bringen und von einer Überreizung zu erholen – auch im späteren Erwachsenenalter. Viele Menschen meinen, dass das Herz das Zentrum unseres Wesens sei. In gewissem Sinn stimmt das auch, das Herz ist aber vor allem das Gebiet, von dem aus wir uns mit anderen Menschen verbinden, und deshalb ist dieses Gebiet ziemlich oft überlastet. Vor allem, wenn es, wie bei vielen sensiblen Kindern oder Erwachsenen, zu offen ist. Das Öffnen des Herzens steht als

Übung aus diesem Grund nicht an erster Stelle (außer bei traumatisierten Kindern, doch in diesen Fällen sollte dringend ein(e) Therapeut(in) hinzugezogen werden). Asiatische Ärzte und Weise betrachten ein Gebiet, das sich etwas unterhalb des Herzens befindet, nämlich knapp unter dem Nabel, als die wahre Mitte des Menschen. Diesen Bereich kann man mit einer Batterie vergleichen, und je mehr man sich seiner bewusst ist, desto mehr kann man diesen Bereich mit Energie füllen.

Im Idealfall ist das Gebiet ruhig und energetisch gefüllt, es ist „die tragende Mitte des Menschen". Das Chinesische Wort für diesen Bereich ist *Dantien*, Japaner nennen es *Hara* und betrachten es als essenziell für gute Gesundheit und Ausgeglichenheit. Eine Möglichkeit, Kinder spielerisch mit dem Hara in Kontakt zu bringen, ist die Barbapapa-Familie. Das ist eine Alternative zur Männchen-Bo-im-Bauch-Meditation.

Die Übung ist zusammen mit dem Kind durchzuführen. Bitten Sie das Kind, sich auf den Rücken zu legen und die Augen zu schließen. Legen Sie Ihre Hände auf seinen unteren Bauch, um den Nabel herum. Sagen Sie dem Kind, dass in seinem Bauch eine Barbapapa-Familie wohnt. Das sind dem Wesen nach die Organe. Jeder Barbapapa hat seine eigene Farbe und seine eigene Aufgabe für die Gesundheit des Kindes, und zusammen bilden sie eine starke Familie, die zusammenhält. Bitten Sie Ihr Kind, sich die Barbapapas vorzustellen und stellen Sie Fragen wie: „Was tun sie? Schlafen sie oder ist einer wach? Welcher von Ihnen ist wach und warum? Hat er eine bestimmte Farbe? Was machen sie morgen?" usw. Bitten Sie Ihr Kind zwischendurch, den Atemstrom auf die Barbapapas zu richten, zum Beispiel so stark, dass sie anfangen zu wackeln. Nutzen Sie Ihre Fantasie! Farbe oder Funktion eines Barbapapa kann ein Hinweis auf das sein, was das Kind momentan beschäftigt, aber es ist für Eltern nicht nötig, darauf speziell einzugehen. Das Visualisieren von Farben und das Kontaktherstellen mit dem Bauch über Atem und Vorstellungskraft sind ausreichend, um die Wahrnehmung für die Innenwelt zu entwickeln. Man kann auch zusammen mit seinem Kind eine Zeichnung machen mit allen Barbapapa-Organen und darüber sprechen.

14.10 Rollentausch

Für Kinder aller Lebensalter, um sich selbst besser kennenzulernen.

Zusammen mit dem Kind durchzuführen.

Setzen oder stellen Sie sich gegenüber und vereinbaren Sie, einander nachzuspielen. Am besten nehmen Sie eine aktuelle Diskussion, einen Streit, eine Konfrontation, die noch frisch im Gedächtnis sind. Dies ist ein Rollenspiel, in dem Sie nach Herzenslust improvisieren und einander nachmachen sollen.

Kinder finden es lustig und manchmal erleichternd, wenn die Rollen auch einmal umgedreht werden. Die Kinder sehen sich selbst dann in Ihnen als Spiegel und Sie sehen sich und Ihr Benehmen in den Kindern als Spiegel. Indem man wiederkehrende Streitereien noch einmal nachspielt, gibt man dem Kind die Möglichkeit, heruntergeschluckte Gefühle auszudrücken und den Erwachsenen deutlich zu machen, wo sie einlenken oder anders reagieren oder handeln könnten. Natürlich gilt das auch umgekehrt! Halten Sie es vor allem leicht und lustig, es geht nicht darum, einander zu kränken oder zu beleidigen.

14.11 Batterie aufladen

Für alle Kinder, groß und klein, und für alle Eltern. Um sich aufzuladen und von Überreizung und Stress zu erholen.

Zusammen mit dem Kind durchzuführen.

Nicht nur elektronische Geräte müssen regelmäßig ans Aufladegerät, um neue Kraft zu schöpfen. Auch die Batterien von Eltern und Kindern leeren sich in der Hektik das Alltags und müssen dann dringend wieder mit Energie aufgetankt werden. Warten Sie nicht zu lange (etwa bis zu den Ferien), sondern organisieren Sie täglich einen Aufladezeitpunkt. Man lädt sich auf, indem man seine Herzen fest gegeneinander drückt. Das kann man liegend, sitzend oder stehend machen. Einfach einen Moment zusammen im Jetzt sein, ohne Erwartung, ohne Geschäftigkeit oder Hetze.

Das ist natürlich keine richtige Übung, aber deshalb nicht weniger wichtig. Man vergisst es schnell, vor allem wenn Kinder in die Pubertät kommen und vielleicht etwas ruppiger oder irritiert reagieren. Lassen Sie Energie von der Basisstation und zurück strömen, dadurch laden Sie sich beide auf. Dauerhafte natürliche Herzenergie geht nie zur Neige. Sie und Ihre Kinder brauchen das Aufladen, vergessen Sie das nicht.

14.12 Seid laut!

Für zaghafte, unsichere und stille Kinder.

Geeignet für alle Lebensalter, hier wird die Übung für kleine
Kinder beschrieben. Zusammen mit dem Kind durchzuführen.

Setzen Sie sich gegenüber in die Hocke. Fangen Sie an,
leise zu flüstern und zu reden, und während Sie langsam
hochkommen, werden Ihre Worte lauter und lauter, bis Sie
beide schließlich die Arme in die Luft strecken und herrlich
schreien. Statt zu schreien können Sie auch ein Lieblingslied
singen.

14.13 Das Pendel

**Eine Schreib-und Denkübung für
etwas ältere hochsensible Kinder.**

Überreizung kann man nicht immer vermeiden, aber man kann
lernen, damit so umzugehen, dass die Reize einen nicht hinter-
rücks überwältigen. Man kann nicht immer einfach aus jeder
Situation wegrennen, doch wenn man sich bewusst ist, dass
die Situation herausfordernd und überreizend für einen ist, ist
man schon ein ganzes Stück weiter. Sich dessen bewusst zu
sein, was eine Umgebung, was bestimmte Menschen oder was
bestimmte Beschäftigungen mit einem tun, ist für sensible Personen extrem wichtig. Ich gebe meinen Klienten die Aufgabe,
Situationen, Menschen und Räume einzuteilen in *voll, leer* oder
flow. Wenn eine Person sich voll anfühlt, hat man das Gefühl,
dass man selbst keinen Platz mehr bekommt und dass ziemlich
an einem herumgeschubst und gezogen wird. Wenn sich eine

Person oder Tätigkeit leer anfühlt, dann fühlt man sich ausge-
saugt, dann ist man danach völlig erschöpft, manchmal sogar
depri. Fühlt man sich hingegen in einem Flow, dann geht es
einem prima. Es gibt auch noch einen neutralen Zustand wo
sich nicht so viel verändert. Auch gut.

Volle und leere Situationen führen zu Überreizung, flow und
neutrale Situationen nicht. Experimentiere damit. Dieses
System ist nicht dazu da, andere zu be- oder verurteilen,
behalte deine Beobachtungen lieber für dich. Es geht um
deine eigene Sicht.

Denke daran, dass du bei Überreizung drei Schritte machen
musst:

1. Überreizung erkennen
2. Überreizung beenden
3. Das Gleichgewicht zurückgewinnen, indem
   du etwas tust, was dich in Flow bringt.

14.14 Über Gefühle reden

**Für Kinder aller Altersstufen, um die
Unterscheidung zu lernen, welche Gefühle
von einem selbst stammen und welche
von anderen.**

Man kann nicht früh genug damit anfangen, sensible Kinder
zum Gespräch über ihre Gefühle und Wahrnehmungen zu ermutigen. Das Reden über alle möglichen Reize und Gefühle hilft
dem Kind, die komplexe Welt zu ordnen und sich selbst darin
wiederzufinden. Je mehr ein Kind sich selbst in seinen körper-

lichen, gefühlsmäßigen und geistigen Reaktionen kennt und akzeptiert, desto selbstbewusster wird es.

Was fühle ich eigentlich genau? Ist das, was ich fühle, Irritation, Hunger, Fieber oder Müdigkeit? Bin ich schlecht gelaunt, weil ich mich gekränkt fühle? Bin ich wirklich sauer ohne Grund, oder ist etwas passiert, das mich verunsichert hat? Warum reagiere ich mich bei Freunden, Bruder oder Schwester ab? Warum bin ich traurig. Was ist der Grund für meine Angst?

Versuche zuerst, die Empfindungen, die du im Körper spürst, zu benennen. Beantworte dann die Frage: „Woher kommt es?" Beachte zuerst die körperlichen Beschwerden, wie: „Habe ich Hunger? Bin ich müde? Ist mir kalt?" Frage dich anschließend, ob es eventuell emotionale Ursachen gibt: „Habe ich mich im Stich gelassen, übersehen oder gekränkt gefühlt?"

Versuche, so wenig wie möglich in Begriffen von gut und schlecht zu urteilen. Ein unangenehmes Gefühl geht schneller vorbei, wenn man es einfach mit ganzem Bewusstsein wahrnimmt. Erst wenn es *da sein* darf, kann man es loslassen. Es scheint widersinnig und kann etwas Zeit kosten, bevor man dieses Prinzip selbst erlebt und verinnerlicht hat. Gefühle und Gedanken gehen alle auch wieder vorbei, man muss nur bereit sein, sie loszulassen. Auch als Elternteil sollte man darauf achten, die Ursachen, die das Kind für bestimmte Körperempfindungen nennt, nicht zu beurteilen. Auch unausgesprochene Gefühle haben eine große negative Ausstrahlung. Stellen Sie sich als Elternteil deshalb die Frage, inwieweit Sie selbst Dinge zurückhalten und ansammeln und ob Sie Ihrem hochsensiblen Kind damit eigentlich eine Freude machen. Strömenlassen ist heilsamer als Unterdrücken.

14.15 Karnevalsumzug

**Für Kinder aller Lebensalter,
die eine Neigung haben, sich in Emotionen
zu verlieren.**

Zusammen mit seinem Kind durchzuführen.

Manche Kinder sind von Natur aus sehr gefühlsbetont und bleiben an Stimmungen von Kummer, Gehässigkeit und Zurücksetzung kleben. Das hängt oft mit Unsicherheit zusammen. Je unsicherer man ist, desto schneller fühlt man sich abgewiesen oder beleidigt. Unsicherheit macht uns empfindlicher gegenüber der negativen Energie anderer.

In einem unsicheren Geist ziehen Gefühle, Erinnerungen, Vorstellungen, Wünsche, Ermahnungen und Kritik häufig *wie ein Karnevalsumzug* umher. Es sind verkleidete und fremdartige Figuren, die versuchen, uns in die Irre zu führen und zu verunsichern. Fröhlich und traurig, amüsant und eintönig zieht der Umzug vorbei. Wie *wirklich und wichtig* ist dieser Umzug eigentlich?

Sie können Ihrem Kind bewusst machen, das Gefühle manchmal ein Eigenleben entwickeln – und vergehen. Damit meine ich nicht, dass man Kinderprobleme als nichtssagend abtut, sondern dass das Kind nicht alles, was andere sagen und tun, auf sich beziehen sollte. Will es wirklich daran glauben, dass hinter jeder Ecke ein Feind lauert?

Unsichere gefühlsbetonte Kinder (und Erwachsene) bleiben gerne der Angewohnheit treu, sich in ihrer Negativität zu bestärken.

Mithilfe dieser Karnevalsbildsprache kann man seinem Kind beibringen, Abstand zu nehmen und sich weniger aufsaugen zu lassen von Gefühlen und Gedanken und stattdessen ein Zuschauer zu werden, der auf dem Bürgersteig steht und den Umzug beobachtet.

14.16 Weißes oder goldenes Licht visualisieren

Für zu offene Kinder, die sich etwas mehr gegen Negativität schützen wollen.

Viele Menschen nutzen ihre Vorstellungskraft, um sich in Notfällen oder auch zur täglichen Abwehr vor Negativität zu schützen. Eine gut funktionierende Methode ist die Vorstellung, von einem Kreis oder einer Aura weißen Lichts umgeben zu sein. Die Aura ist der ätherische (Energie-) Körper, den jeder Mensch, jedes Tier und jede Pflanze um sich herum hat. Nicht jeder nimmt das wahr, aber viele sensible Menschen spüren oder sehen diese Auras.

Man kann es sich zur Gewohnheit machen, diese Visualisierung jeden Morgen und Abend durchzuführen. Beginne damit, dich einige Minuten auf den Atem zu konzentrieren. Stelle dir dann vor, dass von oben weißes oder goldenes Licht auf dich scheint, womit du dich vollkommen einhüllst. Oder du kannst dir vorstellen, dass du wie ein Gefäß mit Licht angefüllt wirst, welches dich von innen nach außen leuchten lässt, wodurch du gewissermaßen eine strahlende Lichtquelle wirst. Es ist herrlich zu spüren, dass man Licht ist und auch die Leichtigkeit von Licht hat.

Vielleicht brauchst du mehr Schutz? Stelle dir dann einfach vor, dass deine Aura aus Glas ist oder durch einen Spiegel von der Außenwelt abgegrenzt wird. Die spiegelnde Seite ist nach außen gerichtet, sodass entgegenkommende Negativität zurückgeworfen wird.

Diese Übung ist eng verwandt mit „Visualisiere ein Schild" (14.18). Je klarer man diese Vorstellung vor sich sieht, desto besser wirkt der Schutz. Die Übung ist sehr effektiv, wenn man irgendwohin geht, etwa zur Schule oder zu einer Feier. Als Elternteil kann man kleinere Kinder beschützen, indem man diese Visualisation für sie durchführt.

14.17 Avocado-Meditation

Für Kinder aller Lebensalter, um sich gegen Negativität zu schützen.

Falls die Lichtübung noch etwas zu schwierig für das Kind ist, hat sich auch die Avocado-Übung als nützlich erwiesen. Auch sie regt die Vorstellungskraft an. Die Avocado-Meditation macht ihrem Namen alle Ehre, und sie kann jederzeit, an jedem Ort angewandt werden. Wenn man sie zum ersten Mal durchführt, ist es praktisch, eine reife Avocado zu kaufen und mit dem Kind zu untersuchen, wie diese Frucht genau aussieht. Anschließend ist es natürlich ganz toll, sie genüsslich zusammen aufzuessen.

Schließe die Augen und stell dir vor, dass du selbst eine Avocado bist. Das schöne und spezielle an einer Avocado ist sein großer starker Kern, umgeben von weichem, grünem Fruchtfleisch. Stelle dir also vor, dass du, wie die Avocado, im Inneren einen großen, starken, harten Kern hast, der nicht kaputt zu kriegen ist, und drumherum eine weiche, gefühl-volle Schicht grünen Fruchtfleisches. Und um alles herum sitzt eine solide, beschützende, kräftige Haut.

Die Farbe Grün ist die Farbe des Herz-Chakras, auf Sanskrit auch *Anahata*-Chakra genannt, was soviel wie unverletzlich, unermüdlich bedeutet. Diese grüne Farbe hilft uns, Beziehun-gen einzugehen und liebevoll, verständnisvoll und sanft zu sein, ohne dass wir je in unserem Kern verletzt oder gekränkt werden könnten. Statt in einem Karnevalsumzug mitzulaufen (siehe entsprechende Übung), kannst du dir vorstellen, wie schön es wäre, wenn du nicht wirklich im Kern gekränkt werden kannst.

Stimulieren Sie Ihr Kind, sich jederzeit das Bild der Avocado aufrufen zu können, vor allem in bedrohlichen Situationen wie in der Schulpause, bei Hänseleien und in neuen Situa-tionen.

14.18 Visualisiere ein Krafttier

Für ältere Kinder, die zusätzlichen Schutz brauchen.

Zu Hause oder in der Schule gehen andere leicht über deine Grenzen. Alles will in dich einströmen, vor allem die negative Energie anderer. Je unsicherer du dir deiner selbst bist, desto mehr negative Energie nimmst du auf. Sorge nun zuerst dafür, Selbstvertrauen mit anderen Übungen aufzubauen (Boxen, Der Holzhacker, Der Stern, Stampfen, Stehen wie ein Baum, usw.).

Du sammelst im Laufe des Tages immer eine bestimmte Menge Stress an, aber manche Orte fordern dich besonders heraus: Schule, Einkaufszentrum, mit anderen Kindern auf Festen zu sein oder Konzerte mit lauter Musik usw. Weiterhin laugen dich vielleicht oft Menschen aus, die müde sind, die hektisch reden oder die negative Gefühle oder Schmerzen in sich hineingefressen haben. Sie saugen gewissermaßen deine Energie ab.

Dem kannst du vorbeugen, indem du dir in solchen Situationen ganz bewusst einen Schutz vorstellst. Die klassischen Ratschläge sind, einen Spiegel, ein Schild oder eine Rose zwischen sich und dem anderen zu visualisieren. Um ehrlich zu sein, haben mir diese Bilder nie so richtig geholfen; sie sprachen mich auch nicht an. Kürzlich bat ich in einer Meditation nach einem Bild, welches mich persönlich mehr ansprechen würde. Einen Augenblick danach saßen zwei sabbernde Hunde in der Höhe meines Zwerchfells, also dem dritten Chakra, und knurrten mit bedrohlich gefletschten Zähnen. Oha! Ich erschrak, anscheinend brauchte ich zum Schutz deutlich mehr als ein friedliches Röslein. Seitdem begleiten mich „meine Hunde", die manchmal mehr wie Wölfe oder Löwen aussehen, überall – wohin ich auch gehe. Ich brauche nur kurz an sie zu denken und fühle mich sofort beschützt. Es gibt übrigens auch Zeiten, zu denen sie ruhig dösen und nicht so erregt sind.

Welches Krafttier benötigst du zu deinem Schutz? Bitte in einem Moment, in dem dein Geist ruhig und still in sich ruht, dass ein entsprechendes Bild in dir aufkommen möge. Vielleicht spricht dich auch ein Schild oder eine gläserne Glocke an. Ich denke, jeder muss seine eigenen Vorstellungen finden, schließlich hat jeder eine eigene einzigartige Persönlichkeit und energetische Aura. Suche dir auch deine eigenen

Methoden, um überschüssige fremde Energie loszuwerden. Manche rülpsen oder gähnen dazu. Bedenke auf jeden Fall, dass es äußerst effektiv ist, sich selbst mit inneren Bildern und Affirmationen zu beschützen.

14.19 Energetische Fäden durchschneiden

Für ältere Kinder, die sich sehr verantwortlich fühlen und Schmerzen anderer zu stark miterleben

Achte vor dem Durchführen der Übung darauf, dass du dich gut in deiner Haut fühlst und nicht allzu traurig, ängstlich oder emotional aufgewühlt bist.

Meditiere zuerst einen Augenblick lang. Es hängt von deiner Erfahrung ab, wie lange du brauchst, um ruhig zu werden. Stelle dir dann die Person bildlich vor, über die du dir Sorgen machst oder die dir Angst macht oder dich unsicher oder traurig macht – oder von der du etwas erwartest. Stelle dir vor, dass du eine Schere in der Hand hast. Visualisiere, wie du mit der betreffenden Person durch Fäden von Verlangen, Sorgen, Scham und anderen Gefühlen verbunden bist. Vielleicht spürst du bei diesen Fäden, dass ein bestimmter Bereich deines Körpers prickelt oder Aufmerksamkeit auf sich zieht, etwa der Bauch, der Hals oder das Herz. Schneide nun in Gedanken die Fäden sorgfältig durch und verbrenne lose Fäden eventuell in einem lodernden Feuer.

Feuer ist transformierend, das bedeutet, dass es einen Stoff in etwas anderes verändern kann. Zum Beispiel wird Holz in Wärme und Licht verwandelt. Das ist positiv. Du kannst dir dann in Gedanken vorstellen, dass du mit der Person an einem wärmenden Lagerfeuer sitzt, in das du alle Fäden hineinwirfst.

Gehe sorgfältig bei dieser Übung vor, sorge wirklich dafür, dass du im Kern positiv über dich selbst und den anderen denkst.

14.20 Energetische Fäden durchschneiden (2)

Für Kinder, die gehänselt werden.

Die obige Übung kannst du natürlich auch im Bezug auf Kinder machen, die dich schikanieren oder auf andere Art einen negativen Einfluss auf dich haben. Ich möchte noch einmal unterstreichen, dass diese Übung eine ernsthafte Sache ist und dass du ungeachtet des Schmerzes, den du spürst, darauf achten musst, liebevoll gegenüber dir selbst und der oder den anderen Person(en) zu bleiben. Wenn du durch Hass, Kummer oder Wut verzehrt wirst, kannst du zuerst diese Gefühle in ein Feuer werfen, um sie in ein Gefühl der Wärme und Vergebung zu transformieren, bevor du anfängst, die Fäden durchzuschneiden.

Diese Visualisierung ist für ältere Kinder gedacht, doch auch Eltern können sie für ihre gehänselten Kinder visualisieren, wenn diese noch klein sind.

14.21 Den eigenen Garten pflegen

**Für ältere Kinder, die lernen wollen,
positiv im Leben zu stehen.**

Manche Menschen sind Energiesauger, sie nehmen anderen unbemerkt Energie weg. Man kann auch selbst negativ sein und damit andere unbemerkt belasten. Mit Energie ist es so, dass negative Gedanken auch über einen großen Abstand hinweg Einfluss ausüben können. Darum ist es so wichtig, dass man positive Gedanken über sich selbst und die Welt um einen herum kultiviert. Das nennen die Buddhisten „den eigenen Garten pflegen".

Dein Garten befindet sich in deinem Kopf (oder in deinem Herzen, wenn du das angenehmer findest). Jeder Gedanke ist wie ein Pflänzchen: Negative Gedanken sind Unkraut, die du so schnell wie möglich herausziehen solltest, positive Gedanken sind schöne Pflanzen und Blumen, die mit Dünger, Wasser und Sonnenlicht noch schöner werden. Sie strahlen für dich und für andere. Gehe also in Gedanken regelmäßig kurz zu deinem Garten, laufe dort herum und schaue, was dort wächst: Ist es vielleicht an der Zeit, etwas Unkraut zu entfernen? Oder benötigen bestimmte Pflanzen zusätzliche Pflege?

14.22 Stehen wie ein Baum

Für etwas ältere Kinder und Jugendliche, die nicht gut geerdet sind und/oder mehr Platz brauchen, um sich zu entfalten und frei zu werden.

Diese Übung/Meditation stammt aus einem jahrhundertealten, asiatischen Bewusstseinstraining und dient der Stärkung von Körper und Geist. Am besten macht man die Übung draußen, aber in einem Zimmer geht es auch.

Stelle dich entspannt hin, die Füße so weit auseinander, dass mindestens ein (quer gestellter) Fuß dazwischen passt. Deine Zehen sind etwas nach innen gerichtet, wodurch du stabiler stehst. Deine Knie sind nicht „verschlossen", also nicht durchgedrückt, sondern locker, minimal gebeugt, deine Arme hängen entspannt herunter, deine Ellenbogen sind leicht gebogen. Wandere in deiner Vorstellung durch deinen ganzen Körper und versuche, alle Körperteile dabei so weit wie möglich zu entspannen.

Beuge deine Arme nun vor deinem Körper, als wenn du einen vorgestellten Ball vor deinem Bauch festhalten würdest. Stelle dir vor, dass auch ein Ball zwischen deinen Beinen geklemmt ist – und unter deinen Achseln. Diese Vorstellungen schaffen Raum, und das ist bei dieser Übung wichtig. Es hilft dir, dir bewusst zu werden, dass du in deinem Leben ausreichend Raum brauchst, um angenehm du selbst sein zu können.

Fühle dich wie ein Baum, der fest im Boden verwurzelt ist und sanft im Wind wiegt. Lasse vorgestellte Wurzeln aus deinen Fußsohlen tief in den Boden wachsen. Vielleicht fühlst du schließlich sogar Energie durch deine Arme und Hände strömen.

14.23 Einpunktmeditation

Für etwas ältere unruhige Kinder, um sich besser zu konzentrieren und sich weniger hin- und hergerissen und zerstreut zu fühlen.

Unsere Welt ist voller Reize und Zerstreuungen. Smartphones, Tablets, Computer und Fernseher verlocken Kinder fortwährend, sich nach außen zu richten. Damit kann man sich den ganzen Tag beschäftigen: Eben mal auf Facebook vorbeischauen, dann einer Freundin eine SMS schicken und anschließend einen Film oder Videoclip anschauen. Bevor man sich dessen bewusst ist, sind Stunden vergangen.

Gedanken sind von Natur aus flatterhaft und unkonzentriert, und die elektronischen Medien verstärken diese Ruhelosigkeit. Man benötigt manchmal einen starken Willen, um sich nicht immer von dieser Bequemlichkeit in Versuchung bringen zu lassen. Doch man kann seinen Geist sehr wohl trainieren, konzentrierter zu sein. Beispielsweise durch eine gute Einpunktkonzentration.

Richte fünf Minuten deine Aufmerksamkeit auf eine Kerze, ein Bild, ein Mandala (eine runde symmetrische Zeichnung) oder etwas anderes, das dich anspricht. Fünf Minuten scheinen wenig zu sein, aber wenn man sich wirklich konzentriert, ist es länger als man denkt!

Das Üben der Einpunktmeditation stärkt das Gehirn, es ist eine Art Krafttraining für den Geist. Wenn man sie regelmäßig durchführt, macht einen die Übung willensstark, konzentriert und weniger anfällig gegenüber äußeren Reizen und Verlockungen.

14.24 Öffne dein Herz

Für verletzte hochsensible Kinder und Jugendliche, um wieder etwas offener und liebevoller im Leben zu stehen.

Stelle dich hin, aber nicht einfach irgendwie, sondern breitbeinig, und stelle dir vor, dass du viel Platz einnimmst (wie in der Übung „Der Stern"). Öffne die Arme vor deiner Brust. Schaffe, genau wie in der Übung „Stehen wie ein Baum", Raum in den Armen, indem du dir zwischen deinen Achseln und Armen Bälle vorstellst. Fülle dich, während du so stehst, mit Aufmerksamkeit auf das Hier und Jetzt, während du tief ein- und ausatmest.

Mache mit den Armen langsam eine ausladende Geste, indem du sie seitwärts bewegst/öffnest. Während du das machst, ist deine Aufmerksamkeit bei deinen Armen und deinem Herzen. Spüre, dass dein Herz sich öffnet, oder gebe dem Herzen bewusst den Auftrag, sich zu öffnen. Lächele dabei und lasse deine Freude in die ganze Welt strömen. Bringe dann deine Arme wieder ruhig zurück in die Anfangsposition. Führe dieselbe Bewegung einige Male durch.

Vielleicht wirst du von dieser Übung zunächst einmal traurig, weil du dich schon lange nicht mehr so voller Freude gefühlt hast, oder weil es dich irgendwie schmerzt, dein Herz zu öffnen. Es ist aber überhaupt nicht schlimm, wenn diese Trauer sich befreien kann.

Vielleicht denkst du, es sei zu schmerzhaft, sein Herz zu öffnen, weil du gekränkt bist oder noch immer gekränkt wirst. Bedenke dann, dass sieben Milliarden Menschen auf dieser Erde leben und es darunter auch liebenswerte nette Menschen gibt.

Denke an sie, sodass du selbst wieder Vertrauen findest, dein Herz zu öffnen. Je freundlicher und selbstbewusster du im Leben stehst, desto stärker ziehst du freundliche und selbstbewusste Menschen an. Das ist das magnetische Gesetz der Energie.

15 Affirmationen

Manchmal hat man kleine, fiese Glaubenssätze im Kopf wie etwa „Niemand mag mich" oder „Was bin ich doch ungeschickt" oder „Ich bin komisch" und „Alle lachen mich aus". Das sind automatische Gedankenmuster, die man sich mit der Zeit zu eigen gemacht hat. Sie unterminieren das Selbstvertrauen und bewirken, dass man selbst immer mehr an diese Aussagen glaubt. Doch wenn man gut darüber nachdenkt, stimmen sie gar nicht. Weißt du etwa sicher, dass dich *wirklich jeder* auslacht? Nein, das kann nicht stimmen.

Es ist ganz wichtig, dass man verhindert, solche ungünstigen Dinge über sich selbst zu denken. Stattdessen sollte man Affirmationen nutzen, um sich zu unterstützen, anders – nämlich positiver – über sich selbst zu denken.

Affirmationen sind positive Autosuggestionen oder Sätze, die man sich regelmäßig laut vorsagt, sodass man den darin liegenden Auftrag nicht vergisst. Je öfter man diese Sätze ausspricht, desto besser wirken sie. Auf Dauer werden sie zu neuen automatischen Gedanken. Es macht nichts, wenn man am Anfang nicht an die eigenen Sätze glaubt, durch regelmäßiges Aussprechen wird man sie im Laufe der Zeit eben doch verinnerlichen. Affirmationen helfen einem, gesunder, selbstbewusster und glücklicher zu sein. Man kann sie auch an einem sichtbaren Ort aufhängen, wie am Badezimmerspiegel oder am Computerbildschirm. Diese Sätze mit positiver Botschaft kann man sich selbst ausdenken oder aus den anschließend folgenden Beispielen auswählen:

Du kannst dich also entscheiden, in Zukunft ganz bewusst zu denken „Jeder mag mich" oder „Ich bin ziemlich geschickt" oder „Ich bin einfach gut, so wie ich bin" oder „Es gibt viele Kinder, die mich ernst nehmen". Es ist wichtig, dass du die Sätze positiv formulierst. Also nicht etwa „Ich bin *nicht* komisch" oder „Ich bin *nicht* seltsam". Solche Sätze sind keine guten Affirmationen.

Es folgen hier einige Beispielaffirmationen. Die Sätze, die dir in diesem Augenblick am „merkwürdigsten" erscheinen, sind oft die Affirmationen, die du grad gut gebrauchen kannst!

- Ich bin glücklich und zufrieden mit mir selbst.
- Ich fühle mich völlig sicher.
- Ich ernähre und versorge mich immer gut.
- Ich bin unternehmungslustig und habe viel Energie.
- Ich bin froh und fühle mich überall wie zu Hause.
- Ich fühle mich stark und selbstbewusst.
- Ich fühle mich glücklich und genieße das Leben.
- Kritik von anderen lasse ich an mir abgleiten.
- Niemand ist vollkommen.
- Ich fühle mich geliebt und habe innige Freundschaften.
- In meinem Leben gibt es viele liebe Menschen, denen viel an mir liegt.
- Ich fühle die Freiheit, meinem Herzen zu folgen.
- Ich mag alle Menschen, die um mich herum sind.
- Ich vergebe denjenigen, die mich verletzen, denn sie wissen nicht, was sie tun.
- Ich bin gut beschützt.
- Ich bin gut zentriert und fühle mich wohl in meiner Haut.
- Ich fühle mich in der Lage, ganz frei meine Gedanken auszusprechen.
- Ich kann leicht „Nein" sagen und klare Grenzen setzen.
- Ich weiß, dass andere interessiert sind an dem, was ich fühle und denke.

- Ich bin kreativ und stecke voll guter Ideen.
- Ich bin schön und strahle von innen heraus.
- Ich weiß, was ich will.
- Ich achte auf meine Wünsche und mache etwas aus meiner Zukunft.
- Ich bin stolz auf meinen hochsensiblen Charakter.

Für ältere hochsensible Kinder ist mein Buch *Leben aus dem Vollen mit Hochsensibilität* ein gutes Übungsbuch. Dieses Arbeitsbuch ist leicht verständlich und enthält viele schriftliche Aufgaben, Übungen, Meditationen und Affirmationen.

16 Das Wichtigste für Eltern und Betreuer hochsensibler Kinder

- Bei hochsensiblen Kindern sollte man genauer hinhören. Wie bei einem Radio mit besonders feiner Sendereinstellung, wo man eben länger an dem Suchknopf drehen muss, bis man den gewünschten Kanal gefunden hat.

- Sensible Kinder sind schnell überreizt oder auch „unterreizt". Versuchen Sie, ein gutes Gleichgewicht bei den Aktivitäten des Alltags zu finden.

- Unterschätzen Sie die Wirkung von Reizen in ganz normalen Situationen nicht. Einkaufsbummel, Menschen besuchen oder ein Tag im Vergnügungspark können für ein sensibles Kind eine große Belastung darstellen. Rechnen Sie mit einem Rückschlag. Typische Reaktionen von Stress oder zeitweiliger Überreizung sind: hektische Geschäftigkeit, Apathie, verschlafene oder langsame Reaktionen und Bockigkeit.

- Hochsensible Kleinkinder sind nicht per se Schrei-Babys. Sie weinen aber in der Regel mehr, wenn ihre Bedürfnisse falsch interpretiert werden. Die Bedürfnisse eines hochsensiblen Babys zu verstehen, erfordert größeres Einfühlungsvermögen. Versuchen Sie, mit Ihrem Herzen, statt mit Ihrem Verstand zu lauschen. Untersuchen Sie, ob das Kind unter- oder überstimuliert wird oder sich unbeschützt fühlt. Ruhe, Sauberkeit und Regelmäßigkeit sind Orientierungspunkte für einen hochsensiblen Säugling.

- Hochsensible Babys fremdeln oft etwas mehr als normalsensible Babys. Berücksichtigen Sie das und lassen Sie Ihr Kind fühlen, dass Sie da sind. Die Gewöhnung an den Aufenthalt in einer Kinderkrippe kann länger dauern als bei normalsensiblen Babys.

- Berücksichtigen Sie, dass Hunger (neben Erschöpfung) eine andere Ursache für Stimmungsschwankungen sein kann. Hat das hochsensible Kind Hunger, dann fällt sein Zuckerspiegel, was seine Emotionen beeinflusst. Ein Wutausbruch oder typisch pubertäres Verhalten des Kindes ist leichter zu vermeiden als man denkt. Sorgen Sie für ausreichende Zwischenmahlzeiten. Ein Butterbrot, ein Apfel, ein bisschen Saft, usw. Nehmen Sie immer etwas mit, wenn Sie mit dem Kind unterwegs sind.

- Sensible Kinder reagieren stark auf die Stimmung in Räumen. Sorgen Sie dafür, dass Zimmer gut gelüftet, angenehm und aufgeräumt sind. Täglich die Fenster zu öffnen und regelmäßige Reinigung, eventuell mit etwas Duftspray oder Weihrauch, sorgt für eine gesunde und angenehme Umgebung.

- Hochsensible Kinder leisten oft weniger unter Druck. Sie stehen meistens nicht gern im Mittelpunkt der Aufmerksamkeit und mögen es nicht, betrachtet zu werden. Referate und Auftreten vor Publikum erzeugen enormen Stress. Bringen Sie dafür Verständnis auf. Zwang, Vorwürfe und Verärgerung darüber machen die Sache eher schlimmer.

- Berücksichtigen Sie das Durchhaltevermögen Ihres Kindes. Das könnte durchaus geringer sein als bei durchschnittlichen Kindern. Im Allgemeinen haben hochsensible Kinder kein Verlangen nach mehr Reizen. Vielleicht kann man Dinge vermindern, klarer machen, vereinfachen?

- Sorgen Sie auch gut für sich selbst. Besonders für sensible Eltern kann ein zu geringes Selbstbewusstsein ein Fallstrick sein. Erschöpfung ist für eine hochsensible Mutter oder einen Vater eine immer lauernde Gefahr. Nehmen Sie Schwierigkeiten wegen Stress und Ermüdung frühzeitig ernst. Vergleichen Sie sich nicht mit anderen, sondern lauschen Sie Ihrem Herzen. Machen Sie sich aktiv an die Arbeit, „Nein" sagen zu lernen, mittels Selbsthilfebüchern, Workshops und auf andere Arten, sodass Sie grenzverletzenden Reaktionen (Wutausbrüche, emotionale Launen) zuvorkommen. Je besser Sie Ihre Grenzen klar setzen, desto mehr kann Ihr sensibles Kind auch von Ihnen als Vorbild lernen.

- Bringen Sie Ihrem Kind bei, dass Emotionen geäußert werden dürfen. Und seien Sie ihm darin ein Vorbild. Hören Sie Ihrem Kind zu und bezwingen Sie die eigene Neigung, alles immer besser zu wissen und alles regeln zu wollen. Hochsensible Kinder verschließen sich innerlich schnell.

- Achten Sie darauf, nicht überbehütend und überbesorgt zu reagieren. Ein ängstliches Kind benötigt Ermutigung, bevor es sich neuen Herausforderungen stellt. Versuchen Sie, Ihr Kind auf liebevolle Art zu stimulieren und ermutigen Sie es, neue Erfahrungen zu machen. Begleiten Sie ihr Kind, bis es sich traut, alleine weiterzugehen.

- Haben Sie die Neigung, dem Rückzugsverhalten Ihres Kindes nachzugeben? Ermutigen Sie lieber Ihr Kind, sich mit der Welt zu verbinden und dabei seine eigenen Bedürfnisse und Grenzen nicht aus dem Auge zu verlieren. Schon das Vorhandensein eines einzigen Freundes ist ausreichend, um sich nicht einsam zu fühlen.

- Seien Sie den Kindern gegenüber liebevoll und kommunikativ. Normalsensible Eltern unterschätzen manchmal, wie klar hochsensible Kinder unausgesprochene und unterschwellige

Botschaften wahrnehmen. Heucheln Sie deshalb möglichst wenig und sagen Sie lieber ehrlich, dass es beispielsweise Papa oder Mama gerade nicht so gut geht. Sensible Kinder können gut mit der Wahrheit umgehen. Lügen und Irreführungen sind dagegen eine größere Belastung.

- Ihre Sorgen bezüglich des Kindes und auch die Sorgen des Kindes selbst können beide zu einer selbsterfüllenden Prophezeiung werden. Der Mensch leidet am meisten unter der Angst, dass ein gefürchtetes Leid eintreten könnte. Untersuchen Sie Ihre eigenen Ängste sorgfältig: Sind diese realistisch und angemessen? Oder hat sich da irgendetwas verselbstständigt? Hören Sie auch gut den Ängsten Ihres Kindes zu und fragen Sie es anschließend, welche Lösungen es *selbst* sieht.

- Achtung! Sensible Menschen können ziemlich perfektionistisch sein. Als Elternteil möchten Sie es vielleicht besonders gut machen und ein sensibles Kind ist oft auch sehr pflichtbewusst und strikt. Es will die Dinge gerne gut machen. Aber Fehler gehören zum Leben. Es kann sehr befreiend und notwendig sein, über sich selbst und seine Fehler zu lachen.

- Bemühen Sie sich, positiv und aufmerksam zu sein. Hochsensible Kinder sind feinfühlig und schätzen ehrliche Aufmerksamkeit. Lassen Sie diese Qualität nicht im Strudel täglicher Aktivitäten und Verpflichtungen untergehen. Erkennen Sie, dass jede Handlung und jedes Wort von einem hochsensiblen Kind registriert werden.

- Sensible Kinder haben ein höheres Risiko, gehänselt und ausgeschlossen zu werden. In einer großen Schulgemeinschaft mit wenig Aufsicht ist diese Gefahr größer als in kleinen Schulen. Seien Sie aufmerksam, denn ein Kind wird nicht unbedingt aus freien Stücken von seinen Problemen berichten.

- Sensible Kinder eignen sich regelmäßig Gefühle an, die nicht von ihnen selbst stammen, weil sie intuitiv und offen sind.

Sie können sich beispielsweise wütend, traurig oder verliebt fühlen, weil sie dieses Gefühl in ihrer Umgebung aufgeschnappt haben.

- Bringen Sie Ihrem Kind Entspannungsübungen und Massagen bei. In seinem Köpfchen ist häufig Rushhour. Diese Kinder sind von Natur aus schlecht geerdet, nervös und innerlich unruhig. Ein achtsames Berücksichtigen der Grundbedürfnisse (Essen, Schlafen und Bewegen) ist für diese Kinder ganz besonders wichtig. Massagen helfen den Kindern, den Kontakt zum eigenen Körper stärker zu spüren. Sie empfinden das oft als sehr angenehm, vor allem vorm Einschlafen.

- Bedenken Sie, dass hochsensible Kinder ein großes Bedürfnis haben, beseelend und den Horizont erweiternd betreut zu werden und entsprechende Kontaktmöglichkeiten vorzufinden. Das sollte auch bei der Wahl der Schule eine Rolle spielen. Seien Sie bereit, Gespräche über die großen Themen des Lebens zu führen und reagieren Sie verständnisvoll, wenn Ihr Kind beispielsweise über Telepathie, Geister und Verstorbene sprechen möchte.

- Die Natur ist nährend, reinigend und bringt Entspannung. Vor allem sensible Kinder sind gerne in der Natur. Im Kontakt mit der Natur leben sie auf. Machen sie eine Gewohnheit daraus, (zusammen) nach draußen zu gehen und sorgen Sie auch für Kontakt mit Tieren.

- Indem man sich gegen unerwünschten Lärm abschirmt, entfernt man eine der stärksten Quellen, die zu Überreizung führen. Ein Tipp für sensible Kinder und Eltern ist, bei Überreizung (zu Hause) Ohrstöpsel zu nutzen oder ein iPod mit angenehmer Musik. Auch ein getrenntes Fernsehzimmer kann viel Ruhe bringen. Wenn das nicht möglich ist, hilft der Gebrauch von Kopfhörern weiter.

- Kopieren Sie gute Meditations-CDs auf den iPod oder das iPhone Ihres Sohnes oder Ihrer Tochter und ermutigen Sie Ihr Kind, regelmäßig eine Meditationspause einzulegen. Meditations-CDs helfen doppelt: Sie schließen einen gegenüber Umweltreizen ab, und sie richten Gedanken positiv aus. Ich habe die CD *Achtsam Leben mit Hochsensibilität* speziell für hochsensible Menschen gemacht. Aber es gibt auch zahllose andere gute Meditations-CDs im Handel. Man kann sie auch beim Erledigen der Schulaufgaben anhören.

- Machen Sie eine Gewohnheit daraus, am Ende des Tages zu duschen und sich umzuziehen und die letzten Tagesstunden zum „Chillen" zu reservieren, damit Stress und Geschäftigkeit des Tages bewusst abgebaut werden können. Wasser ist reinigend und kann negative Energie abführen. Machen Sie die beschriebenen Meditationen, um Ihr Kind (und sich selbst) gegen negative Energien zu wappnen.

- Falls Sie erst kürzlich entdeckt haben, dass Sie oder ihr Kind hochsensibel sind, möchten Sie vielleicht mit irgendjemandem darüber sprechen. Wenn Sie Freunden und in der Schule davon berichten, ist es gut möglich, dass Sie nicht die Reaktion erhalten, die Sie sich erhofft haben. Auch Ihre Familie und selbst Ihr Partner können skeptisch reagieren. Geben Sie nicht vorzeitig auf, vertrauen Sie auf Ihre eigenen Einsichten. *Und handeln Sie einfach dementsprechend.* Nicht jeder wird Mitwirkung und Verständnis aufbringen, treffen Sie deshalb Ihre eigene Wahl auf Basis Ihrer Intuition, unabhängig vom Urteil anderer.

- Wenn Sie die Angst Ihres Kindes gut spüren, ist das in der Regel ein Vorteil für das Kind. Umgekehrt wird es aber auch Ihre Ängste spüren. Ist Ihnen klar, dass Sie vielleicht Ängste auf Ihr Kind projizieren? Seien Sie getröstet mit der Erkenntnis, dass Ihr Kind sein Leben selbst ausgewählt hat und deshalb eigene Erfahrungen wird machen müssen. Negative Erfahrungen sind nicht immer schlecht, sie helfen der Seele zu wachsen.

- Hochsensible Eltern leiden gewöhnlich mehr als normalsensible Eltern unter Schlafmangel, etwa durch Lärm, Chaos und Hektik im Zusammenleben der Familie. Außerdem fühlen sich hochempfindliche Eltern überdurchschnittlich verantwortlich für das Wohl Ihrer Kinder. Das sind Fallstricke, denen sensible Eltern Beachtung schenken sollten. Sorgen Sie für mindestens eine Pause in Ihrem Tagesrhythmus; für einen Moment, in dem Sie nicht gestört werden können. Auch wenn Ihr Kind keinen Mittagsschlaf mehr hält, braucht man als Mutter oder Vater trotzdem eine Ruhepause.

- Wenn Sie selbst hochsensibel sind, dann sollten Sie sich um ein möglichst gutes Hilfsnetzwerk bemühen: Großeltern, Freunde, Babysitter. Akzeptieren Sie, dass Sie einfach schneller an eigene Grenzen kommen und dass Sie mehr Umstellungen und Anpassungen brauchen, um sich beim Aufziehen Ihrer Kinder wohlzufühlen. Fühlen Sie sich deswegen keinesfalls schuldig!

- Lernen Sie, Fäden durchzuschneiden. Das ist sowohl für hochsensible Eltern als auch Kinder von großem Nutzen. Diese Fäden sind nicht dasselbe wie Liebe für das Kind, sie bestehen aus Erwartungen, Ängsten, Sorgen oder Verantwortungsgefühlen. Nehmen Sie in ihrer Vorstellung eine Schere und schneiden Sie diese negativen Verbindungen durch. Heilen Sie danach die durchgeschnittenen Fadenenden mit weißem Licht.

- Ihr Kind kann Sie mit Ihren eigenen unverarbeiteten Ängsten oder negativen Erinnerungen konfrontieren. Das sensibelste Kind der Familie wird in der Regel am meisten „alte Informationen" aufwirbeln. Als Eltern möchte man sein Kind oft abhärten, damit es nicht genauso leidet wie man früher selbst gelitten hat. Alte negative Muster aufzudecken ist konfrontierend und nicht für jeden gleichermaßen auszuhalten, aber es hilft dem Kind. Manchmal benötigt man allerdings auch therapeutische Hilfe. Und manchmal wird erst ein Reinkarnationstherapeut, der Traumata und Geschehnisse früherer Leben mit einbezieht, eine schlüssige Auflösung hartnäckiger Traumata finden.

- Hochsensible Väter haben oft in ihrer Kindheit gehört „Jungen weinen nicht". Sensibilität hat viele positive Aspekte. Als Eltern sollte man sich fragen, wie die Entfaltung der Sensibilität in der Erziehung unterstützt werden kann.

- Hochsensible Kinder sind manchmal wählerische Esser. Verstehen Sie, dass Ihr Kind nicht etwa wählerisch ist, um Sie zu schikanieren, sondern einfach nur hochempfindlich in Mund, Nase und Verdauung. Zwingen Sie es nicht. Hochsensible Kinder sind oft auch empfindlich bezüglich der Frische von Nahrung. Lassen Sie sie beim Kochen mitmachen, sodass die Kinder Spaß am Essen bekommen und sich an Beschaffenheit, Gerüche und Farben gewöhnen. Gefühle spielen beim Essen eine wichtige Rolle. Beugen Sie einer negativen Stimmung am Esstisch vor.

- Es kann sein, dass Ihr Kind äußerst lebhaft ist und ein starkes Bedürfnis nach Klarheit und Strukturierung hat. Viele sensible Kinder kommen kaum zur Ruhe und müssen übermäßige Spannungen abreagieren.

- Diese Kinder zu strafen bewirkt das Gegenteil des Bezweckten. Der Einsatz harter Disziplin und Strafe ist bei hochsensiblen Kindern schädlich, davon ist dringend abzuraten.

- Seien Sie darauf vorbereitet, dass sich Ihr hochsensibles Kind eventuell stark für Politik und Umwelt interessiert. Hochsensible Kinder sind oft sehr kreative Kinder und denken tiefgründig über die Welt nach. Sie fühlen sich rasch verantwortlich und können sich sehr über Unrecht und über das Leid von Tieren und Menschen aufregen.

Jeder Mensch trifft Tag für Tag viele Entscheidungen auf Basis des Unbewussten und des kollektiven Bewusstseinsfeldes. Doch hier im Westen messen wir der Ratio und dem egozentrischen Handeln viel mehr Wert bei. Kürzlich hörte ich, wie eine indianische Maya-Frau in einer Fernsehreportage zu einer Unglück bringenden Goldmine erstaunt sagte: „Es scheint, dass weiße Menschen nicht verstehen, dass alles miteinander verbunden ist, und dass die Folgen alle betreffen, wenn man hier der Natur und der ursprünglichen Bevölkerung schadet." Tatsächlich sehen wir Abendländer größtenteils alles voneinander getrennt, ohne Zusammenhang, ohne zugrunde liegende Strukturen und Gesetzmäßigkeiten. Und vor allem denken wir, dass der Mensch von der Natur getrennt ist. Aber die Natur ist eine große Anordnung von Teilen zu einem Ganzen, man könnte sie eine große, lebende Seele nennen.

In der westlichen Welt sollen Kinder beim Erwachsenwerden lernen, mit Sprache, Willenskraft und Machtstreben das eigene Leben (und das anderer) in die Hand zu nehmen. Man kann es damit tatsächlich weit bringen und wohlhabend und einflussreich werden. Doch ich bin überzeugt, dass dabei etwas fehlt, denn das Glück können wir mit dieser Mentalität nicht pachten. Immer mehr Menschen im reichen Abendland fragen sich, wie man dauerhaftes Glück für die ganze Welt erreichen kann. Ich denke, dass der sechste Sinn, die Fähigkeit intuitiv und verbindend zu fühlen, bei diesem Entwicklungsschritt eine entscheidende Rolle spielen wird. Menschen in modernen westlichen Ländern können viel von anderen, naturverbundeneren Kulturen lernen.

Heutige Erwachsene gehören zu einer Generation, in der Hochsensibilität als Begriff noch unbekannt war. Ohne dieses Wissen aufgewachsen zu sein, erschwert ihnen oft die Beziehung zu ihrer eigenen Hochsensibilität. Manche sind traumatisiert durch das ganze

Unverständnis, das sie im Leben erfuhren. Denjenigen, die jetzt aufwachsen und dieses Buch lesen, kann ich sagen, dass sie einen enormen Vorsprung haben.

Ich wünsche mir, dass die Tipps und Ausführungen in diesem Buch helfen, in einen Austausch über eine hochsensible Perspektive auf das Leben kommen. Denn ich bin überzeugt: Wenn hochsensible Kinder den Raum haben mitzuteilen, was sie erfahren und fühlen, so bereichert das unser aller Leben!

„Ist Ihr Kind hochsensibel?" – Ein Eltern-Fragebogen

Bitte beantworten Sie jede Frage nach bestem Wissen und Gewissen. Überprüfen Sie, ob sie zutreffen, der Wahrheit entsprechen, einigermaßen wahrheitsgetreu oder während einer gewissen Zeit in der Vergangenheit der Wahrheit entsprachen. Fragen, die nicht ganz der Wahrheit entsprechen oder überhaupt nicht auf Ihr Kind zutreffen lassen Sie einfach weg.

Mein Kind:

- ☐ Erschrickt sich leicht
- ☐ Beklagt sich über kratzige Kleider, Nähte in den Socken oder Etiketten oder Kleber, welche die Haut berühren
- ☐ Freut sich normalerweise nicht über große Überraschungen
- ☐ Lernt schneller bei einer behutsamen Richtigstellung als bei einer strengen Bestrafung
- ☐ Erweckt den Anschein, als wenn sie meine Gedanken lesen könnte
- ☐ Benützt „große" Wörter und Ausdrücke für ihr/sein Alter
- ☐ Bemerkt die geringsten ungewöhnlichen Gerüche oder Düfte
- ☐ Hat einen klugen Sinn für Humor
- ☐ Scheint sehr intuitiv zu handeln
- ☐ Nach einem aufregenden Tag kann sie/er sehr schlecht einschlafen
- ☐ Mag keine großen Veränderungen

☐ Will Kleider wechseln sobald sie nass oder sandig sind

☐ Stellt viele Fragen

☐ Ist eine/ein Perfektionist/in

☐ Bemerkt den Kummer anderer Menschen sehr schnell

☐ Bevorzugt stilles Spielen

☐ Stellt tiefe, nachdenklich stimmende Fragen

☐ Ist sehr schmerzempfindlich

☐ Stört sich an lärmigen Plätzen

☐ Bemerkt Feinheiten (wenn etwas verändert wurde, wenn ein Mensch sich in seiner äußerlichen Erscheinung geändert hat)

☐ Überprüft ob alles sicher ist, bevor sie etwas unternimmt (hochklettern)

☐ Bringt die besten Leistungen, wenn keine Fremden anwesend sind

☐ Empfindet alles sehr tief

Anzahl Fragen wahrheitsgetreu beantwortet: ☐

Ergebnis:

Wenn Sie 13 oder mehr Fragen wahrheitsgemäß beantwortet haben und diese zutreffend sind, ist Ihr Kind wahrscheinlich hochsensibel. Aber kein psychologischer Test ist so genau, dass Sie die Behandlung Ihres Kindes allein und exklusiv darauf stützen sollten. Wenn nur eine oder zwei Antworten auf Ihr Kind zutreffen, diese aber absolut wahr sind, dann könnten Sie Ihr Kind ebenfalls als hochsensibel betrachten.

Quelle: Elaine N. Aron, Ph.D, *The Higly Sensitive Person* (New York Broadway Books, 1997)

Bibliografie

Appel, Jennie und Dirk Grosser: *Ahnenreise*. Uhlstädt-Kirchhasel: Arun Verlag 2012

Aron, Elaine N., Ph.D.: *Sind Sie hochsensibel? Wie Sie Ihre Empfindsamkeit erkennen, verstehen und nutzen*. München: MVG-Verlag 2005

— *High sensitivity as one source of fearfulness and shyness: preliminary research and clinical implications*, (p. 251-272) New York: Oxford University Press 2000

— *Sensory-Processing Sensitivity and its Relation to Introversion and Emotionality*, Journal of Psychology and Psychiatry, Aug. 1997, Vol. 73

— *The Highly Sensitive Person's Workbook*. New York: Broadway Books 1999

— *Psychotherapy and the Highly Sensitive Person*. London: Taylor and Francis Group 2010

— *Hochsensibilität in der Liebe: Wie Ihre Empfindsamkeit die Partnerschaft bereichern kann*. München: MVG-Verlag 2006

— *Das hochsensible Kind: Wie Sie auf die besonderen Schwächen und Bedürfnisse Ihres Kindes eingehen*. München: MVG-Verlag 2008

— *Revisiting Jung's concept of innate sensitiveness*, Journal of analytical Psychology 73, 2004.

— *The Clinical Implications of Jungs Concept of Sensitiveness*. Journal of Jungian Theory and Practice 8: 11–43 2006

— *The Undervalued Self. New York*: Hachette Book Group 2010

— Aron A., and Jagiellowicz, J. *Sensory-processing sensitivity: A review in the light of the evolution of biological responsivity*. Personality and Social Psychology Review, 16, 262-282, 2012

Betz, Robert: *Kinder, Kinder! Wonach sich Kinderseelen sehnen* (CD). München: Robert-Betz-Verlag 2005

Boyce and Ellis: *Biological Sensitivity to Context, Current Directions in Psychological Science*, Volume 17, Number 3, 2005

Carrol, Lee & Jan Tober: *The Indigo Children*. Carlsbad: Hay House 1999

Cartwright-Hatton, e.a.: *Social Anxiety in childhood; The relationship with self and observer rated social skills*, Journal of Child Psychology and Psychiatry, 44, 2003

Cohen, Kenneth S.: *Qigong: Grundlagen, Methoden, Anwendung*. München: O.W. Barth 2010

Cooper, J.C.: *Der Weg des Tao*. München: O.W. Barth 1992

Crawford, Catherine: *Ich fühle was, was du nicht fühlst: Hochsensible Kinder verstehen*. Ostfildern: Patmos 2010

Demarmels, Ursula: *Wer war ich im Vorleben?*. München: Südwest Verlag 2007

Gad Ardagh, Chameli: *Komm dir näher und l(i)ebe deine tiefste Sehnsucht.* Bielefeld: Kamphausen Verlag 2008

Galuska, Joachim und Albert Pietzko: *Psychotherapie und Bewusstsein, Spirituelle und transpersonale Dimensionen der Psychotherapie.* Bielefeld: Kamphausen Verlag 2005

Goleman, Daniel: EQ. Emotionale Intelligenz. München: DTV 1997

Goode, Caron en Tara Paterson: *Raising Intuitive Children.* Popmpton Plains: New Page Books 2009

Hofmann, Antje Gertrud: *Hochsensible Kinder; Die liebevollen Boten des Universums.* Bielefeld: Aurum 2001

Judith, Anodea: *Lebensräder: Das große Chakren-Lehr- und Übungsbuch.* München: Arkana 2004

— *Waking the Global Heart: Humanity's Rite of Passage from the Love of Power to the Power of Love.* Fulton: Elite Books 2006

Kaptchuk, Ted J.: *Das große Buch der chinesischen Medizin: Die Medizin von Yin und Yang in Theorie und Praxis.* München: Knaur TB 2010

Klages, Wolfgang: *Der sensible Mensch.* Stuttgart: Enke 1978

Krishnamurti, Jiddu: *Selbstgespräche – Das letzte Tagebuch.* Grafing: Aquamarin Verlag 1988

Kristal, J.: *The temperament perspective: Working with Childrens behavioral styles.* Baltimore: Baltimore Books 2005

Larson, Jyothi: *Yoga mom, Buddha Baby; the yoga work out for new moms.* New York: Bantam Paperback 2002

Lemmens, Hans: *Het elastiek tussen lichaam en ziel, verkènningen in het grijze gebied tussen hooggevoeligheid en autisme.* (Das elastische Band zwischen Körper und Seele. Erkundungen im Graubereich zwischen Hochsensibilität und Autismus.) Andromeda 2008

Lommel, Pim van: *Endloses Bewusstsein: Neue medizinische Fakten zur Nahtoderfahrung.* München: Knaur TB 2013

Marletta-Hart, Susan: *Leben mit Hochsensibilität.* Bielefeld: Aurum 2009

— *Achtsam leben mit Hochsensibilität.* Bielefeld: Aurum 2011

Martin, William: *Das Tao Te King für Eltern.* Bielefeld: Aurum 2005

Meyer & Carver: *Negative childhood accounts, sensitivity and pessimism: A study of avoidant personality disorder features in college students.* Journal of Personality Disorders, 14 (2000), S. 233-248

— e.a., *Sensory sensitivity, attachment experiences and rejection responses among adults with borderline and avoidant features.* Journal of Personality Disorders, 19, 2005

Ni, Maoshing: *Der Gelbe Kaiser: Das Grundlagenwerk der Traditionellen Chinesischen Medizin*. München: Knaur TB, 2011

Pfeifer, Samuel: *Der sensible Mensch, leben zwischen Begabung und Verletzlichkeit*. Witten: R. Brockhaus 2002

Seale, Alan: *Intuitive Living: A Sacred Path*. Newburyport : Weiser Books 2001

Scharfetter, Christian: *Allgemeine Psychopathologie: Eine Einführung*. Stuttgart: George Thieme Verlag 1996

Schoch, Manuel: *Frei sein, Spirituelle Lebenspraxis als Weg*. Aarau: AT Verlag 2007

— *Das Tao des Glücks*. Aarau: AT Verlag 2007

Tulku, Tarthang: *Der verborgene Geist der Freiheit*. Berkeley: Dharma Publishing 2009

Thich Nhat Hanh: *Frei sein, wo immer du bist*. Bielefeld: Theseus 2010

Weiss, Dr. Brian L.: *Die zahlreichen Leben der Seele: Die Chronik einer Reinkarnationstherapie*. München: Goldmann 2009

Winnicott, D. W.: *Vom Spiel zur Kreativität*. Stuttgart: Klett-Cotta 2012

Zeff, Ted: *The Strong Sensitive Boy*. Oxenford: Prana Publishing 2010

— *Raising an emotionally healthy boy*. Oxenford: Prana Publishing 2012

Zohar, D. und Dr. Ian Marshall: *IQ? EQ? SQ!: Spirituelle Intelligenz – Das unentdeckte Potenzial*. Bielefeld: J. Kamphausen 2010

Über die Autorin

Susan Marletta-Hart (*1971) schrieb 2003 das Buch *Leben mit Hochsensibilität, Herausforderung und Gabe* (Übers. 2009, Aurum) das unmittelbar zum Bestseller wurde und inzwischen ein Dauer*seller* ist. Sie wird international als Autorität auf dem Gebiet von Hochsensibilität angesehen. Neben dem Verfassen von Büchern gibt sie Kurse, Vorträge, Workshops und coacht hochsensible Menschen online. Mehr Information auf:

www.susanmarlettahart.com

oder per E-Mail an

office@susanmarlettahart.nl

Finde deine wahre Kraft

Wie bleibe ich als hochsensibler Mensch bei mir selbst, wenn ich mich gehetzt und unter Druck gesetzt fühle? Wie zeige ich mich, wenn ich mich am liebsten verstecken würde? Wie stehe ich zu meiner Meinung, wenn ich Kritik ausgesetzt bin? Wie bleibe ich achtsam, wenn die Welt um mich herum chaotisch und laut ist?

Fragen, die Susan Marletta-Hart aus ihrer eigenen Erfahrung der Hochsensibilität beantwortet. Gleichzeitig gibt sie dem Leser praktische Übungen und geführte Meditationen an die Hand, die es ihm ermöglichen, Ruhe, Kraft und Selbstvertrauen in einem fordernden Alltag zu finden und zu genießen.

Susan Marletta-Hart
Achtsam leben mit Hochsensibilität
inkl. Übungs-CD
144 Seiten, Hardcover
ISBN 978-3-89901-430-3

AURUM

www.aurum.de

Das Erfolgsbuch

Etwa 20 Prozent aller Menschen sind hochsensibel, wissen es aber oft nicht. Sie leiden unter Stress, Lärm und grellem Licht, brauchen Rückzug, werden leicht überrollt von Gefühlen, Stimmungen und Träumen.

Susan Marletta-Hart — selbst hochsensibel — weiß, wie schwer es ist anders zu sein. Ihr Buch macht Mut, sich vermeintlichen Schwierigkeiten zu stellen und Hochsensibilität endlich als das zu erkennen, was sie ist: eine besondere Gabe, die sich durch Akzeptanz und Aufmerksamkeit in Stärke verwandeln lässt.

Susan Marletta-Hart
Leben mit Hochsensibilität
Herausforderung und Gabe
264 Seiten, Broschur
ISBN 978-3-89901-203-3

AURUM

www.aurum.de

Einfühlsam wahrnehmen, was meinem Kind wirklich gut tut

Viele Eltern wissen ebenso wie Susan Marletta-Hart: hochsensible Kinder werden leicht beeinflusst von der Stimmung, die andere *ausstrahlen*. Diese *Ausstrahlungs-Energien und ihre Wirkung* in unserem Lebens-Umfeld zu erkennen ist ein Schutz für Kinder und Erwachsene. Entscheidend ist solch kostbares Wissen nicht nur bei wichtigen Fragen wie:

- Welcher Kindergarten zeigt förderliche Energien?
- Welchem Um-Feld kann ich ein Kind anvertrauen?
- Was ist das *Wesentliche* von gutem Unterricht und welche Schule leistet ihn?

Hochsensible Menschen sind von Natur aus sehr intuitiv. Das *ausstrahlende Wesen von allem und jedem* zu erkennen, lernen sie leicht. Eine bewährte *einfühlsame und respektvolle* Methode dafür erklärt **Anastasia Rödiger** in „Durchschaue deine Welt! – Schläft ein Lied in allen Dingen". Selbst hochsensibel, eröffnet sie mitfühlend und zugleich objektiv in diesem – von einer zarten Liebesgeschichte umrahmten – Grundlagenwerk für viele Lebensbereiche hilfreiches Insider-Wissen. Um uns selbst und unsere Kinder stark zu machen für einen friedvollen, guten Lebensweg.

Anastasia Rödiger
Durchschaue deine Welt!
1. „Schläft ein Lied in allen Dingen..."
236 Seiten, Broschur
ISBN 978-3-95529-087-0

ein zuhause für autoren